a sunny spot

심플하고 편한
매일의 옷

무라타 마유코 지음

황선영 옮김 | 문수연 감수

이아소

Contents

One-piece & Tops

Daily bottoms
매일 입는 팬츠와 스커트

Coat

Pattern B

Gathered blouse

개더 블라우스

How to make : P.38 (Lesson)

몸판에 개더를 충분히 잡아 편안하게 입을 수 있는 멋스러운 블라우스.

Pattern B

Gathered blouse with round collar

둥근 칼라 개더 블라우스

How to make : P.44

4페이지의 블라우스를 긴소매, 뒤트임으로 하고
둥근 칼리를 추가했다. 살짝 쇠녀풍으로.

Pattern **A**

Daily dress

로 웨이스트
데일리 원피스

How to make : P.46

어깨 라인을 내리고, 로 웨이스트의 여유 있는 실루엣이라 입기 편하다.
뒤트임을 넣은 심플 원피스. a sunny spot에서 꾸준히 사랑받는 디자인이다.

Detail
뒤 단추.

Pattern **C**

Flare blouse

5부 퍼프 슬리브
플레어 블라우스

How to make : P.50

어깨 라인을 내린 플레어 실루엣에 5부 퍼프 슬리브로 연출. 살짝 귀여운 느낌을 주면서 입기 편한 블라우스.

Detail
같은 천으로 감싼 단추.

Detail
퍼프 슬리브.

Pattern **A**

Simple dress

긴소매 심플 원피스

How to make : P.48

6페이지의 원피스를 앞트임과 긴소매로 응용. 앞 단추를 풀어 겉옷처럼 걸쳐도 멋스럽다.

Arrange style
휙 걸치기에도 그만.

Pattern **A**

Short sleeve blouse

롤업 반소매 블라우스

How to make : P.52

소맷부리 롤업 부분이 악센트. 산뜻하게
입을 수 있는 리버티 프린트의 심플 블라
우스다.

Detail

롤업과 목둘레 안단을 같은
천으로 한다. 뒤는 트임을 고
리로 고정해서 간단하다.

Daily bottoms
개더 스커트
리버티 프린트 _P.29

12페이지의 블라우스와 같은 천으로 만든 개더 스커트.
블라우스를 안으로 넣어 세트로 입으면 원피스 같다.

Drop shoulder t-shirt

드롭 숄더
티셔츠

How to make : P.54

Daily bottoms
서큘러 스커트
데님 _P.28

어디에나 맞춰 입기 편한 심플 티셔츠. 몸판의 품이 넉넉하지만, 입으면 라인이 날씬하게 떨어져 깔끔하다.

Drop shoulder t-shirt
(Long sleeves)

드롭 숄더·
보더 롱 티

How to make : P.54

Daily bottoms
개더 스커트
리넨 _P.29

14페이지 티셔츠를 줄무늬 니트 천에 긴소매로 응용했다.

Pattern **A**

Simple shirt

깅엄 체크
심플 셔츠

How to make : P.56

Daily bottoms
턱 스커트 _P.29

칼라 밴드 없는 심플한 셔츠. 어깨 라인이 내려오는 실루엣으로 뒤 몸판이 약간 길고, 옆에 슬릿을 넣었다.

Pattern **A**

Shirt dress with collar

칼라 밴드 달린
셔츠 원피스

How to make : P.58

로 웨이스트의 칼라 밴드 달린 셔츠 원피스. 긴소매에 소맷부리 트임을 뾰족단으로 마무리했다.

Pattern **C**

Gathered dress

허리 고무줄
개더 원피스

How to make : P.60

허리를 강조하고 개더를 풍성히 잡은 여성스러운 실루엣. 허리에 고무줄을 넣지 않으면 여유로운 분위기의 원피스가 된다.

Detail
뒤는 트임을
고리로 고정.

허리에 고무줄을 넣어 편하게 입을 수 있다.

Pattern **B**

Band collar shirt dress

밴드 칼라
셔츠 원피스

How to make : P.64

밴드 칼라로 연출한 단정하고 세련된 분위기의 원피스. 밑단에 슬릿을 넣어 길지만 활동하기 편하다.

Detail
띠 모양의 밴드 칼라.

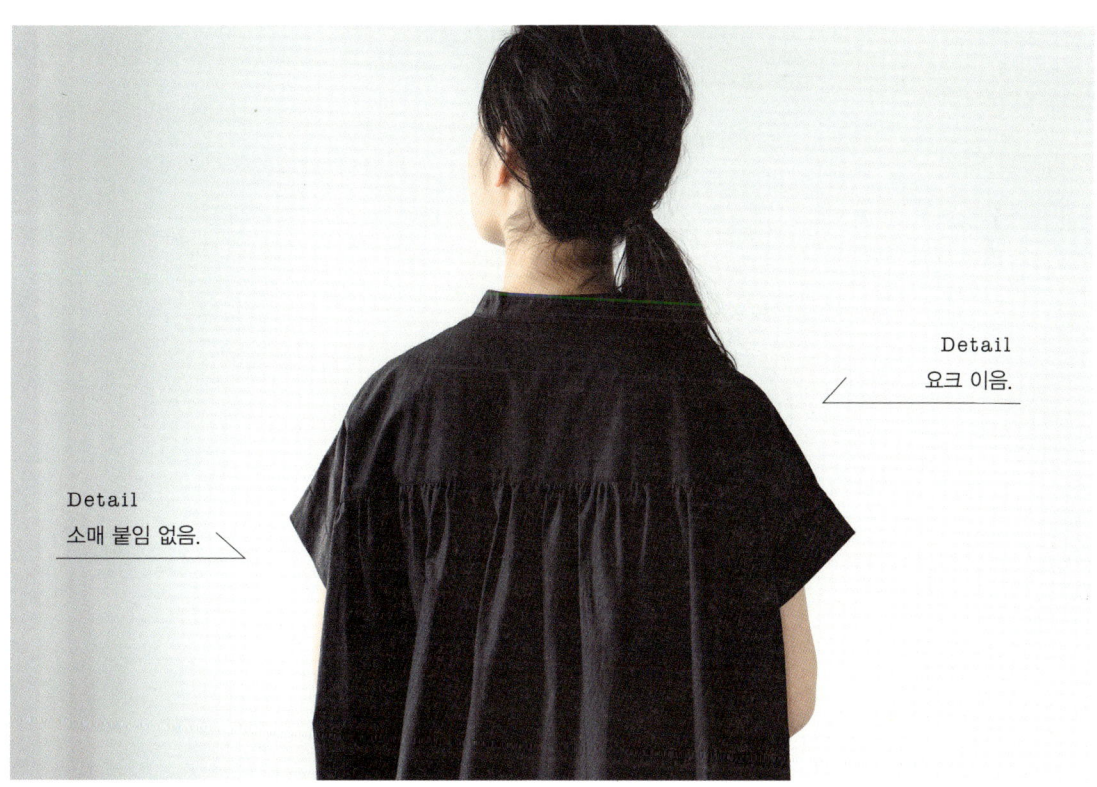

Detail
요크 이음.

Detail
소매 붙임 없음.

뒤에는 개더를 풍성히 넣은 요크 이음으로 연출. 진동 둘레는 폭이 넓은 소맷부리 천만 달았다.

Pattern **C**

flare dress

플레어 원피스

How to make : P.66

편안하게 입을 수 있는 심플 원피스. 플레어 라인이라 움직일 때마다 다양한 표정이 연출된다.

Detail
뒤는 요크 이음.

Pattern A

Blouse with frilled collar

프릴 칼라 블라우스

How to make : P.68

목둘레의 과하지 않고 여성스러운 프릴 칼라가 포인트. 소매는 긴소매 퍼프 슬리브로 했다.

Arrange style
니트 위로 칼라를
내서 입어도 좋다.

Daily bottoms
테이퍼드 팬츠 _P.29

Pattern **B**

Yoke dress

요크 이음 원피스

How to make : P.63

가슴 요크에 개더를 풍성히 잡은 몸판이 이어진다. a sunny spot에서 꾸준히 인기 있는 원피스.

Detail
뒤에도 개더를 듬뿍.

27

Daily bottoms

매일 입는 팬츠와 스커트

무늬나 천을 달리해 자꾸자꾸 만들고 싶은 팬츠와 스커트. 심플해서 1년 내내 돌려 입을 수 있다.

Wide pants with ribbon

리본 달린 와이드 팬츠

How to make : P.70

벨트에 같은 천 리본을 단 와이드 팬츠.

Circular skirt

서큘러 스커트

How to make : P.74

앞에는 턱, 뒤에는 고무줄을 넣은 개더로 멋을 낸 스커트.

PANTS
팬츠는 '테이퍼드'와 '와이드' 2종류.

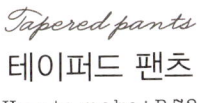

Tapered pants
테이퍼드 팬츠
How to make : P.72

Back style

밑단으로 갈수록 통이 살짝
좁아지는 테이퍼드 팬츠.

Arrange
천이 다른 예 ①

테이퍼드 팬츠
P.34

Back style

데님으로 만들어도 멋스럽다. 흰색 실로 스티치가 돋보이게 연출.

Arrange
천이 다른 예 ②

와이드 팬츠
P.30

28페이지의 팬츠를 코듀로이로 만들어
겨울용으로. 여기서는 리본 없이 완성했다.

SKIRT
스커트는 '턱' '개더' '서큘러' 3종류.

Tucked skirt
턱 스커트
How to make : P.76

Gathered skirt
개더 스커트
How to make : P.78

Arrange
천이 다른 예 ③

서큘러 스커트
P.14

허리에 턱을 넣은 스커트.
개더 스커트보다
살짝 깔끔한 인상이다.

리버티 프린트의 무늬 있는 스커트와
리넨 소재의 무지 스커트.

28페이지의 블랙 치노를
데님으로 응용. 테이퍼드 팬츠와
마찬가지로 흰색 실로 스티치를
돋보이게 했다.

Mountain parka

마운틴 파카

How to make : P.84

Daily bottoms
와이드 팬츠
코듀로이 _P.29

캐주얼한 연출을 위한 잇템. 하이넥 형태의 후드가 달린, 낙낙한 마운틴 파카.

플랩 달린 포켓, 덧천 끼운 후드.

Crew neck coat

크루넥 코트

How to make : P.80

도톰한 리넨 소재로 봄가을에 입기 좋다. 칼라 없이 안감도 넣지 않은 심플 코트.

Detail
뒤 몸판에 턱을 넣었다.

Soutien collar coat

수티앵 칼라 코트

How to make : P.82

Daily bottoms
테이퍼드 팬츠
데님 _P.29

넉넉한 실루엣에 칼라가 있고, 안감을 넣지 않은 스프링 코트. a sunny spot의 인기 코트다.

Detail

뒤 몸판에 턱을 넣고,
소맷부리에 벨트를 달았다.

Arrangement of pattern

옷본 응용을 배워보자

Pattern A · B · C는
원하는 칼라, 원하는 소매로 바꿔서
만들 수 있다.
또 앞트임을 뒤트임으로 바꿔도 OK.
길이나 천을 달리하면 좀 더
다양한 옷을 만들 수 있다.

퍼프 슬리브

밴드 칼라

앞트임

4페이지의 블라우스 응용

기본 모양 기본 모양에 아래의 응용 소매와 응용 칼라를 달 수 있다.

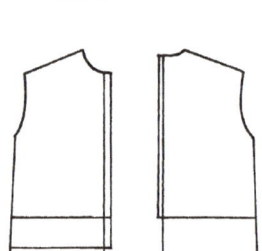

Pattern A

로 웨이스트의 옷본. 스커트를 붙여
서 원피스로 하거나 칼라를 달아 셔
츠로 할 수 있다.

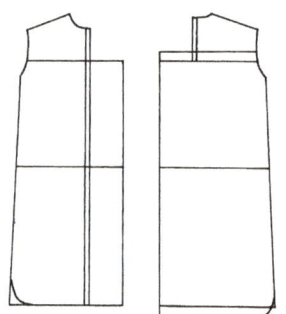

Pattern B

요크, 블라우스 길이와 원피스 길이
의 옷본.

Pattern C

플레어 옷본. 블라우스 길이, 원피
스 길이 등.

※Pattern C를 앞트임으로 하고 싶은
경우, 앞 몸판의 중심에서 앞 끝 분량
1.5cm의 라인을 더한다.

◎공통 패턴／응용 소매의 종류

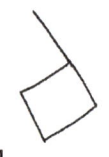

1
반소매

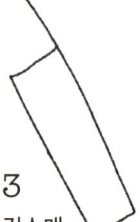

2
롤업

소맷부리에 다른 천
을 붙여 접어 올린
소매.

3
긴소매

4
셔츠 소매

뾰족단 트임을 만
드는 이른바 긴소
매 셔츠의 소매.

5
5부 퍼프 슬리브

소매 붙이는 위치와
소맷부리에 개더를
잡아 부풀린 소매.

6
긴소매 퍼프 슬리브

◎공통 패턴／응용 칼라의 종류

앞트임

1 셔츠 칼라

바이어스테이프로 다는 단정한 칼라.

2 칼라 밴드 달린 셔츠 칼라

칼라 밑에 칼라 밴드를 단 셔츠 칼라.

3 밴드 칼라

칼라 밴드 달린 셔츠 칼라의 칼라 밴드 부분.

뒤트임

Back style

4 라운드 칼라

둥근 칼라. 바이어스테이프로 단다.

5 프릴 칼라

목둘레에 빙 둘러 다는 개더를 잡은 칼라.

앞트임／뒤트임

크루넥

Front style

Back style

목둘레를 안단으로 마무리. 앞트임은 단추로 고정하고, 뒤트임은 단추나 고리로 여민다.

※안단의 옷본은 각각의 몸판에 안단선이 들어 있다. A·B는 공통 패턴. C는 다른 패턴이다.

| Arrange |

응용 예　이런 옷을 만들 수 있다. 그 밖에도 아이디어에 따라 무한대로 응용이 가능하다!

파트를 바꿔서 붙이는 것이 가능해 'Pattern A ＋ 밴드 칼라 ＋ 셔츠 소매'의 남성복 스타일 셔츠로.

P.20 밴드 칼라 셔츠 원피스를 셔츠 길이로 바꾸기만 해도 다양하게 변형된다.

칼라 밴드 없이

뾰족단 없이

단추를 적게

P.17 칼라 밴드 달린 셔츠 원피스의 칼라를 셔츠 칼라로 하고, 트임을 몸판에만 넣고 소매도 반소매로 하면 만드는 게 무척 간단해진다.

개더 블라우스를 만들자

Pattern B의 옷본을 기본으로 앞트임을 안단으로 마무리하고,
요크 이음, 반소매로 완성했다.

Photo : P.4

Pattern B

● **실물 대형 옷본　B면 [07]**　1-앞 요크, 2-앞 안단, 3-앞 몸판, 4-뒤 요크, 5-뒤 안단,
　　　　　　　　　　　　　　　6-뒤 몸판

　　　　　　　A면 공통 패턴 [07]　7-소매(반소매)

○ **재료**(왼쪽부터 XS／S／M／L 사이즈)
　코튼 100%(타이프라이터)…
　　108cm 폭×160／165／170／175cm
　접착심지…50×30cm
　단추…지름 1.1cm 5개

○ **완성 치수**(왼쪽부터 XS／S／M／L 사이즈)
　옷 길이…58／59／60／61cm
　가슴둘레…118／121／124／127cm

재단 배치도

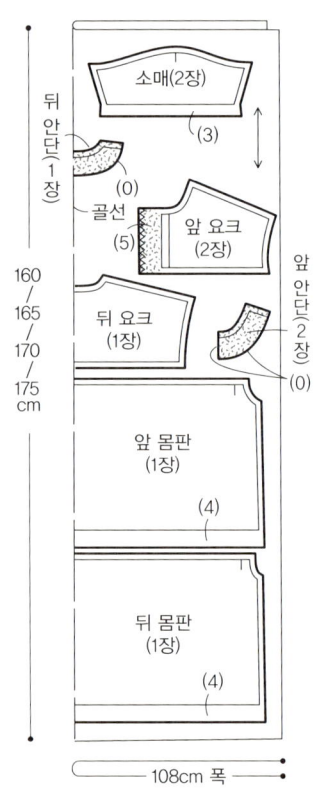

* ( ) 안은 시접. 지정된 곳 이외는 1cm
* ▨▨▨ 는 안에 접착심지를 붙인다
* ⌇⌇⌇ 는 지그재그 박기를 한다

● 준비

재단 배치도를 참조해서 '안단'과 '앞 요크의 안단 부분'의 안에 접착 심지를 붙인다.

※과정은 박음선이 보이기 쉽게 작품과 다른 색의 천과 빨간색 실을 사용했다.

①　어깨를 박는다

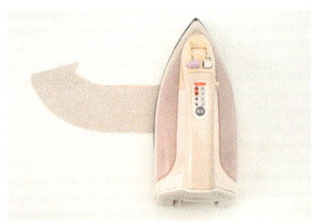

1　앞 요크와 뒤 요크를 겉끼리 맞대어 어깨를 박는다.

2　시접에 2장 함께 지그재그 박기를 하고, 뒤 요크 쪽으로 눕힌다.

②　목둘레에 안단을 붙이고, 앞트임에 단춧구멍을 만든다

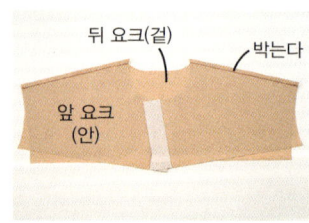

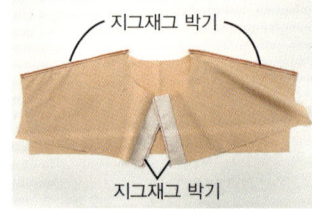

1　앞 안단과 뒤 안단을 겉끼리 맞대어 어깨를 박는다.

2　시접을 가르고, 주위에 지그재그 박기를 한다.

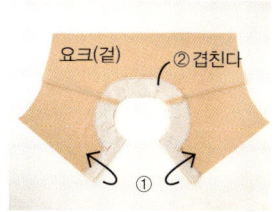

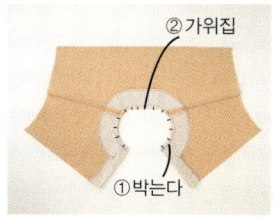

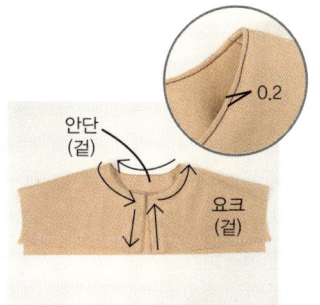

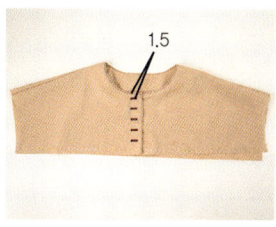

3 앞 요크를 앞 끝에서 겉쪽으로 접고, 목둘레에 안단을 겉끼리 맞닿게 겹쳐 시침핀으로 고정한다.

4 맞춰서 박고, 곡선에 가위집을 넣는다.

5 안단을 안쪽으로 뒤집고 앞 트임에서 목둘레를 빙 둘러 스티치한다.

6 오른쪽 앞에 단춧구멍을 만든다.

2개째부터
단춧구멍 간격
2.3 / 2.4 / 2.5 / 2.6

③ 앞·뒤 몸판에 각각 개더를 잡고, 요크와 맞춰서 박는다

1 몸판의 윗부분에 성긴 바늘땀으로 2줄 박는다.
※다른 1장도 같다

2 앞트임의 중심을 사진처럼 맞추고 시침핀으로 고정한다.

3 요크와 몸판을 겉끼리 맞대고 시침핀으로 고정한다.

4 성긴 바늘땀의 실을 당겨 요크 폭까지 개더를 잡는다.

5 맞춰서 박고, 성긴 바늘땀의 실을 빼고, 시접에 2장 함께 지그재그 박기를 한다.

Point | **개더 잡는 법**

Point 1 '성긴 바늘땀 재봉'은 재봉틀의 바늘땀 설정을 0.3~0.4cm로 해서 박는다.

Point 2 시침핀은 개더가 균등하게 잡히도록 좌우 끝→중심→끝과 중심 사이의 순서로 고정한다.

Point 3 맞춰서 박을 때는 송곳으로 개더를 정돈하며 박는다.

6 시접을 요크 쪽으로 눕히고, 겉에서 스티치한다.
※뒤 몸판도 같다

4 소매를 붙이고, 소매 아래에서 옆을 연결해서 박는다

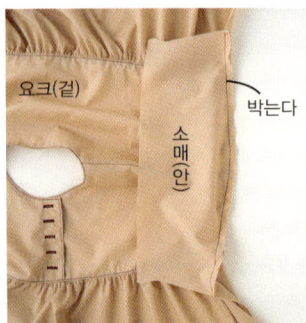

1 소매와 겉끼리 맞대고 박는다.

2 시접에 2장 함께 지그재그 박기를 하고, 요크 쪽으로 눕힌다.

3 소매와 몸판을 겉끼리 맞대어 소매 아래에서 옆을 연결해서 박고, 시접에 2장 함께 지그재그 박기를 한 후 뒤쪽으로 눕힌다.

5 소맷부리와 밑단을 마무리한다

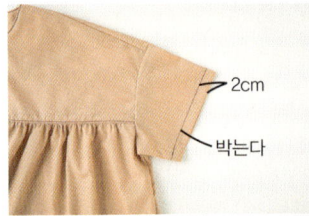

1 소매를 1cm→2cm로 2번 접어 박는다.

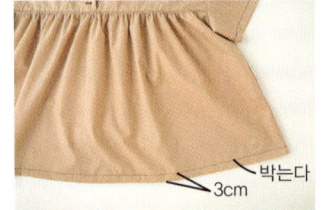

2 밑단을 1cm→3cm로 2번 접어 박는다.

finish!

단추를 달면 완성

MEMO

옷본 응용이
쉬워지는
옷본 베끼는 법

옷본을 베낄 때는 끝까지(제일 큰 라인에서) 베껴두면 1개의 옷본으로 여러 패턴에 사용할 수 있어 편리하다. 이때 다른 라인(예를 들어 '앞 중심' 등)도 꼭 베끼고, 나중에 어떤 라인인지 알 수 있게 명칭도 써두자.

◎예를 들어 앞 몸판의 경우

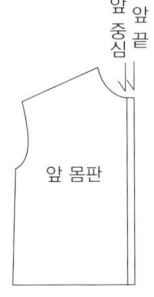

'앞트임'을 만들고 싶을 때는 그대로 사용.

※뒤 몸판도 같은 방법으로 할 수 있다.

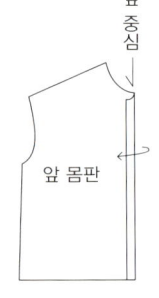

'뒤트임'을 만들고 싶을 때는 중심 라인에서 접어서 사용.

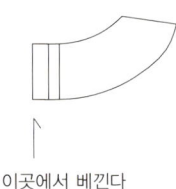

이곳에서 베낀다

안단도 제일 끝에서 1장 베껴두면 작품에 따라 필요한 라인에서 접어 사용할 수 있어 편리하다.

How to make

옷을 만들기 전에

- 이 책에서는 XS, S, M, L의 4 사이즈를 게재했다. 아래 사이즈 기준표와 작품의 완성 치수를 기준으로 선택한다.
- 재단 배치도는 M 사이즈 옷본에 맞춰서 파트를 배치했다. 다른 사이즈로 만들 경우 배치가 약간 달라지니, 재단하기 전에 반드시 천에 모든 파트를 배치해 확인한다.
- 스커트나 허리 벨트 등 직선 파트는 실물 대형 옷본이 없다. 이런 경우 재단 배치도에 나와 있는 치수대로 시접을 넣고 천에 바로 선을 그려서 재단한다.
- 특별히 지정하지 않은 경우 단위는 1cm다.
- 재료의 치수는 폭×길이의 순서로 표기했다.
- 재료의 고무줄은 허리둘레에 맞춰서 조절한다.
- 재단 배치도 안에 지시가 있는 경우 천 안에 접착심지를 붙인다. 접착심지에는 직포, 니트지, 부직포 등의 종류가 있으니 사용하는 천에 맞춰서 고른다.
- 만드는 법 페이지의 완성된 옷 길이는 SNP(목 옆점, 사이드 넥 포인트)부터 밑단까지의 길이다. 팬츠 길이나 스커트 길이는 벨트를 포함한 밑단까지의 길이다.

사이즈 기준표

기준 사이즈는 누드 치수다. 모델은 키 162cm로 M 사이즈를 착용했다.

	XS	S	M	L
신장	154	157	160	163
가슴둘레	77	80	83	86
허리둘레	61	64	67	70
엉덩이둘레	87	89	91	93

천에 대하여

천은 만드는 법 페이지의 재료를 참조해서 작품에 맞는 천을 준비한다. 새로 산 천은 올이 틀어져 있거나 세탁 후 줄어들 수 있으니, 재단 전에 '물에 담그기'와 '다림질'을 한다.

※물에 담그기는 가능한 천만

'물에 담그기'와 '다림질' 하는 법

충분한 물에 천을 1시간 정도 담가둔다. 가볍게 짜서 올을 정돈하고 덜 마른 상태까지 그늘에서 말린다. 천을 잡아당겨 올이 직각이 되게 정돈한 후 결대로 다림질한다.

※니트지는 늘어나기 쉬우니 평평하게 말리고, 늘어나지 않게 주의해서 다림질한다

옷본에 대하여

실물 대형 옷본은 책 뒤쪽에 풀로 붙여놓았으니 찢어지지 않게 떼어낸다. 그리고 여러 개의 작품 선이 겹쳐 있기 때문에 패턴지 등 비치는 종이에 베껴서 사용한다. 또 옷본의 선은 완성선으로 시접이 포함되지 않았다. 베낀 후 재단 배치도를 참조해서 시접을 넣는다.

● 실물 대형 옷본이 있는 파트는 만드는 법 페이지 윗부분에 실물 대형 옷본의 게재 면과 번호가 쓰여 있으니 먼저 그곳을 확인한다(그곳에 번호가 없는 파트는 재단 배치도의 치수로 직접 천에 그려서 재단한다).

● B면의 Pattern B, C면의 Pattern C, D면의 【18】 서큘러 스커트, 【19】 크루넥 코트, 【20】 수티앵 칼라 코트는 옷본의 점선 라인에서 같은 표시의 파트를 연결해서 옷본을 만든다. 공통 패턴의 소매와 칼라는 A면에 실었다.

옷본 기호의 의미

↑↓ 식서 방향선
천의 귀와 평행인 세로 천. 천에 옷본을 놓을 때 식서 방향을 맞춘다

| 골선
좌우대칭으로 둘로 접는 곳

맞춤 표시
2장의 천이 어긋나지 않게 맞추기 위한 표시

| 안단선
안단의 옷본을 베끼는 라인

단춧구멍
단춧구멍을 만드는 위치

턱
주름을 만드는 위치. 사선의 높은 쪽에서 낮은 쪽으로 천을 접는다

□ 옷본 만드는 법

● 베끼는 법

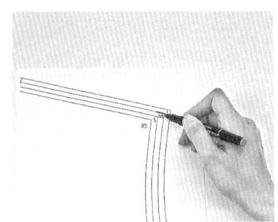

1 옷본을 선택해 모서리 같은 포인트를 눈에 띄는 색으로 표시한다.

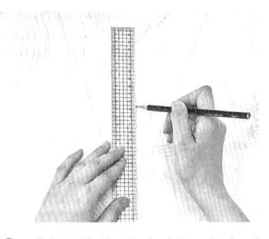

2 옷본 위에 패턴지를 겹쳐 자를 이용해 베낀다.

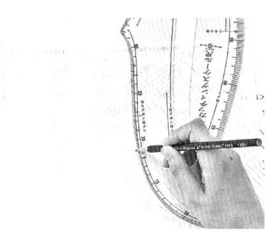

3 곡선은 곡선자를 이용하면 베끼기 편하다.

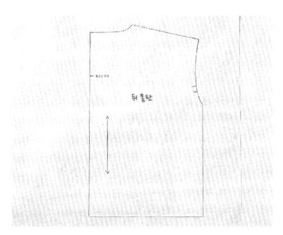

4 파트 이름과 식서 방향선, 맞춤 표시 등의 기호도 베낀다.

●시접 넣는 법

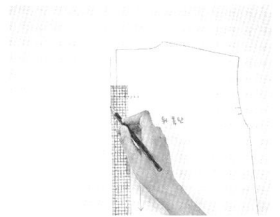

1 시접은 재단 배치도의 치수를 참조. 시접 분량을 완성선과 평행으로 그린다.

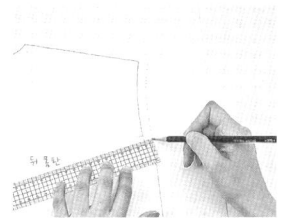

2 곡선 부분은 시접 분량을 완성선에 수직으로 재면서 표시해간다.

3 2에서 표시한 곳을 곡선자로 연결해서 깔끔하게 선을 긋는다.

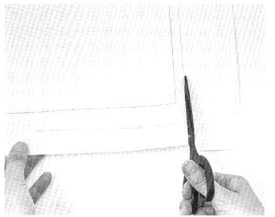

4 시접을 넣은 옷본 완성. 이대로 잘라서 사용한다.

Point

소맷부리나 밑단 등 직선이 비스듬히 만나는 모서리는 시접을 완성선에서 접었을 때 부족하거나 남지 않도록 오른쪽 방법으로 시접을 넣는다.

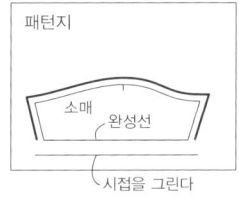

1 소맷부리(또는 밑단 등)의 시접선을 길게 그린다.

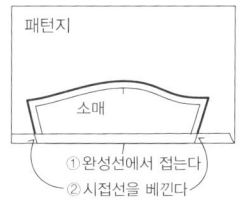

2 패턴지를 소맷부리의 완성선에서 접고(2번 접기의 경우는 2번 접는다), 소매 아래 라인을 베낀다.

3 겉에서 2에서 베낀 라인을 그린다.

□ 완성선을 천에 그리지 않고 바느질하는 법

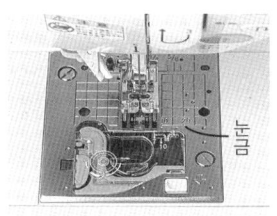
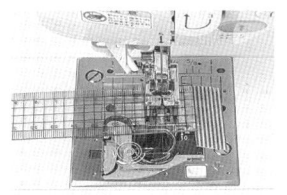

재봉틀에 있는 눈금을 이용해서 천 끝을 필요한 시접 폭에 맞추고 박는다. 만약 재봉틀에 눈금이 없을 땐, 바늘을 내린 위치에서 수직으로 원하는 폭만큼 자로 재고 테이프를 붙인다(오른쪽 사진).

□ 바이어스 천 만드는 법

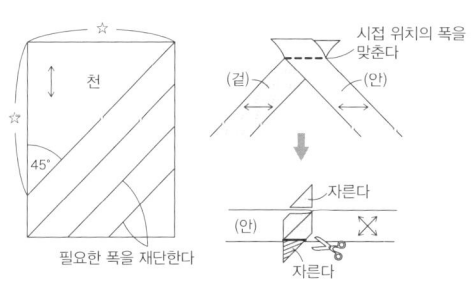

올 방향의 45도로 자른 천을 바이어스 천이라고 한다. 자른 바이어스 천을 필요한 길이만큼 연결해서 사용한다.

□ 단춧구멍에 대하여

옷본에 단추 다는 위치만 표시된 경우, 단춧구멍의 시작점은 단추 다는 위치에서 0.2~0.3cm 오른쪽 (또는 위)이 된다.

※Pattern A·B·C는 옷본에 단춧구멍이나 단추 다는 위치가 없다. 만드는 법 페이지를 참조하자.

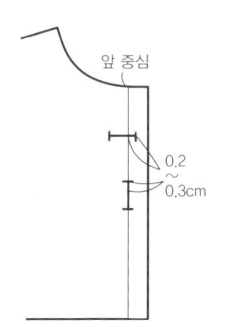

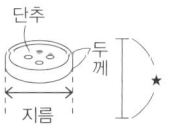

단춧구멍 크기

★ = 단추 지름 + 단추 두께(0.2~0.4cm)

※실기둥이 있는 단추는 기둥 부분을 뺀 두께(0.2~0.4cm)

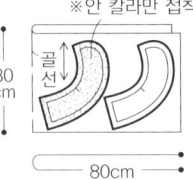

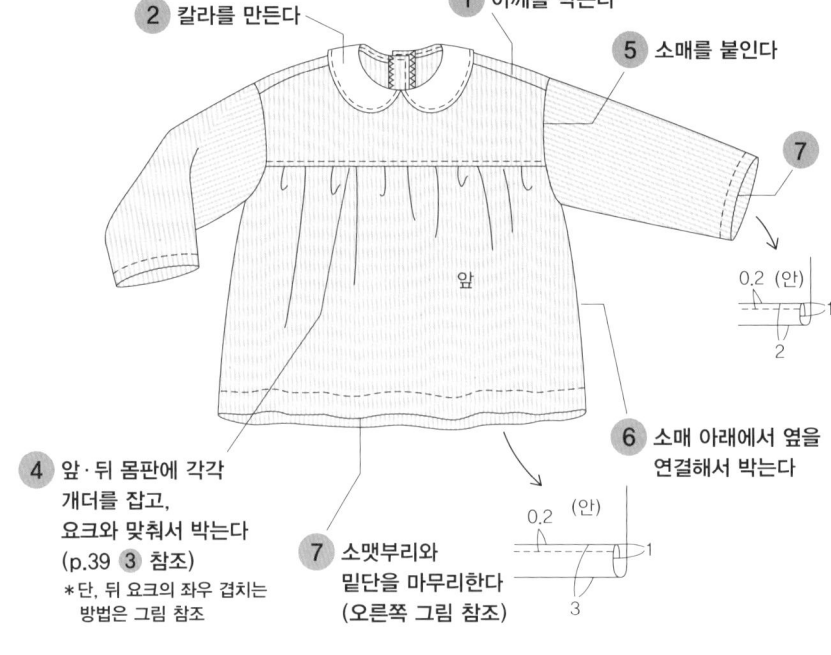

P.5 　**둥근 칼라 개더 블라우스**　　　*Gathered blouse with round collar*

Pattern B　둥근 칼라 달린, 뒤트임 단추 고정, 요크 이음, 긴소매.

● **실물 대형 옷본**　B면[08]　1 - 앞 요크, 2 - 앞 몸판, 3 - 뒤 요크, 4 - 뒤 몸판
　　　　　　　　A면 공통 패턴[08]　5 - 칼라(라운드 칼라), 6 - 소매(긴소매)

○ **재료**(왼쪽부터 XS／S／M／L 사이즈)
　선염 리넨 스트라이프(네이비 잔줄)…
　　　　140cm 폭×190／190／200／200cm
　리넨(흰색)…80×30cm
　접착심지…60×30cm
　단추…지름 1.2cm 6개

○ **완성 치수**(왼쪽부터 XS／S／M／L 사이즈)
　옷 길이…58／59／60／61cm
　가슴둘레…118／121／124／127cm

재단 배치도

리넨 스트라이프

목둘레용
바이어스
천(1장)

소매
(2장)

(3)

길이
45

3

골선

뒤 요크
(2장)

(5)

앞 요크
(1장)

앞 몸판
(1장)

(4)

뒤 몸판
(1장)

(4)

※천을 펴서 재단한다

190
190
200
200
cm

140cm 폭

흰색 리넨
칼라(4장)
※안 칼라만 접착심지를 붙인다

30
cm

골선

80cm

＊( ) 안은 시접. 지정된 곳 이외는 1cm
＊ 　 는 안에 접착심지를 붙인다
＊ ﹏﹏ 는 지그재그 박기를 한다

바느질 순서

2 칼라를 만든다

1 어깨를 박는다

5 소매를 붙인다

7

0.2 (안)
1
2

앞

6 소매 아래에서 옆을
연결해서 박는다

0.2 (안)
1
3

4 앞·뒤 몸판에 각각
개더를 잡고,
요크와 맞춰서 박는다
(p.39 **3** 참조)
＊단, 뒤 요크의 좌우 겹치는
방법은 그림 참조

7 소맷부리와
밑단을 마무리한다
(오른쪽 그림 참조)

3 칼라를 요크에 달고, 뒤 끝을
마무리해서 단춧구멍을 만든다

8 단추를 단다
(완성 그림 참조)

1.5

4

뒤

1 어깨를 박는다

뒤 요크(안)

②2장 함께
지그재그 박기를
하고,
뒤쪽으로 눕힌다

①겉끼리
맞대어 박는다

앞 요크(안)

2 칼라를 만든다

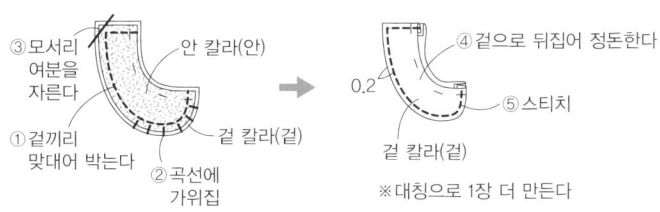

③ 모서리 여분을 자른다
안 칼라(안)
① 겉끼리 맞대어 박는다
② 곡선에 가위집
겉 칼라(겉)

0.2
④ 겉으로 뒤집어 정돈한다
⑤ 스티치
겉 칼라(겉)

※대칭으로 1장 더 만든다

3 칼라를 요크에 달고, 뒤 끝을 마무리해서 단춧구멍을 만든다

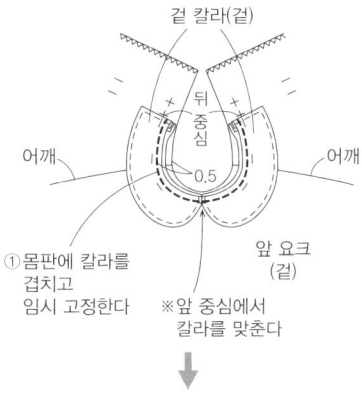

겉 칼라(겉)
뒤 중심
어깨
어깨
0.5
① 몸판에 칼라를 겹치고 임시 고정한다
앞 요크(겉)
※앞 중심에서 칼라를 맞춘다

목둘레용 바이어스 천(안)
1
② 한쪽에 1cm 접은 자국을 낸다

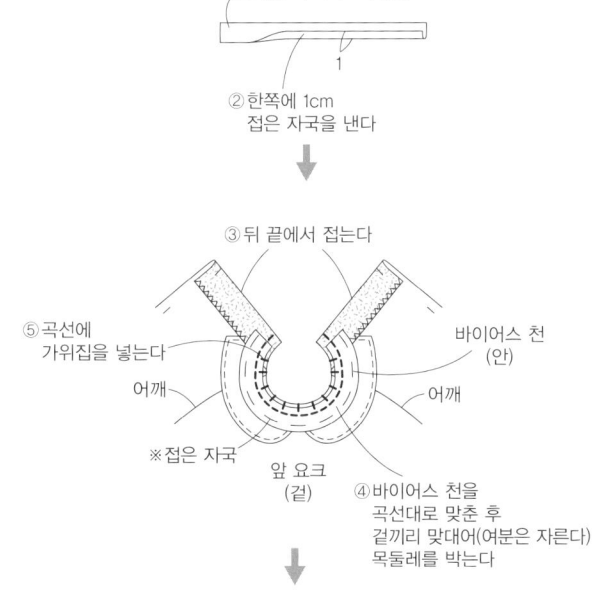

③ 뒤 끝에서 접는다
⑤ 곡선에 가위집을 넣는다
어깨
바이어스 천(안)
어깨
※접은 자국
앞 요크(겉)
④ 바이어스 천을 곡선대로 맞춘 후 겉끼리 맞대어(여분은 자른다) 목둘레를 박는다

4 앞·뒤 몸판에 각각 개더를 잡고, 요크와 맞춰서 박는다
(p.39 **3** 참조)
*단, 뒤 요크의 좌우 겹치는 방법은 그림 참조

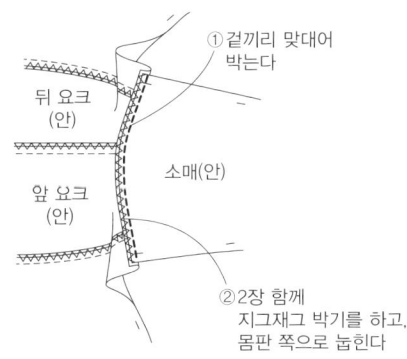

뒤 몸판(겉)
좌우 요크의 뒤 중심을 맞춘다
왼쪽 뒤 요크(안)
오른쪽 뒤 요크(안)

5 소매를 붙인다

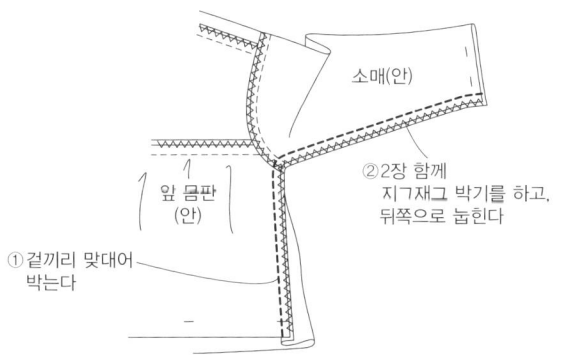

① 겉끼리 맞대어 박는다
뒤 요크(안)
앞 요크(안)
소매(안)
② 2장 함께 지그재그 박기를 하고, 몸판 쪽으로 눕힌다

6 소매 아래에서 옆을 연결해서 박는다

소매(안)
앞 몸판(안)
1
② 2장 함께 지그재그 박기를 하고, 뒤쪽으로 눕힌다
① 겉끼리 맞대어 박는다

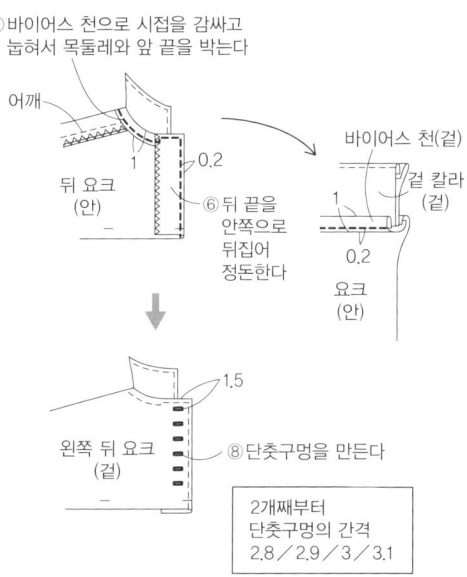

⑦ 바이어스 천으로 시접을 감싸고 눕혀서 목둘레와 앞 끝을 박는다
어깨
1
0.2
뒤 요크(안)
⑥ 뒤 끝을 안쪽으로 뒤집어 정돈한다
바이어스 천(겉)
겉 칼라(겉)
1
0.2
요크(안)

왼쪽 뒤 요크(겉)
1.5
⑧ 단춧구멍을 만든다

2개째부터 단춧구멍의 간격
2.8／2.9／3／3.1

P.6 　로 웨이스트 데일리 원피스

Daily dress

Pattern A　뒤트임 단추 고정의 로 웨이스트에 스커트를 붙여서. 반소매.

●**실물 대형 옷본**　A면[01]　1-앞 몸판. 2-앞 안단. 3-뒤 몸판. 4-뒤 안단.
　　　　　　　　　　　　　5-소매(공통 패턴·반소매)

○**재료**(왼쪽부터 XS／S／M／L 사이즈)
　내추럴 코튼 HOLIDAY(차콜 그레이)…
　　　110cm 폭×300／300／310／320cm
　접착심지…60×60cm
　단추…지름 1.3cm 7개

○**완성 치수**(왼쪽부터 XS／S／M／L 사이즈)
　옷 길이…116／118／120／122cm
　가슴둘레…118／121／124／127cm

재단 배치도

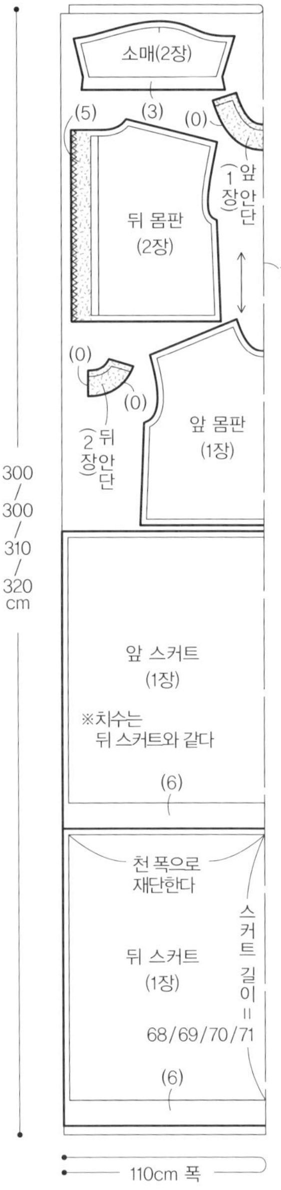

소매(2장)
(5)　(3)　(0)
뒤 몸판
(2장)
(1)앞장안단
골선
(0)
(0)
(2장)뒤장안단
앞 몸판
(1장)

300／300／310／320 cm

앞 스커트
(1장)
※치수는
뒤 스커트와 같다
(6)

천 폭으로
재단한다

뒤 스커트
(1장)
68／69／70／71
(6)

스커트 길이

110cm 폭

＊( ) 안은 시접. 지정된 곳 이외는 1cm
＊▨ 는 안에 접착심지를 붙인다
＊〰 는 지그재그 박기를 한다

바느질 순서

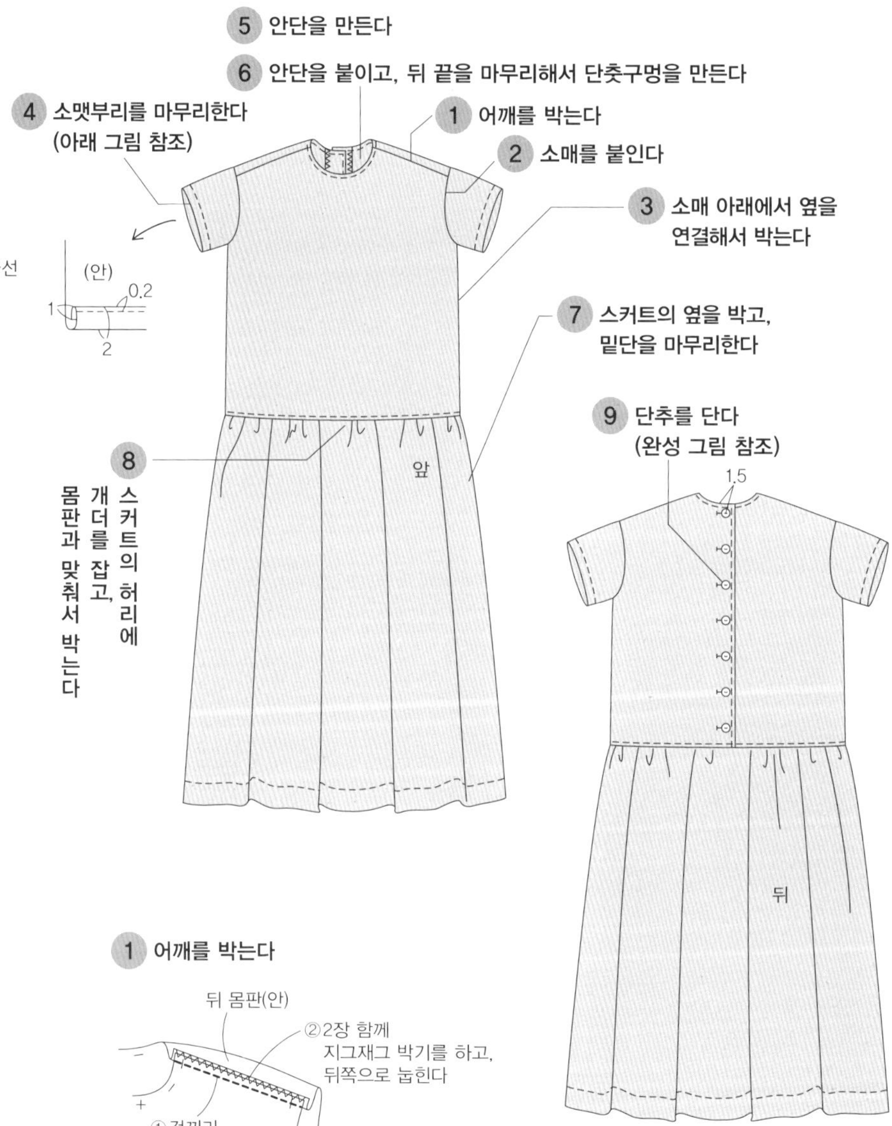

5 안단을 만든다

6 안단을 붙이고, 뒤 끝을 마무리해서 단춧구멍을 만든다

4 소맷부리를 마무리한다
(아래 그림 참조)

1 어깨를 박는다

2 소매를 붙인다

3 소매 아래에서 옆을
연결해서 박는다

(안)　0.2
1
2

앞

7 스커트의 옆을 박고,
밑단을 마무리한다

9 단추를 단다
(완성 그림 참조)
1.5

8 몸판과 맞춰서 박는다
스커트의 허리에 개더를 잡고,

뒤

1 어깨를 박는다

뒤 몸판(안)
②2장 함께
지그재그 박기를 하고,
뒤쪽으로 눕힌다
①겉끼리
맞대어 박는다
앞 몸판(안)

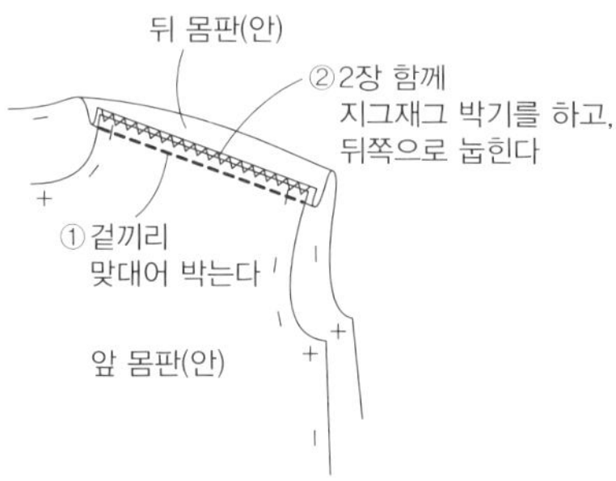

2 소매를 붙인다

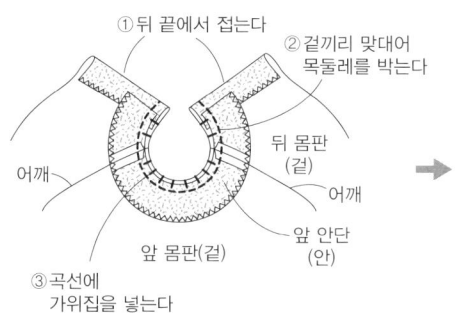

① 겉끼리 맞대어 박는다

뒤 몸판
(안)

소매
(안)

앞 몸판
(안)

② 2장 함께
지그재그 박기를 하고,
몸판 쪽으로 눕힌다

3 소매 아래에서 옆을 연결해서 박는다

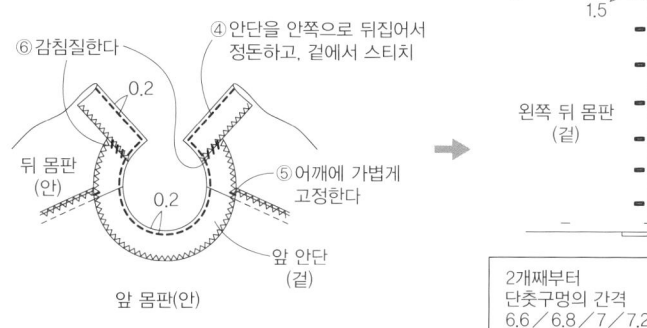

소매
(안)

① 겉끼리
맞대어 박는다

앞 몸판
(안)

② 2장 함께
지그재그 박기를 하고,
뒤쪽으로 눕힌다

뒤 몸판
(안)

5 안단을 만든다

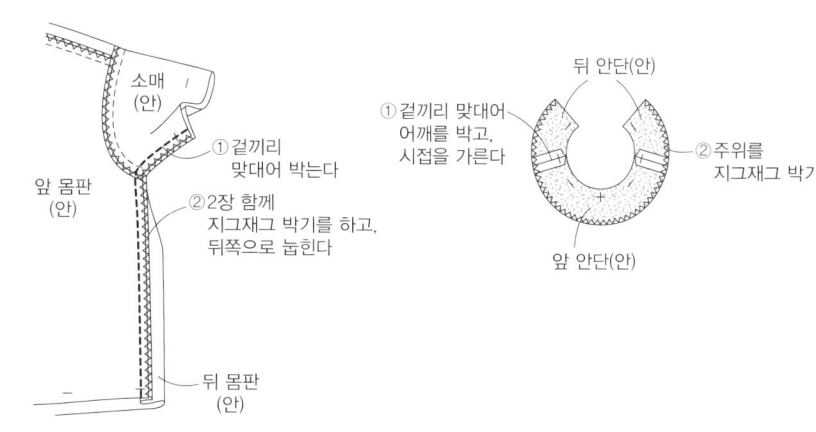

뒤 안단(안)

① 겉끼리 맞대어
어깨를 박고,
시접을 가른다

② 주위를
지그재그 박기

앞 안단(안)

6 안단을 붙이고, 뒤 끝을 마무리해서 단춧구멍을 만든다

① 뒤 끝에서 접는다

② 겉끼리 맞대어
목둘레를 박는다

어깨

뒤 몸판
(겉)

어깨

앞 몸판(겉)

앞 안단
(안)

③ 곡선에
가위집을 넣는다

⑥ 감침질한다

0.2

④ 안단을 안쪽으로 뒤집어서
정돈하고, 겉에서 스티치

뒤 몸판
(안)

0.2

⑤ 어깨에 가볍게
고정한다

앞 안단
(겉)

앞 몸판(안)

⑦ 단춧구멍을
만든다

1.5

왼쪽 뒤 몸판
(겉)

2개째부터
단춧구멍의 간격
6.6 / 6.8 / 7 / 7.2

7 스커트의 옆을 박고, 밑단을 마무리한다

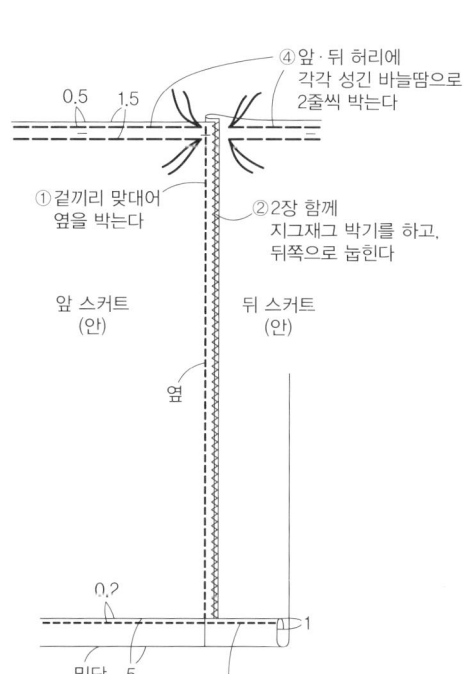

④ 앞·뒤 허리에
각각 성긴 바늘땀으로
2줄씩 박는다

0.5 1.5

① 겉끼리 맞대어
옆을 박는다

② 2장 함께
지그재그 박기를 하고,
뒤쪽으로 눕힌다

앞 스커트
(안)

뒤 스커트
(안)

옆

0.2

밑단   5   1

③ 밑단을 2번 접어서 박는다

8 스커트 허리에 개더를 잡고,
몸판과 맞춰서 박는다

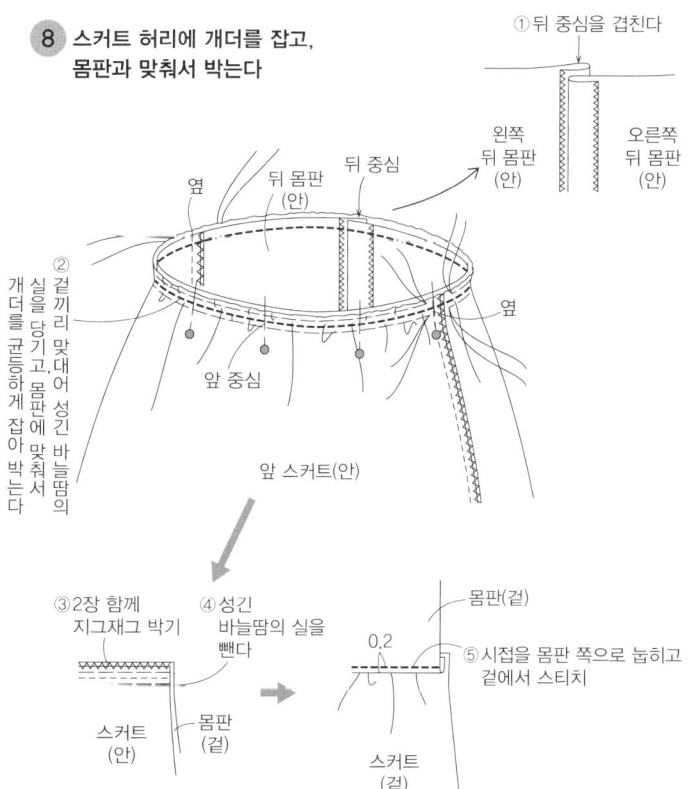

① 뒤 중심을 겹친다

왼쪽
뒤 몸판
(안)

오른쪽
뒤 몸판
(안)

옆

뒤 몸판
(안)

뒤 중심

옆

② 겉끼리 맞대어 성긴 바늘땀의
실을 당기고, 몸판에 맞춰서 박는다

개더를 균등하게 잡아 박는다

앞 중심

앞 스커트(안)

③ 2장 함께
지그재그 박기

스커트
(안)

④ 성긴
바늘땀의 실을
뺀다

몸판
(겉)

몸판(겉)

0.2

⑤ 시접을 몸판 쪽으로 눕히고
겉에서 스티치

스커트
(겉)

긴소매 심플 원피스 *Simple dress*

Pattern A 로 웨이스트에 스커트를 붙이고, 앞트임 단추 고정으로. 긴소매.

●**실물 대형 옷본 A면 [02]** 1-앞 몸판, 2-앞 안단, 3-뒤 몸판, 4-뒤 안단,
　　　　　　　　　　　　　　 5-소매(공통 패턴·긴소매)

○**재료**(왼쪽부터 XS／S／M／L 사이즈)
　코튼 라이트 캔버스(카키)…
　　　112cm 폭×310／310／320／330cm
　접착심지…70×80cm
　단추…지름 1.3cm 11개

○**완성 치수**(왼쪽부터 XS／S／M／L 사이즈)
　옷 길이…111／113／115／117cm
　가슴둘레…118／121／124／127cm

재단 배치도

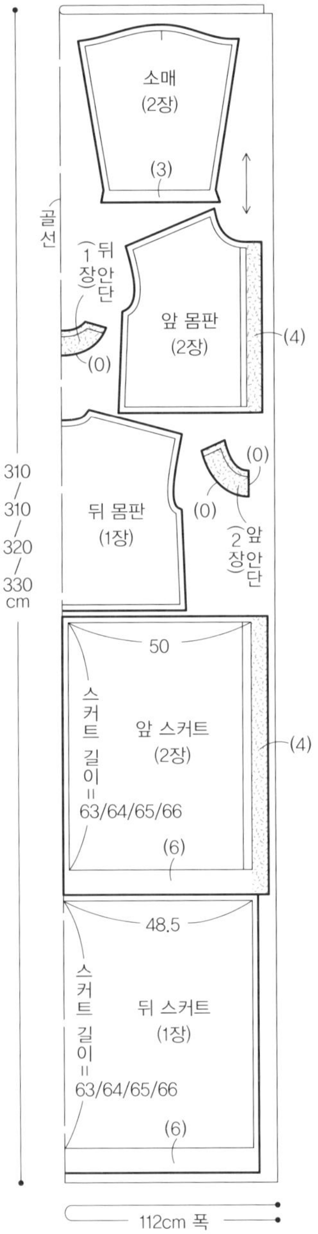

소매
(2장)
(3)

골선

뒤
장안단
(1)
(0)

앞 몸판
(2장)　(4)

뒤 몸판
(1장)
(0)
(0)
앞
장안단
(2)

310
310
320
330
cm

50
스커트길이＝63/64/65/66
앞 스커트
(2장)　(4)
(6)

48.5
스커트길이＝63/64/65/66
뒤 스커트
(1장)
(6)

← 112cm 폭 →

＊( ) 안은 시접. 지정된 곳 이외는 1cm
＊▨ 는 안에 접착심지를 붙인다

바느질 순서

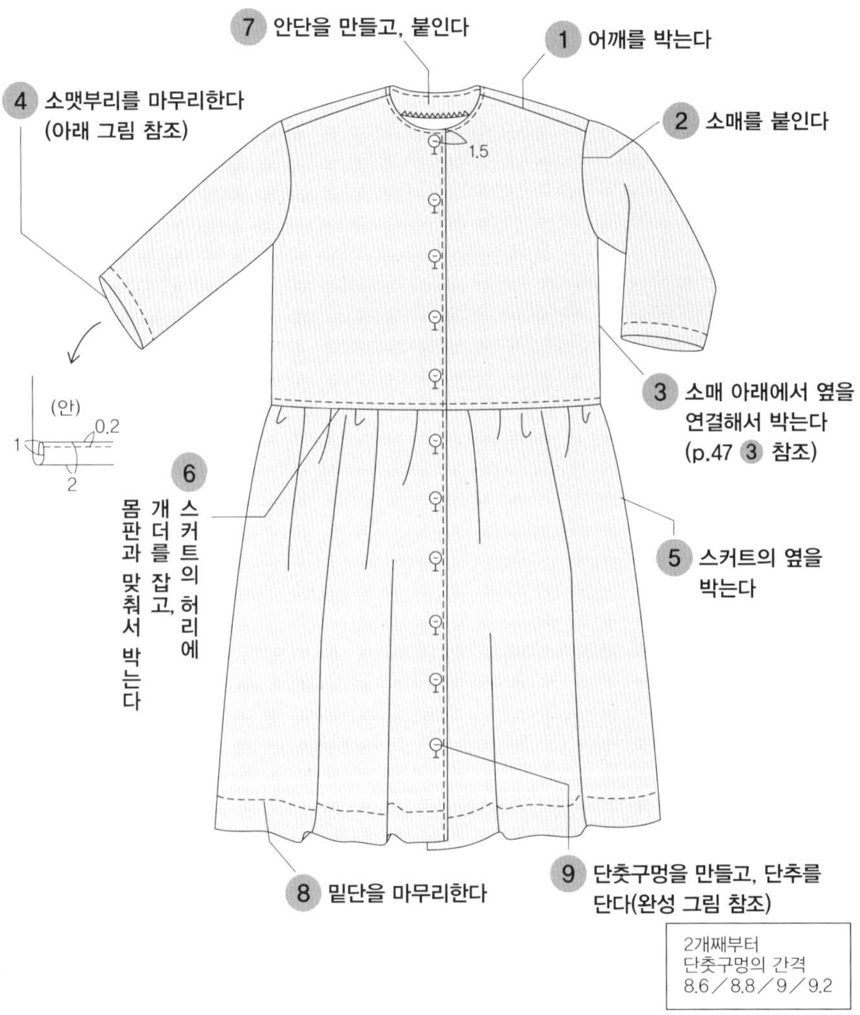

7 안단을 만들고, 붙인다

1 어깨를 박는다

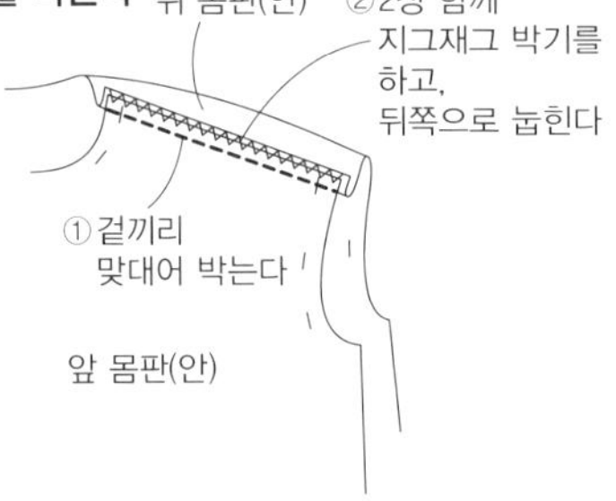

2 소매를 붙인다

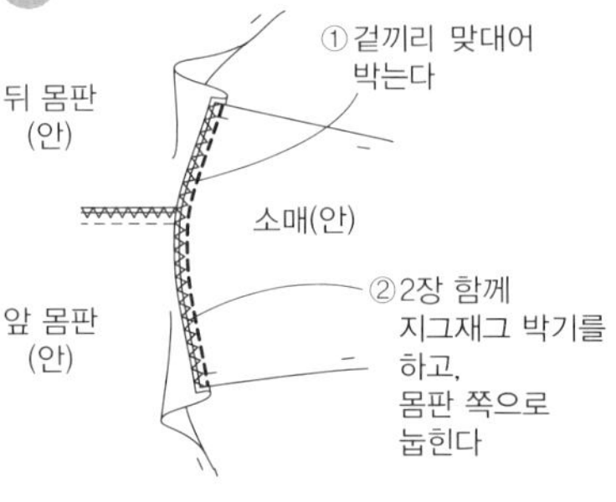

4 소맷부리를 마무리한다
(아래 그림 참조)

1.5

(안)
1　0.2
　2

6 스커트의 허리에 개더를 잡고, 몸판과 맞춰서 박는다

3 소매 아래에서 옆을 연결해서 박는다
(p.47 **3** 참조)

5 스커트의 옆을 박는다

8 밑단을 마무리한다

9 단춧구멍을 만들고, 단추를 단다(완성 그림 참조)

2개째부터
단춧구멍의 간격
8.6／8.8／9／9.2

1 어깨를 박는다
뒤 몸판(안)
②2장 함께 지그재그 박기를 하고, 뒤쪽으로 눕힌다
①겉끼리 맞대어 박는다
앞 몸판(안)

2 소매를 붙인다
①겉끼리 맞대어 박는다
뒤 몸판(안)
소매(안)
앞 몸판(안)
②2장 함께 지그재그 박기를 하고, 몸판 쪽으로 눕힌다

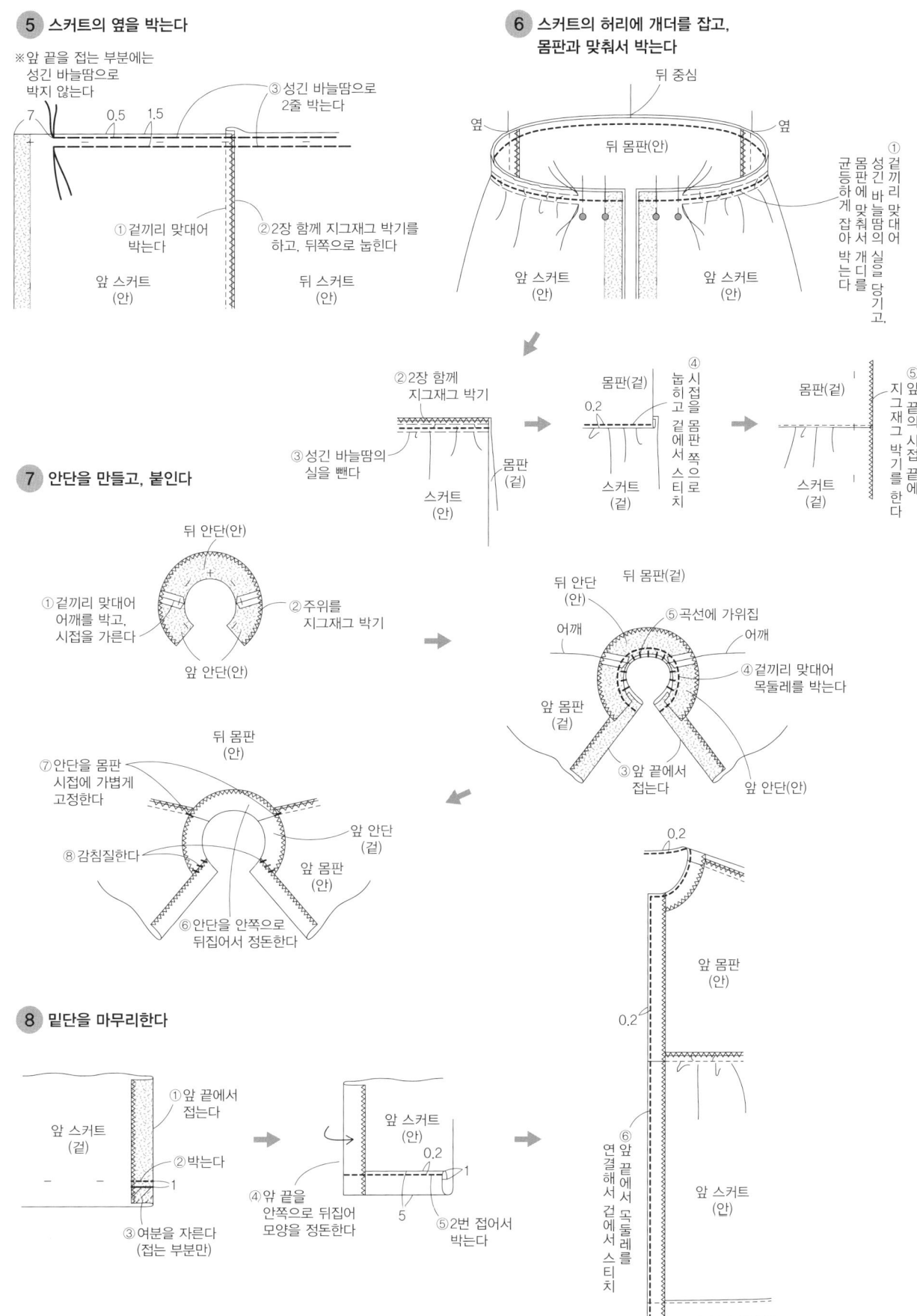

5 스커트의 옆을 박는다

※앞 끝을 접는 부분에는
성긴 바늘땀으로
박지 않는다

7   0.5   1.5

③ 성긴 바늘땀으로
2줄 박는다

① 겉끼리 맞대어
박는다

② 2장 함께 지그재그 박기를
하고, 뒤쪽으로 눕힌다

앞 스커트
(안)

뒤 스커트
(안)

6 스커트의 허리에 개더를 잡고,
몸판과 맞춰서 박는다

뒤 중심

옆   옆

뒤 몸판(안)

① 겉끼리 맞대어 몸판에 맞춰서 몸판의 성긴 바늘땀의 실을 당기고, 균등하게 잡아 개더를 박는다

앞 스커트
(안)

앞 스커트
(안)

② 2장 함께
지그재그 박기

③ 성긴 바늘땀의
실을 뺀다

스커트
(안)

몸판
(겉)

몸판(겉)

0.2

④ 눕히고 겉에 몸판 쪽으로 시접을 스티치

스커트
(겉)

몸판(겉)

⑤ 앞 끝의 시접 끝에 지그재그 박기를 한다

스커트
(겉)

7 안단을 만들고, 붙인다

뒤 안단(안)

① 겉끼리 맞대어
어깨를 박고,
시접을 가른다

② 주위를
지그재그 박기

앞 안단(안)

뒤 안단
(안)

뒤 몸판(겉)

어깨

⑤ 곡선에 가위집

어깨

앞 몸판
(겉)

④ 겉끼리 맞대어
목둘레를 박는다

③ 앞 끝에서
접는다

앞 안단(안)

뒤 몸판
(안)

⑦ 안단을 몸판
시접에 가볍게
고정한다

⑧ 감침질한다

⑥ 안단을 안쪽으로
뒤집어서 정돈한다

앞 안단
(겉)

앞 몸판
(안)

8 밑단을 마무리한다

앞 스커트
(겉)

① 앞 끝에서
접는다

② 박는다

③ 여분을 자른다
(접는 부분만)

1

앞 스커트
(안)

④ 앞 끝을
안쪽으로 뒤집어
모양을 정돈한다

0.2

5

1

⑤ 2번 접어서
박는다

0.2

앞 몸판
(안)

0.2

⑥ 앞 끝에서 목둘레를 연결해서 겉에서 스티치

앞 스커트
(안)

5부 퍼프 슬리브 플레어 블라우스 *Flare blouse*

Pattern C 안단 마무리의 뒤트임 단추 고정. 5부 퍼프 슬리브.

●**실물 대형 옷본 C면[13]** 1-앞 몸판, 2-앞 안단, 3-뒤 몸판, 4-뒤 안단
　　　　　　A면 공통 패턴[13] 5-소매(5부 퍼프 슬리브)

○**재료**(왼쪽부터 XS／S／M／L 사이즈)
　부드러운 리넨(미스티 핑크)…
　　　110cm 폭×200／210／210／220cm
　　접착심지…90×70cm
　　단추…지름 1.2cm 7개

○**완성 치수**(왼쪽부터 XS／S／M／L 사이즈)
　옷 길이…58／59／60／61cm
　가슴둘레…128／131／134／137cm

재단 배치도

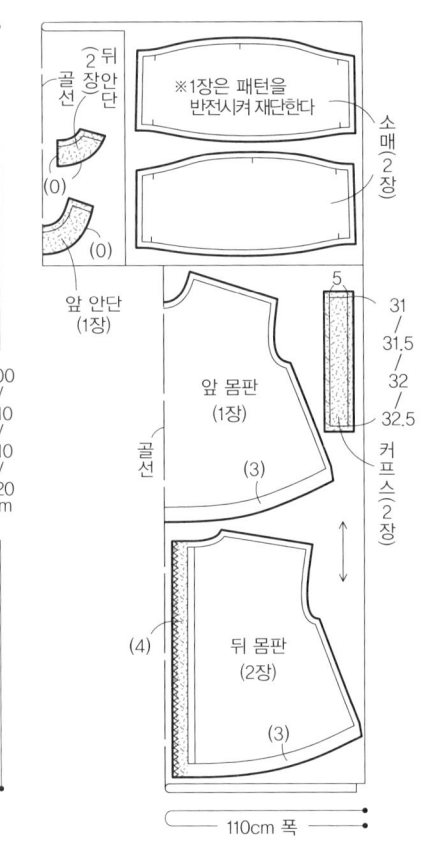

2뒤
골선 장안단
(0)
(0)
앞 안단
(1장)

※1장은 패턴을
반전시켜 재단한다

소매
(2장)

5

31
31.5
32
32.5

커프스(2장)

앞 몸판
(1장)
골선
(3)

뒤 몸판
(2장)
(4)
(3)

200
210
210
220
cm

110cm 폭

＊( ) 안은 시접. 지정된 곳 이외는 1cm
＊▨ 는 안에 접착심지를 붙인다
＊〰 는 지그재그 박기를 한다

바느질 순서

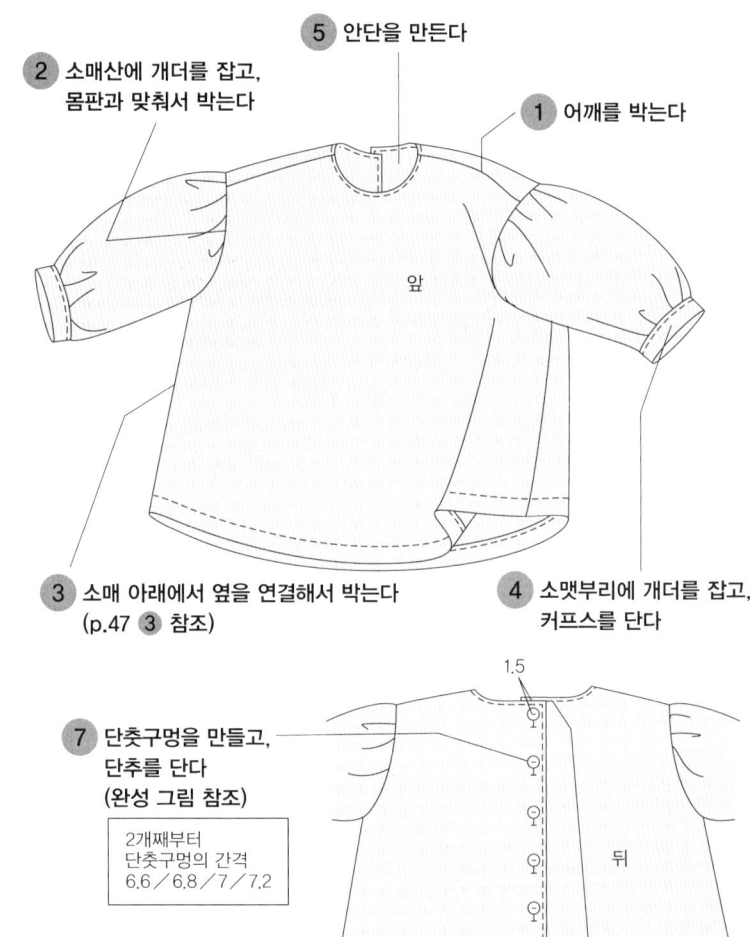

5 안단을 만든다

2 소매산에 개더를 잡고,
몸판과 맞춰서 박는다

1 어깨를 박는다

앞

3 소매 아래에서 옆을 연결해서 박는다
(p.47 **3** 참조)

4 소맷부리에 개더를 잡고,
커프스를 단다

7 단춧구멍을 만들고,
단추를 단다
(완성 그림 참조)

2개째부터
단춧구멍의 간격
6.6／6.8／7／7.2

1.5

뒤

6 안단을 붙이고,
동시에 뒤 끝과 밑단을
마무리한다

1 어깨를 박는다

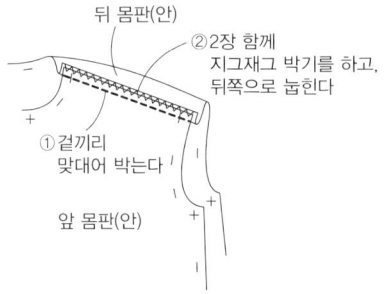

뒤 몸판(안)

②2장 함께
지그재그 박기를 하고,
뒤쪽으로 눕힌다

①겉끼리
맞대어 박는다

앞 몸판(안)

2 소매산에 개더를 잡고, 몸판과 맞춰서 박는다

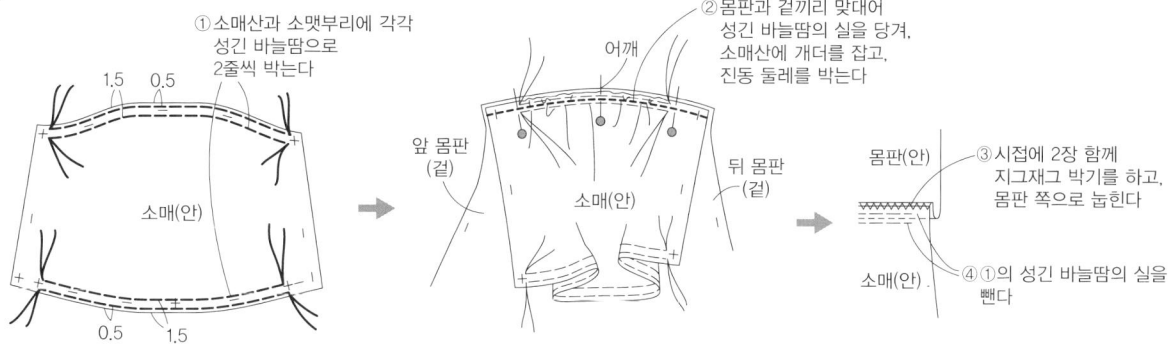

① 소매산과 소맷부리에 각각 성긴 바늘땀으로 2줄씩 박는다

1.5 0.5

0.5 1.5

소매(안)

② 몸판과 겉끼리 맞대어 성긴 바늘땀의 실을 당겨, 소매산에 개더를 잡고, 진동 둘레를 박는다

어깨

앞 몸판(겉)

소매(안)

뒤 몸판(겉)

몸판(안)

③ 시접에 2장 함께 지그재그 박기를 하고, 몸판 쪽으로 눕힌다

소매(안)

④ ①의 성긴 바늘땀의 실을 뺀다

4 소맷부리에 개더를 잡고, 커프스를 단다

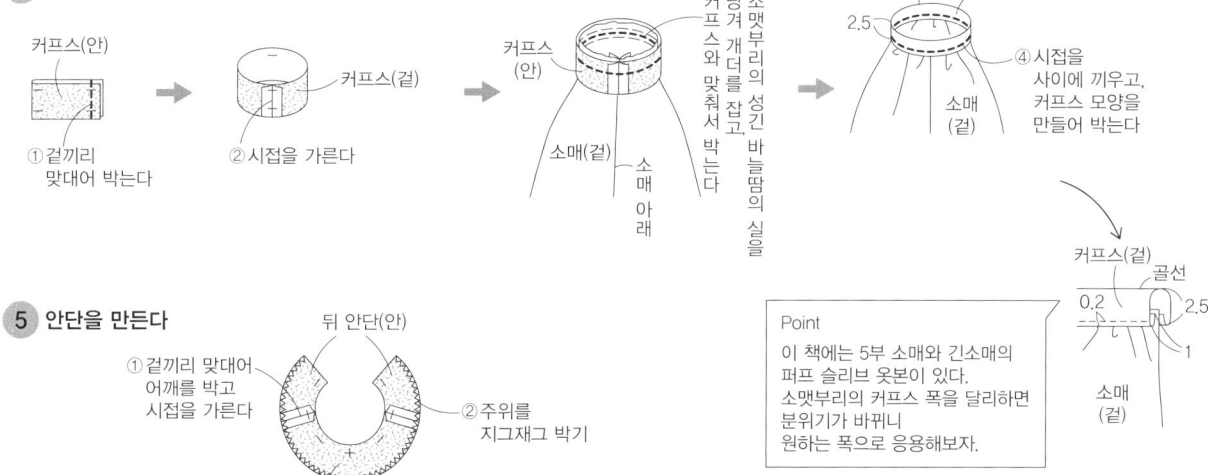

커프스(안)

① 겉끼리 맞대어 박는다

커프스(겉)

② 시접을 가른다

커프스(안)

소매(겉)

소매 아래

③ 소맷부리의 성긴 바늘땀의 실을 당겨 개더를 잡고, 커프스와 맞춰서 박는다

골선

커프스(겉)

2.5

소매(겉)

④ 시접을 사이에 끼우고, 커프스 모양을 만들어 박는다

커프스(겉)

골선

0.2 2.5

1

소매(겉)

5 안단을 만든다

뒤 안단(안)

① 겉끼리 맞대어 어깨를 박고 시접을 가른다

② 주위를 지그재그 박기

앞 안단(안)

Point
이 책에는 5부 소매와 긴소매의 퍼프 슬리브 옷본이 있다. 소맷부리의 커프스 폭을 달리하면 분위기가 바뀌니 원하는 폭으로 응용해보자.

6 안단을 붙이고, 동시에 뒤 끝과 밑단을 마무리한다

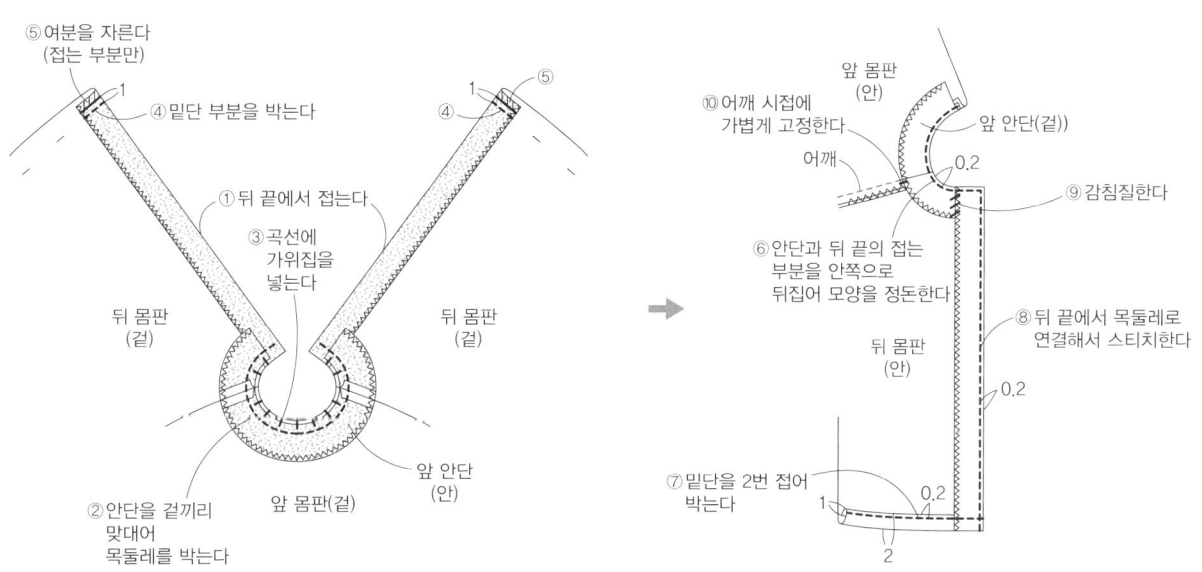

⑤ 여분을 자른다 (접는 부분만)

④ 밑단 부분을 박는다

1

1 ④ ⑤

① 뒤 끝에서 접는다

③ 곡선에 가위집을 넣는다

뒤 몸판(겉)

뒤 몸판(겉)

② 안단을 겉끼리 맞대어 목둘레를 박는다

앞 안단(안)

앞 몸판(겉)

⑩ 어깨 시접에 가볍게 고정한다

어깨

⑥ 안단과 뒤 끝의 접는 부분을 안쪽으로 뒤집어 모양을 정돈한다

⑦ 밑단을 2번 접어 박는다

1

2

0.2

앞 몸판(안)

앞 안단(겉)

0.2

⑨ 감침질한다

⑧ 뒤 끝에서 목둘레로 연결해서 스티치한다

뒤 몸판(안)

0.2

Pattern A 안단 마무리의 뒤트임 고리 고정. 반소매의 소맷부리에 안단을 붙이고 롤업으로.

●**실물 대형 옷본 A면[03]** 1–앞 몸판, 2–앞 안단, 3–뒤 몸판, 4–뒤 안단,
5–소매(공통 패턴·롤업), 6–소맷부리 안단(공통 패턴·롤업)

○**재료**(왼쪽부터 XS／S／M／L 사이즈)
　리버티 프린트…
　　108cm 폭×160／160／170／170cm
　브로드(그레이시 카키)…
　　110cm 폭×30cm
　접착심지…60×30cm
　단추…지름 1.15cm 1개

○**완성 치수**(왼쪽부터 XS／S／M／L 사이즈)
　옷 길이…58／59／60／61cm
　가슴둘레…118／121／124／127cm

재단 배치도

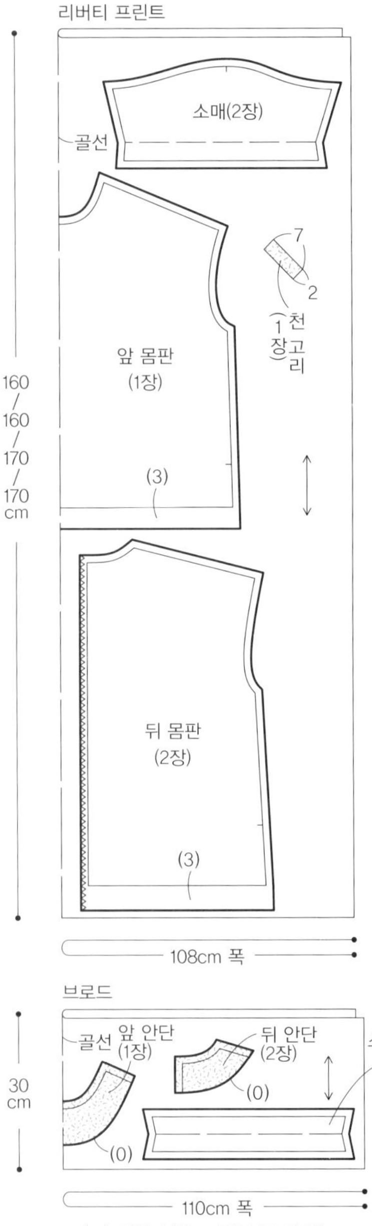

리버티 프린트

소매(2장)

골선

7
2
1 천
　장고
　리

앞 몸판
(1장)

(3)

160
160
170
170
cm

뒤 몸판
(2장)

(3)

108cm 폭

브로드

골선 앞 안단
(1장)

뒤 안단
(2장)

(0)

소맷부리 안단
(2장)

30
cm

(0)

110cm 폭

＊( ) 안은 시접. 지정된 곳 이외는 1cm
＊[▨] 는 안에 접착심지를 붙인다
＊wwww 는 지그재그 박기를 한다

바느질 순서

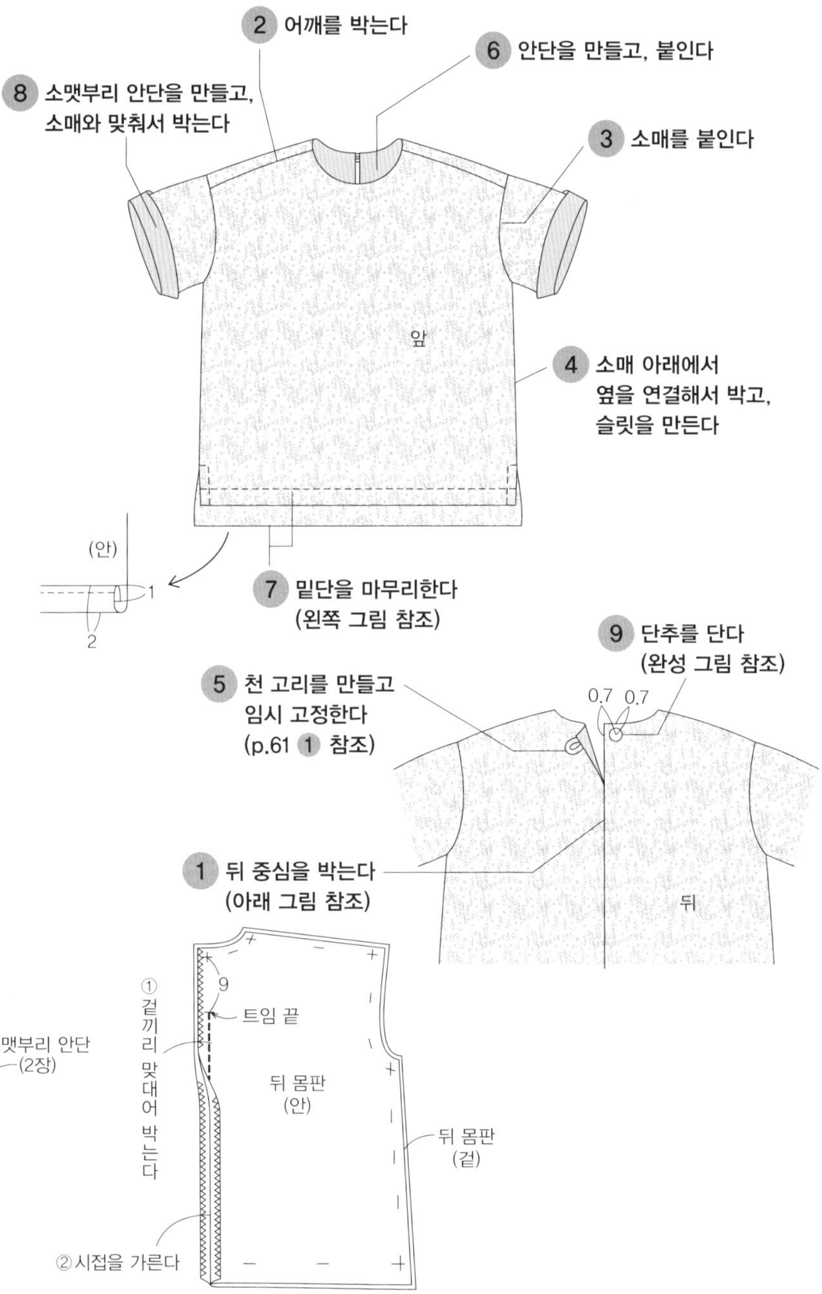

2 어깨를 박는다

6 안단을 만들고, 붙인다

8 소맷부리 안단을 만들고, 소매와 맞춰서 박는다

3 소매를 붙인다

앞

4 소매 아래에서 옆을 연결해서 박고, 슬릿을 만든다

(안)

1
2

7 밑단을 마무리한다
(왼쪽 그림 참조)

5 천 고리를 만들고 임시 고정한다
(p.61 **1** 참조)

9 단추를 단다
(완성 그림 참조)

0.7　0.7

뒤

1 뒤 중심을 박는다
(아래 그림 참조)

①
겉
끼
리
맞
대
어
박
는
다

9

트임 끝

뒤 몸판
(안)

뒤 몸판
(겉)

②시접을 가른다

52

② 어깨를 박는다

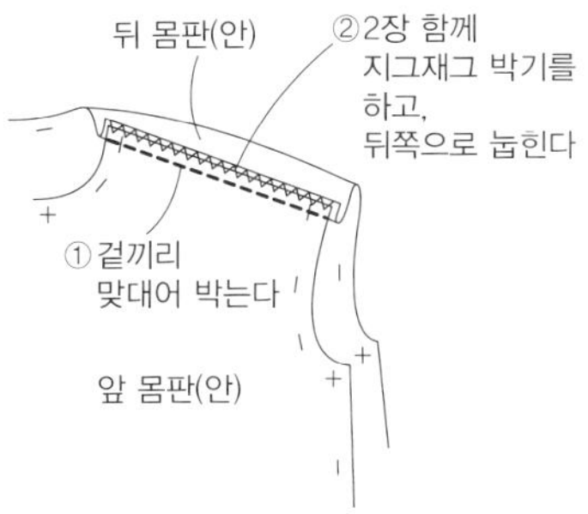

뒤 몸판(안)

②2장 함께 지그재그 박기를 하고, 뒤쪽으로 눕힌다

① 겉끼리 맞대어 박는다

앞 몸판(안)

③ 소매를 붙인다

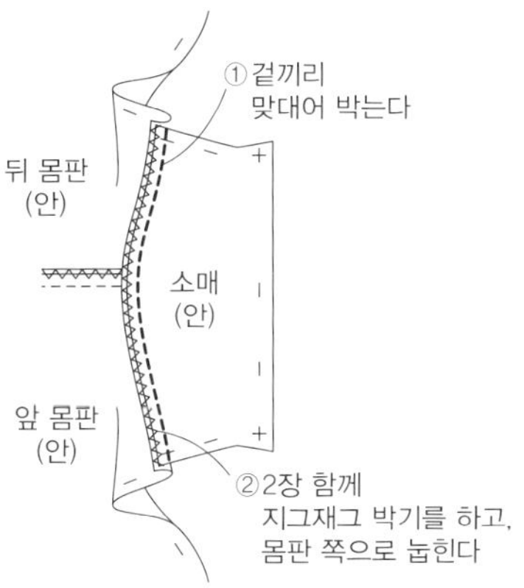

① 겉끼리 맞대어 박는다

뒤 몸판(안)

소매(안)

앞 몸판(안)

②2장 함께 지그재그 박기를 하고, 몸판 쪽으로 눕힌다

④ 소매 아래에서 옆을 연결해서 박고, 슬릿을 만든다

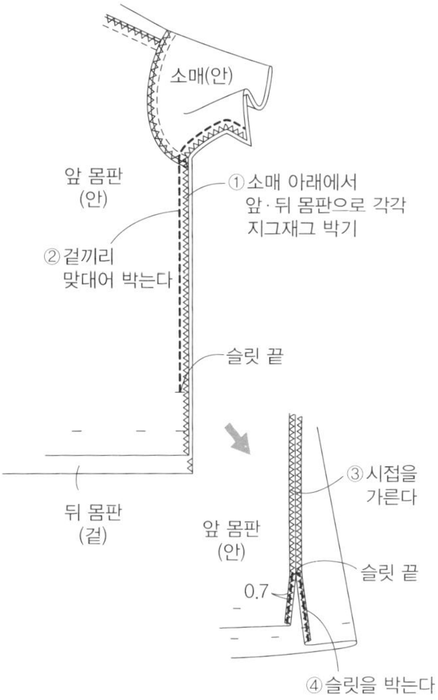

소매(안)

앞 몸판(안)

① 소매 아래에서 앞·뒤 몸판으로 각각 지그재그 박기

② 겉끼리 맞대어 박는다

슬릿 끝

뒤 몸판(겉)

③ 시접을 가른다

앞 몸판(안)

슬릿 끝

0.7

④ 슬릿을 박는다

⑥ 안단을 만들고, 붙인다

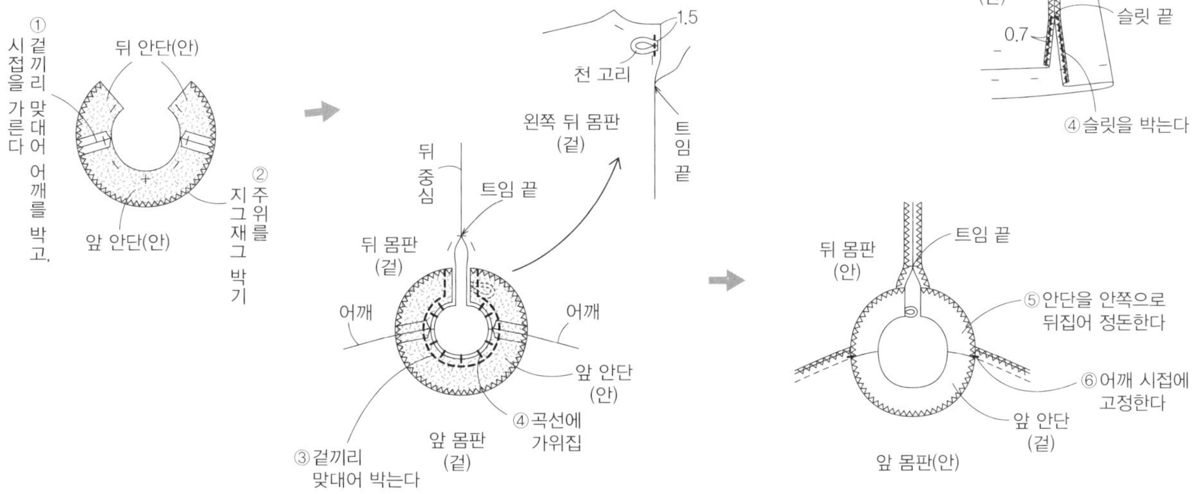

① 시접을 가른다 겉끼리 맞대어 어깨를 박고,

뒤 안단(안)

앞 안단(안)

② 주위를 지그재그 박기

1.5

천 고리

왼쪽 뒤 몸판(겉)

트임 끝

뒤 중심

트임 끝

뒤 몸판(겉)

어깨

어깨

앞 안단(안)

④ 곡선에 가위집

③ 겉끼리 맞대어 박는다

앞 몸판(겉)

뒤 몸판(안)

트임 끝

⑤ 안단을 안쪽으로 뒤집어 정돈한다

⑥ 어깨 시접에 고정한다

앞 안단(겉)

앞 몸판(안)

⑧ 소맷부리 안단을 만들고, 소매와 맞춰서 박는다

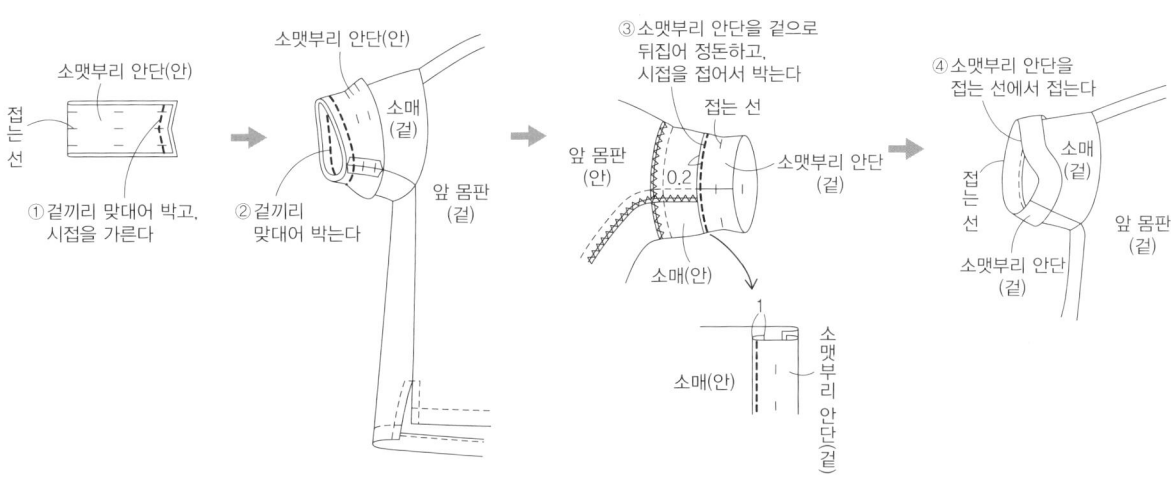

소맷부리 안단(안)

접는 선

① 겉끼리 맞대어 박고, 시접을 가른다

소맷부리 안단(안)

소매(겉)

앞 몸판(겉)

② 겉끼리 맞대어 박는다

③ 소맷부리 안단을 겉으로 뒤집어 정돈하고, 시접을 접어서 박는다

접는 선

앞 몸판(안)

0.2

소맷부리 안단(겉)

소매(안)

소매(안)

1

소맷부리 안단(겉)

④ 소맷부리 안단을 접는 선에서 접는다

접는 선

소매(겉)

앞 몸판(겉)

소맷부리 안단(겉)

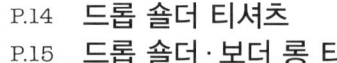

P.14　**드롭 숄더 티셔츠**
P.15　**드롭 숄더·보더 롱 티**

Drop shoulder tshirt
Drop shoulder tshirt (Long sleeves)

<티셔츠> ●실물 대형 옷본　B면[11]	1-앞 몸판, 2-앞 안단, 3-뒤 몸판, 4-뒤 안단, 5-소매
<보더 롱 티> ●실물 대형 옷본　B면[12]	1-앞 몸판, 2-앞 안단, 3-뒤 몸판, 4-뒤 안단, 5-소매

〇**재료**(왼쪽부터 XS／S／M／L 사이즈)
<티셔츠>
　저지(원사)…
　　150cm 폭×90／90／90／100cm
<보더 롱 티>
　저지 보더(아이보리×네이비)…
　　150cm 폭×120／120／130／140cm

<공통>
면 시팅(광목, 아이보리)…110cm 폭×15cm
접착심지…90×15cm
늘어짐 방지 접착테이프…1.2cm 폭×50cm

〇**완성 치수**(왼쪽부터 XS／S／M／L 사이즈)
옷 길이…51.5／52.5／53.5／54.5cm
가슴둘레…122／125／128／131cm

재단 배치도

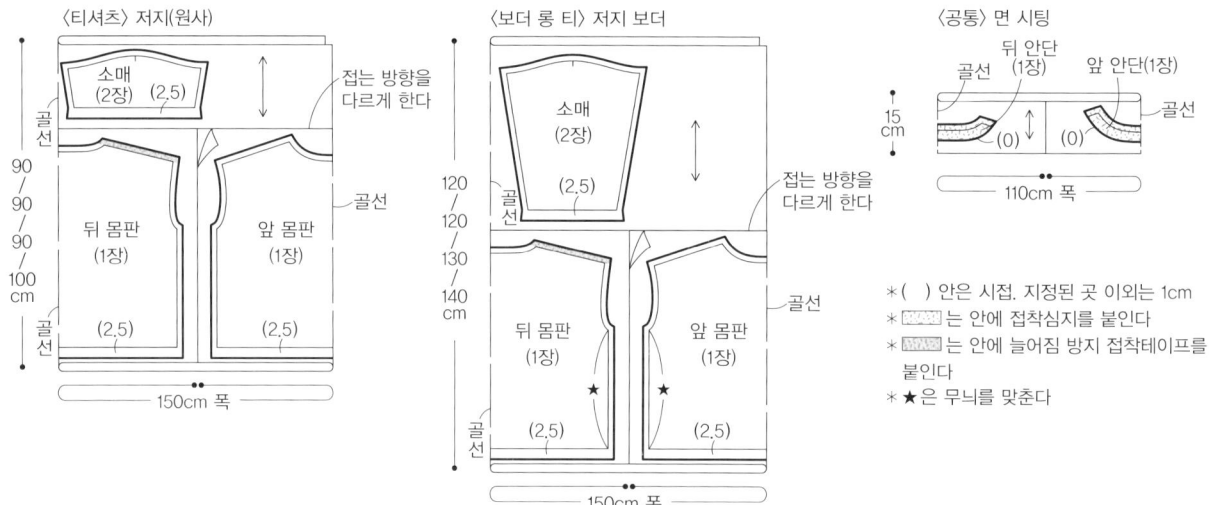

〈티셔츠〉 저지(원사)

소매
(2장)　(2.5)

접는 방향을
다르게 한다

골선

골선

90
／
90
／
90
／
100
cm

뒤 몸판
(1장)

앞 몸판
(1장)

골선

(2.5)　　(2.5)

150cm 폭

〈보더 롱 티〉 저지 보더

소매
(2장)

(2.5)

접는 방향을
다르게 한다

골선

120
／
120
／
130
／
140
cm

골선

뒤 몸판
(1장)

앞 몸판
(1장)

골선

★　★

(2.5)　　(2.5)

150cm 폭

〈공통〉 면 시팅

뒤 안단
(1장)

앞 안단(1장)

골선

15
cm

(0)　　(0)

골선

110cm 폭

＊(　) 안은 시접. 지정된 곳 이외는 1cm
＊▨▨ 는 안에 접착심지를 붙인다
＊▨▨ 는 안에 늘어짐 방지 접착테이프를
　붙인다
＊★은 무늬를 맞춘다

바느질 순서 〈공통〉

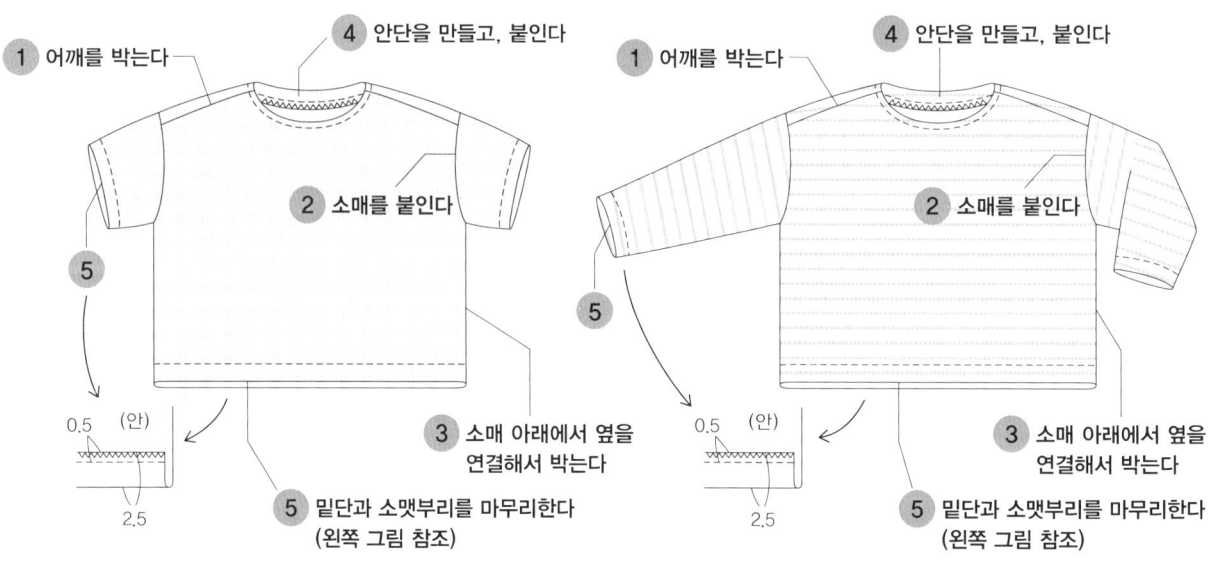

1 어깨를 박는다

4 안단을 만들고, 붙인다

2 소매를 붙인다

5

0.5 (안)

2.5

3 소매 아래에서 옆을
연결해서 박는다

5 밑단과 소맷부리를 마무리한다
(왼쪽 그림 참조)

1 어깨를 박는다

4 안단을 만들고, 붙인다

2 소매를 붙인다

5

0.5 (안)

2.5

3 소매 아래에서 옆을
연결해서 박는다

5 밑단과 소맷부리를 마무리한다
(왼쪽 그림 참조)

1 어깨를 박는다

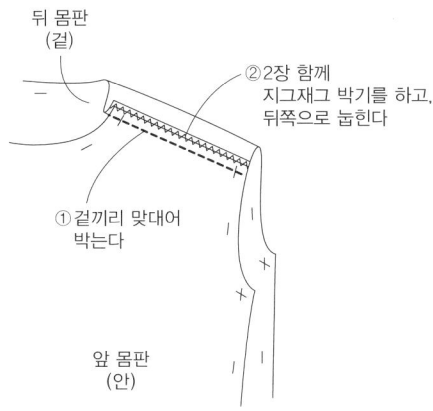

뒤 몸판
(겉)

②2장 함께
지그재그 박기를 하고,
뒤쪽으로 눕힌다

①겉끼리 맞대어
박는다

앞 몸판
(안)

2 소매를 붙인다

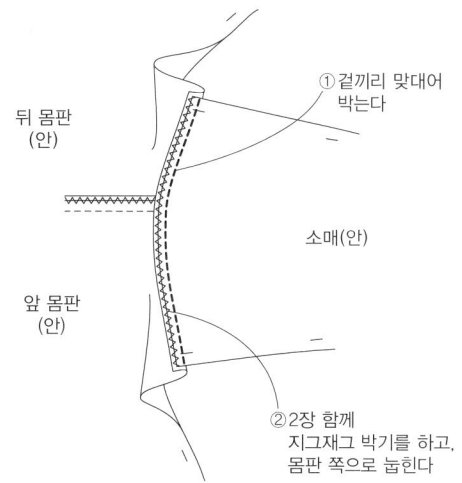

뒤 몸판
(안)

①겉끼리 맞대어
박는다

소매(안)

②2장 함께
지그재그 박기를 하고,
몸판 쪽으로 눕힌다

앞 몸판
(안)

3 소매 아래에서 옆을 연결해서 박는다

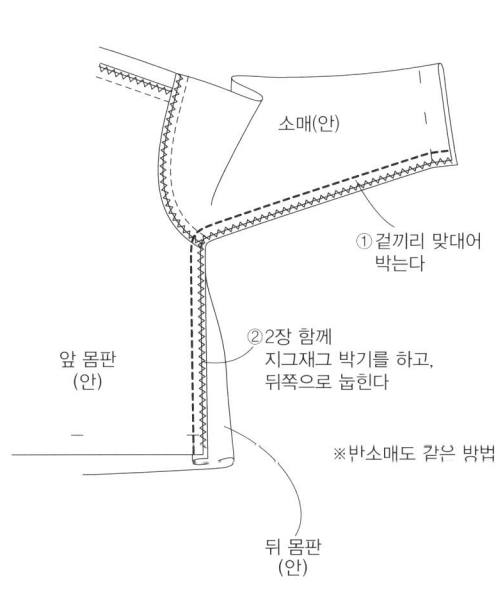

소매(안)

①겉끼리 맞대어
박는다

②2장 함께
지그재그 박기를 하고,
뒤쪽으로 눕힌다

앞 몸판
(안)

뒤 몸판
(안)

※반소매도 같은 방법

4 안단을 만들고, 붙인다

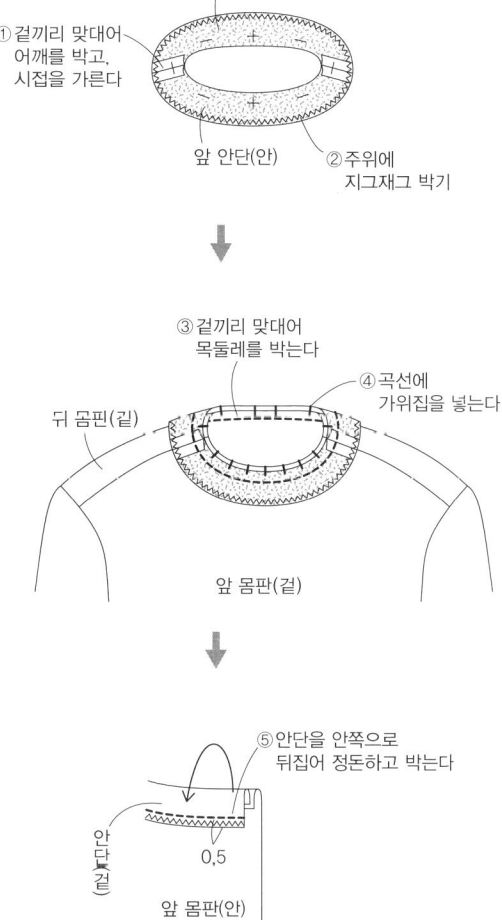

뒤 안단(안)

①겉끼리 맞대어
어깨를 박고,
시접을 가른다

앞 안단(안)

②주위에
지그재그 박기

③겉끼리 맞대어
목둘레를 박는다

④곡선에
가위집을 넣는다

뒤 몸핀(겉)

앞 몸판(겉)

⑤안단을 안쪽으로
뒤집어 정돈하고 박는다

안단
(겉)

0,5

앞 몸판(안)

깅엄 체크 심플 셔츠

simple shirt

Pattern A 셔츠 칼라, 반소매. 옆은 뒤 몸판이 조금 긴 슬릿 트임.

● **실물 대형 옷본 A면 [04]** 1－앞 몸판, 2－뒤 몸판, 3－소매(공통 패턴·반소매),
　　　　　　　　　　　　　　　　4－칼라(공통 패턴·셔츠 칼라)

○ **재료**(왼쪽부터 XS／S／M／L 사이즈)
　100번수 쌍사 깅엄 체크(검은색)…
　　　110cm 폭×190／190／200／210cm
　접착심지…70×70cm
　단추…지름 1.3cm 5개

○ **완성 치수**(왼쪽부터 XS／S／M／L 사이즈)
　옷 길이…58／59／60／61cm
　가슴둘레…118／121／124／127cm

재단 배치도

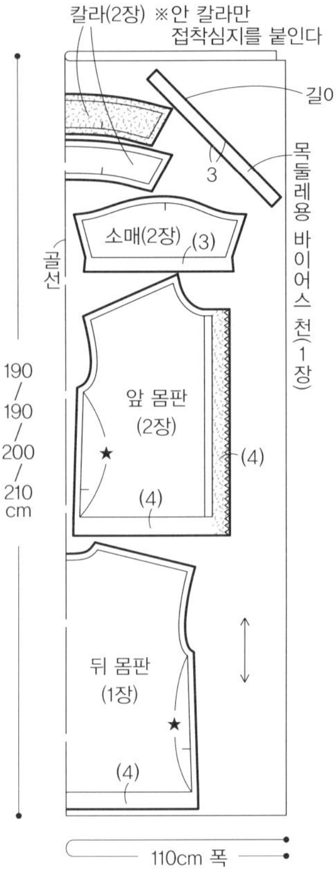

칼라(2장) ※안 칼라만
접착심지를 붙인다

길이 45

3

목둘레용 바이어스 천(1장)

소매(2장) (3)

골선

190
190
200
210
cm

앞 몸판
(2장)

(4)

★

(4)

뒤 몸판
(1장)

★

(4)

110cm 폭

＊( ) 안은 시접. 지정된 곳 이외는 1cm
＊ ▨▨ 는 안에 접착심지를 붙인다
＊ ∿∿∿ 는 지그재그 박기를 한다
＊ ★ 은 무늬를 맞춘다

바느질 순서

5 칼라를 달고, 앞 끝과 밑단을
연결해서 마무리한다

4 칼라를 만든다

1 어깨를 박는다

2 소매를 붙인다

1.5

6 소맷부리를
마무리한다
(아래 그림 참조)

(안)
1
0.2
2

3 소매 아래에서 옆을
연결해서 박고,
슬릿을 만든다

7 단춧구멍을 만들고, 단추를 단다
(완성 그림 참조)

2개째부터
단춧구멍의 간격
8.6／8.8／9／9.2

1 어깨를 박는다

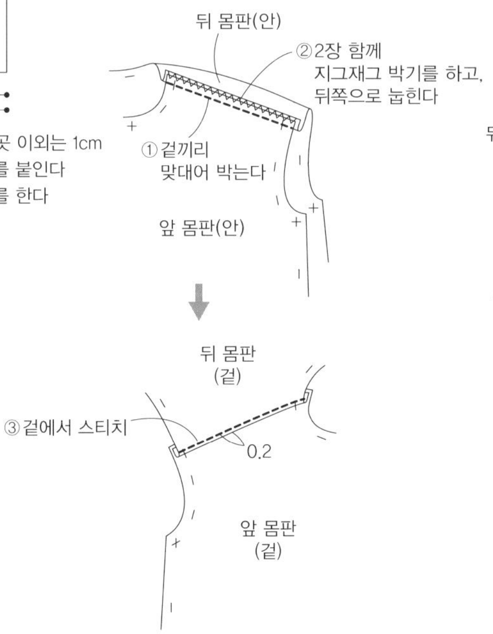

뒤 몸판(안)

②2장 함께
지그재그 박기를 하고,
뒤쪽으로 눕힌다

①겉끼리
맞대어 박는다

앞 몸판(안)

뒤 몸판
(겉)

③겉에서 스티치

0.2

앞 몸판
(겉)

2 소매를 붙인다

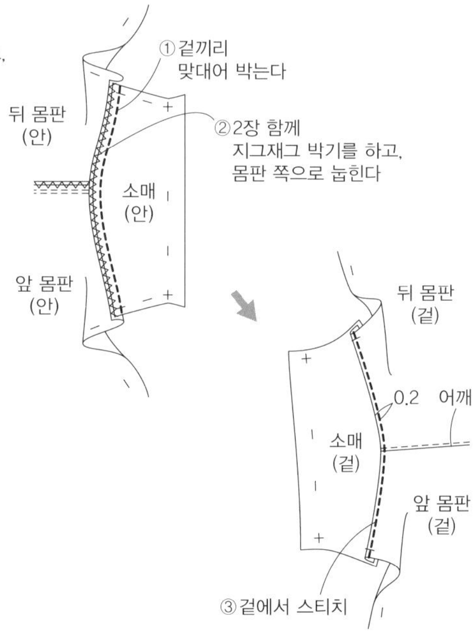

①겉끼리
맞대어 박는다

뒤 몸판
(안)

②2장 함께
지그재그 박기를 하고,
몸판 쪽으로 눕힌다

소매
(안)

앞 몸판
(안)

뒤 몸판
(겉)

0.2 어깨

소매
(겉)

앞 몸판
(겉)

③겉에서 스티치

3 소매 아래에서 옆을 연결해서 박고, 슬릿을 만든다

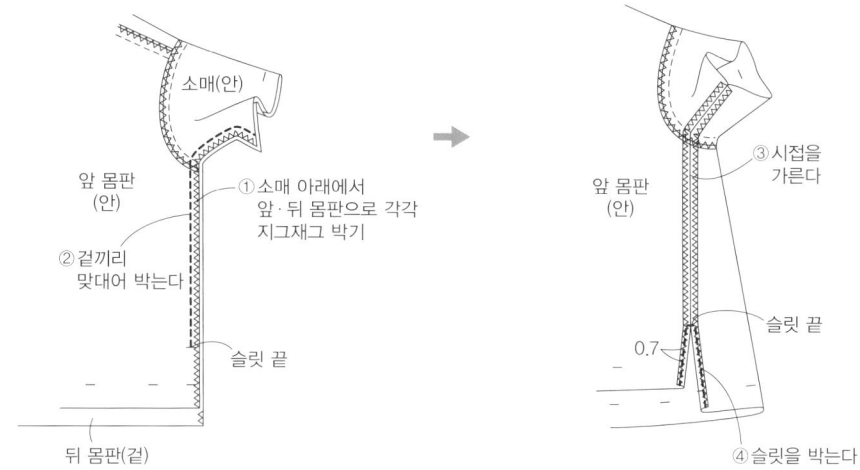

소매(안)

앞 몸판
(안)

① 소매 아래에서
앞·뒤 몸판으로 각각
지그재그 박기

② 겉끼리
맞대어 박는다

슬릿 끝

뒤 몸판(겉)

③ 시접을
가른다

앞 몸판
(안)

슬릿 끝

0.7

④ 슬릿을 박는다

4 칼라를 만든다

겉 칼라(겉)

① 겉끼리 맞대어 박는다

② 모서리
여분을 자른다

안 칼라(안)

겉 칼라(겉)

0.2

④ 스티치한다

※모서리를 깔끔히
빼낸다

③ 겉으로 뒤집어 정돈한다

5 칼라를 달고, 앞 끝과 밑단을 연결해서 마무리한다

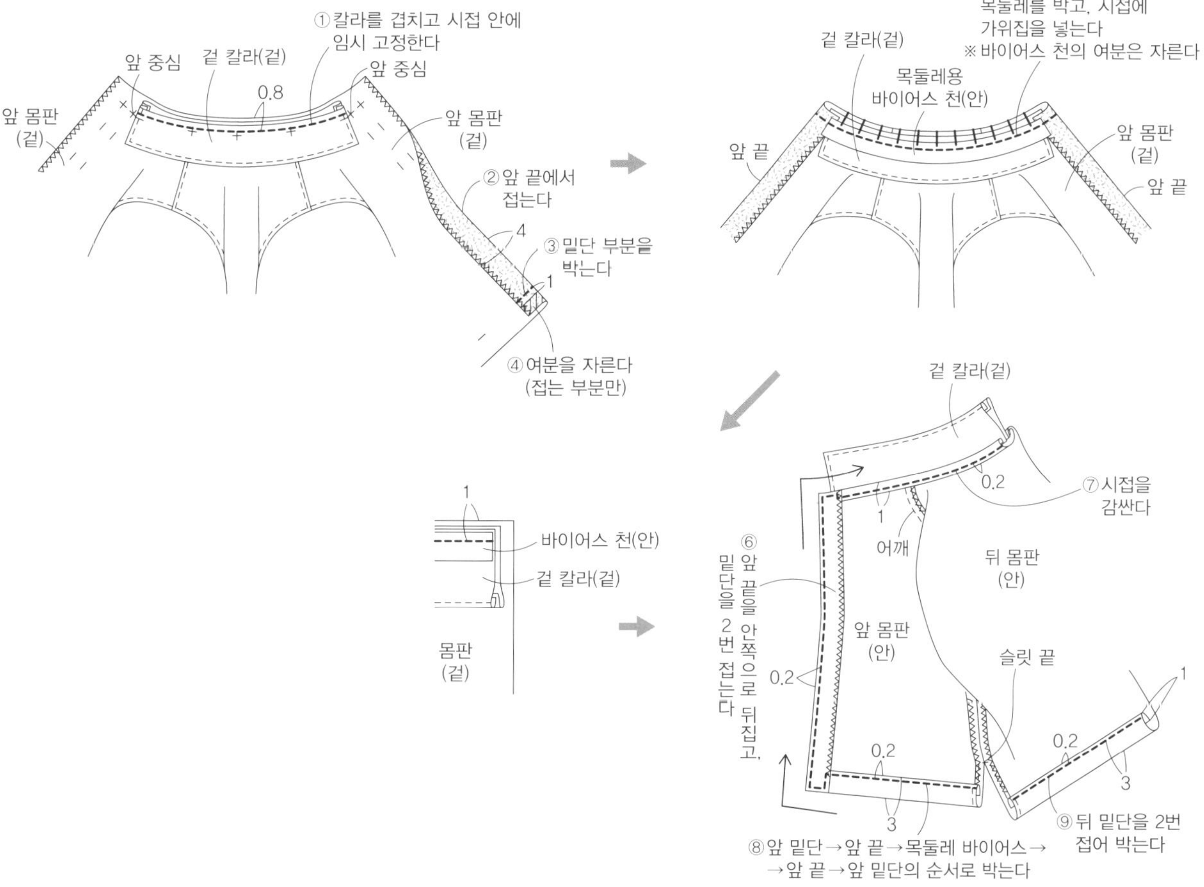

앞 중심

앞 몸판
(겉)

겉 칼라(겉)

0.8

앞 중심

① 칼라를 겹치고 시접 안에
임시 고정한다

앞 몸판
(겉)

② 앞 끝에서
접는다

4

③ 밑단 부분을
박는다

1

④ 여분을 자른다
(접는 부분만)

⑤바이어스 천을 겹쳐서
목둘레를 박고, 시접에
가위집을 넣는다
※바이어스 천의 여분은 자른다

겉 칼라(겉)

목둘레용
바이어스 천(안)

앞 몸판
(겉)

앞 끝

앞 끝

1

바이어스 천(안)

겉 칼라(겉)

몸판
(겉)

겉 칼라(겉)

0.2

⑦시접을
감싼다

⑥
밑
앞
끝
을
2
번
접
는
다

1

어깨

뒤 몸판
(안)

0.2

앞 몸판
(안)

슬릿 끝

0.2

0.2

3

0.2

3

1

⑨ 뒤 밑단을 2번
접어 박는다

⑧ 앞 밑단→앞 끝→목둘레 바이어스→
→앞 끝→앞 밑단의 순서로 박는다

칼라 밴드 달린 셔츠 원피스

Shirt dress with collar

Pattern A 로 웨이스트에 스커트를 붙이고 앞트임 단추 고정으로. 칼라 밴드 달린 셔츠 칼라와 셔츠 소매.

●**실물 대형 옷본 A면[05]** 1-앞 몸판, 2-뒤 몸판, 3-소매(공통 패턴·셔츠 소매), 4-칼라(공통 패턴·칼라 밴드 달린 칼라), 5-칼라 밴드, 6-커프스, 7-뾰족단(5～7 공통 패턴)

○**재료**(왼쪽부터 XS／S／M／L 사이즈)
부드러운 리넨(앤티크 화이트)…
110cm 폭×380／380／390／400cm
접착심지…90×130cm
단추…지름 1.3cm 15개

○**완성 치수**(왼쪽부터 XS／S／M／L 사이즈)
옷 길이…116／118／120／122cm
가슴둘레…118／121／124／127cm

재단 배치도

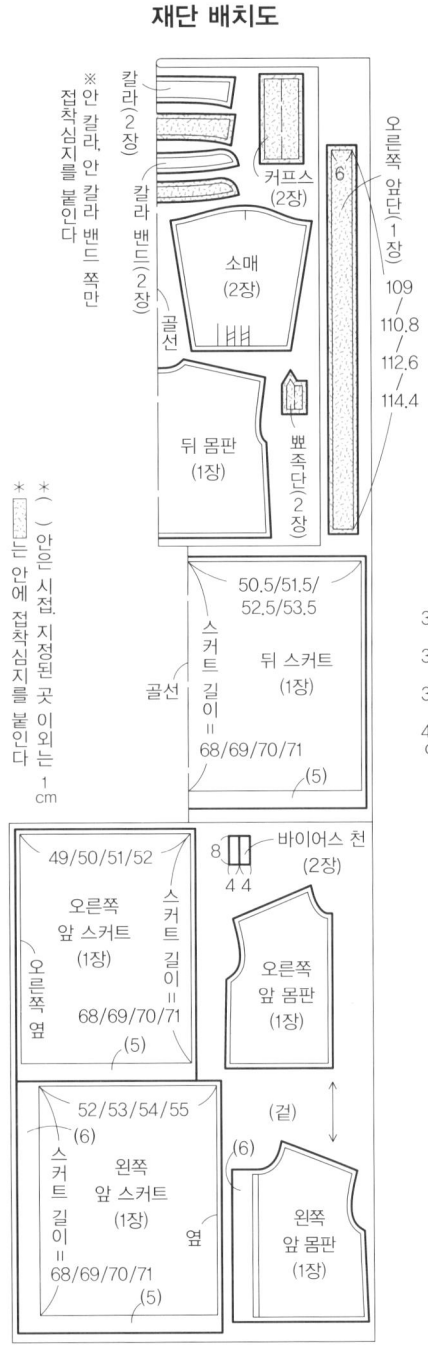

바느질 순서

⑨ 칼라를 만들고, 단다

① 어깨를 박는다(p.48 ① 참조)

③ 소매를 붙인다 (p.48 ② 참조)

② 소맷부리의 뾰족단 트임을 만든다

④ 소매 아래에서 옆을 연결해서 박는다 (p.47 ③ 참조)

⑦ 스커트의 허리에 개더를 잡고 몸판과 맞춰서 박는다 (p.49 ⑥ 참조)

⑥ 스커트의 옆을 박는다 (p.49 ⑤ 참조)

⑤ 커프스를 만들고, 소맷부리에 붙인다

⑩ 단춧구멍을 만들고, 단추를 단다 (완성 그림 참조)

⑧ 밑단을 마무리하고, 오른쪽 몸판에 앞단을 붙인다

8.1 단 3 초 개
8.3 구 째 명 부
8.5 의 터 간
8.7 격

② 소맷부리의 뾰족단 트임을 만든다

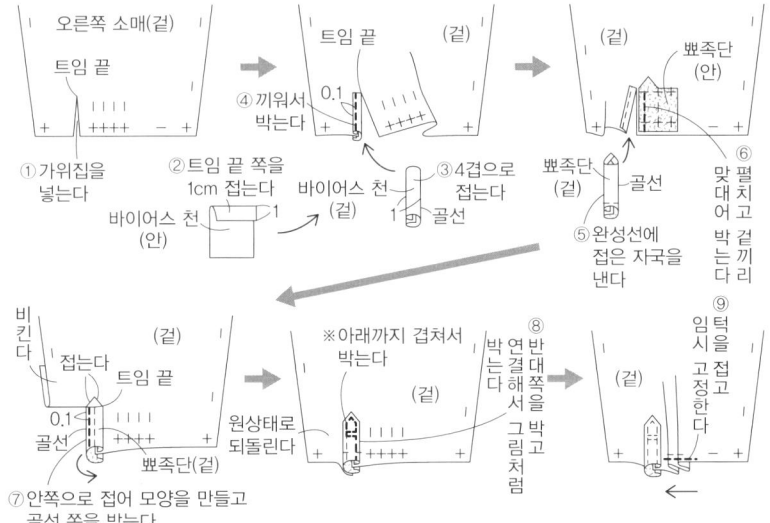

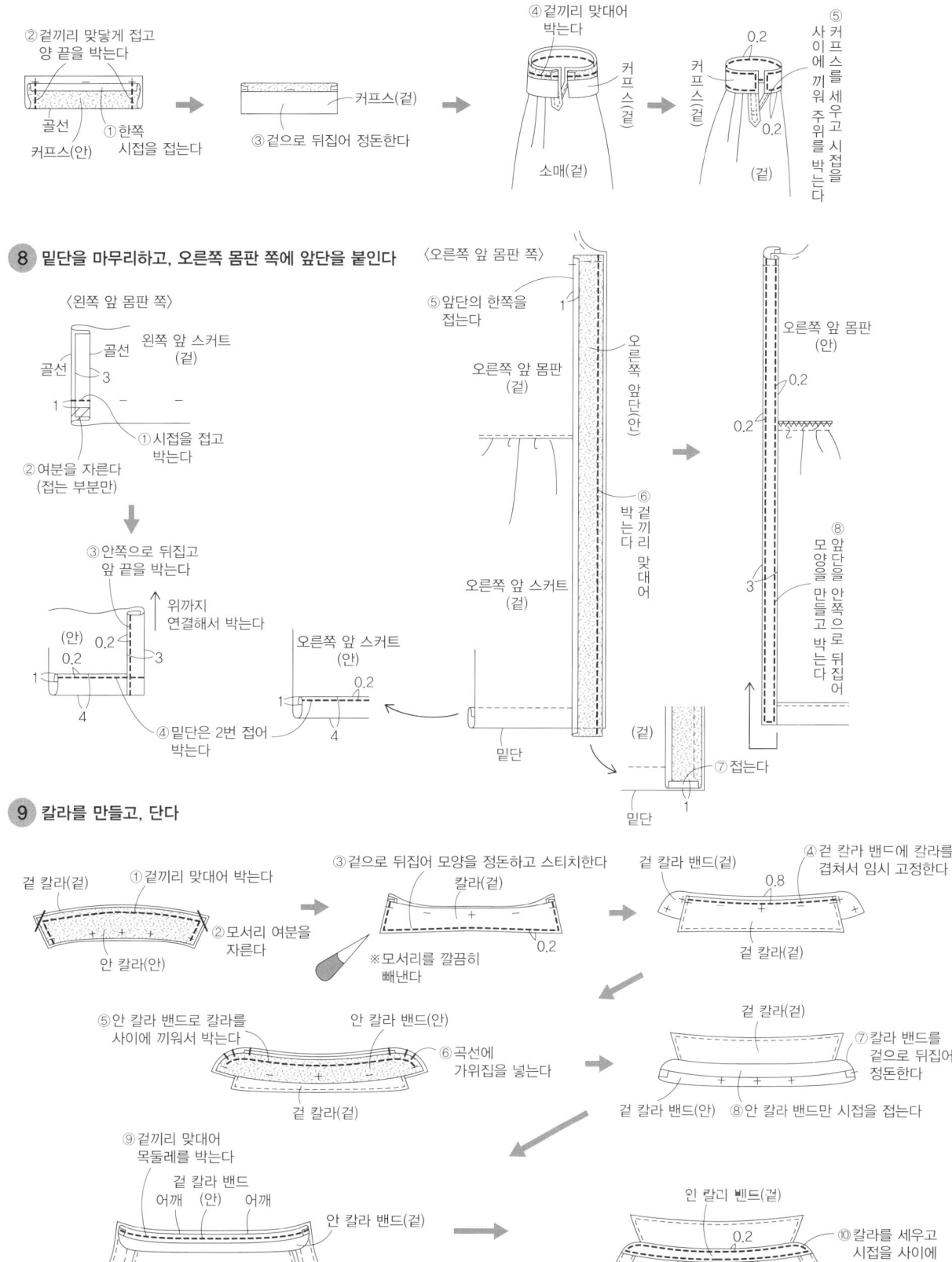

5 커프스를 만들고, 소맷부리에 붙인다

② 겉끼리 맞닿게 접고
양 끝을 박는다

골선

커프스(안)

① 한쪽
시접을 접는다

③ 겉으로 뒤집어 정돈한다

커프스(겉)

④ 겉끼리 맞대어
박는다

커프스
(겉)

소매(겉)

⑤ 커프스를 세우고 사이에 끼워 주위를 시접을 박는다

0.2

커프스(겉)

0.2

(겉)

8 밑단을 마무리하고, 오른쪽 몸판 쪽에 앞단을 붙인다

〈왼쪽 앞 몸판 쪽〉

골선

골선

왼쪽 앞 스커트
(겉)

3

1

① 시접을 접고
박는다

② 여분을 자른다
(접는 부분만)

③ 안쪽으로 뒤집고
앞 끝을 박는다

위까지
연결해서 박는다

(안)

0.2

3

1

4

④ 밑단은 2번 접어
박는다

오른쪽 앞 스커트
(안)

1

0.2

4

〈오른쪽 앞 몸판 쪽〉

⑤ 앞단의 한쪽을
접는다

오른쪽 앞 몸판
(겉)

1

오른쪽 앞단(안)

⑥ 박는다 겉끼리 맞대어

오른쪽 앞 스커트
(겉)

밑단

(겉)

⑦ 접는다

1

밑단

오른쪽 앞 몸판
(안)

0.2

0.2

3

⑧ 앞단을 모양을 만들고 안쪽으로 박는다 뒤집어

9 칼라를 만들고, 단다

겉 칼라(겉)

① 겉끼리 맞대어 박는다

② 모서리 여분을
자른다

안 칼라(안)

③ 겉으로 뒤집어 모양을 정돈하고 스티치한다

칼라(겉)

※모서리를 깔끔히
빼낸다

겉 칼라 밴드(겉)

0.8

④ 겉 칼라 밴드에 칼라를
겹쳐서 임시 고정한다

겉 칼라(겉)

0.2

⑤ 안 칼라 밴드로 칼라를
사이에 끼워서 박는다

안 칼라 밴드(안)

⑥ 곡선에
가위집을 넣는다

겉 칼라(겉)

겉 칼라(겉)

겉 칼라 밴드(안)

⑧ 안 칼라 밴드만 시접을 접는다

⑦ 칼라 밴드를
겉으로 뒤집어
정돈한다

⑨ 겉끼리 맞대어
목둘레를 박는다

겉 칼라 밴드

어깨 (안) 어깨

안 칼라 밴드(겉)

왼쪽 앞 몸판
(겉))

오른쪽 앞 몸판
(겉)

안 칼라 밴드(겉)

0.2

⑩ 칼라를 세우고
시접을 사이에
끼워서 박는다

뒤 몸판
(안)

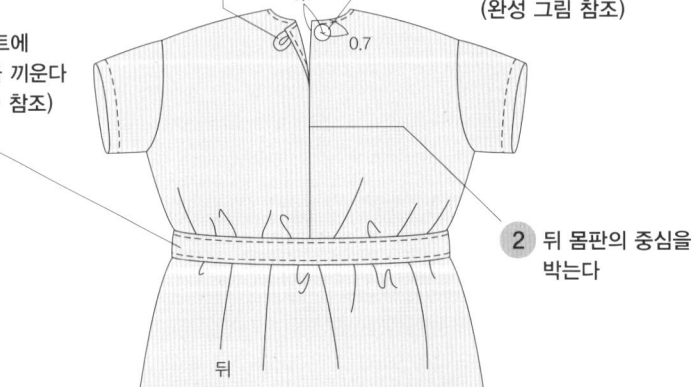

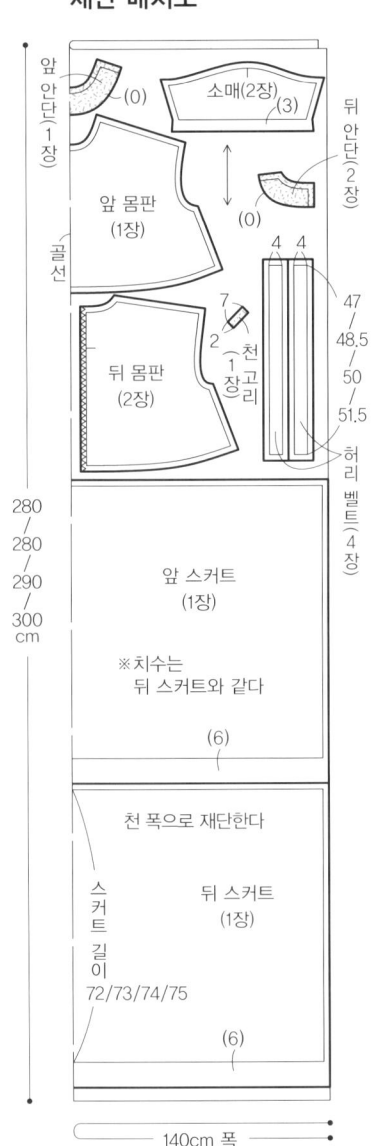

P.18 **허리 고무줄 개더 원피스**

Gathered dress

Pattern C 뒤트임 안단 마무리의 고리 고정. 반소매.

●**실물 대형 옷본** C면[14] 1–앞 몸판, 2–앞 안단, 3–뒤 몸판, 4–뒤 안단
　　　　　　　 A면 공통 패턴[14] 5–소매(반소매)

○**재료**(왼쪽부터 XS／S／M／L 사이즈)
　코튼 론 와셔(베이지)…
　　　140cm 폭×280／280／290／300cm
　접착심지…90×20cm
　단추…지름 1.15cm 1개
　고무줄…3cm 폭을 허리 사이즈＋2cm
　＊고무줄은 미리 자르지 말고 허리 벨트에 끼운 후
　　자른다.

○**완성 치수**(왼쪽부터 XS／S／M／L 사이즈)
　옷 길이…117／119／121／123cm
　가슴둘레…128／131／134／137cm

재단 배치도

앞 안단(1장) (0)

소매(2장) (3)

뒤 안단(2장)

앞 몸판(1장)

(0)

4 4

골선

뒤 몸판(2장)

7
2
천 1 장 고리

47
48.5
50
51.5

허리 벨트(4장)

280
280
290
300
cm

앞 스커트(1장)

※치수는 뒤 스커트와 같다

(6)

천 폭으로 재단한다

스커트 길이 72/73/74/75

뒤 스커트(1장)

(6)

140cm 폭

＊( ) 안은 시접. 지정된 곳 이외는 1cm
＊▨ 는 안에 접착심지를 붙인다
＊〰 는 지그재그 박기를 한다

바느질 순서

7 안단을 만들고, 붙인다

3 어깨를 박는다

4 소매를 붙인다

6 소맷부리를 마무리한다
(왼쪽 그림 참조)

0.2 (안)
1
2

8 허리 벨트를 만든다

9 몸판의 밑단에 개더를 잡고, 벨트와 맞춰서 박는다

11 스커트의 허리에 개더를 잡고, 허리 벨트와 맞춰서 박는다

5 소매 아래에서 옆을 연결해서 박는다

앞

10 스커트를 만든다

1 천 고리를 만들고, 임시 고정한다

0.7

13 단추를 단다 (완성 그림 참조)

0.7

12 허리 벨트에 고무줄을 끼운다 (p.71 6 참조)

2 뒤 몸판의 중심을 박는다

뒤

1 천 고리를 만들고, 임시 고정한다

①겉끼리 맞닿게 반으로 접고 촘촘한
바늘땀으로 그림대로 박는다

②여분을 자른다

7
2
천 고리(안)

0.3
골선

0.2

③바늘에 실을 끼워 매듭을 짓고,
한쪽에 꿰맨다. 바늘귀 쪽에서
안쪽으로 끼운다

④겉으로 뒤집어 정돈하고,
5cm로 자른다

5

천 고리

1.5

왼쪽 뒤 몸판
(겉)

⑤시접 안에
임시 고정한다

2 뒤 몸판의 중심을 박는다

9
트임 끝

①겉끼리 맞대어
박는다

뒤 몸판
(안)

뒤 몸판
(겉)

②시접을 가른다

3 어깨를 박는다

뒤 몸판(안)

①겉끼리
맞대어 박는다

②2장 함께
지그재그 박기를
하고,
뒤쪽으로 눕힌다

앞 몸판(안)

4 소매를 붙인다

①겉끼리
맞대어 박는다

뒤 몸판
(안)

소매
(안)

앞 몸판
(안)

②2장 함께
지그재그 박기를 하고,
몸판 쪽으로 눕힌다

5 소매 아래에서 옆을 연결해서 박는다

소매
(안)

①겉끼리
맞대어 박는다

앞 몸판
(안)

②2장 함께
지그재그 박기를
하고,
뒤쪽으로 눕힌다

뒤 몸판
(안)

7 안단을 만들고, 붙인다

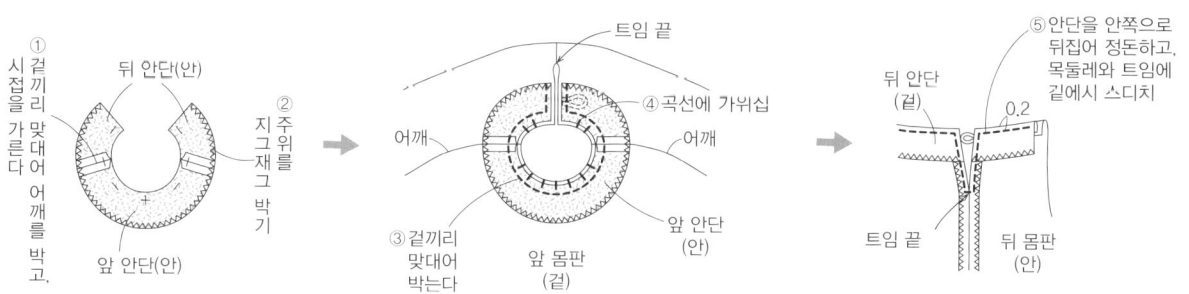

①시접을 가른다 겉끼리 맞대어 어깨를 박고,

뒤 안단(안)

②주위를 지그재그 박기

앞 안단(안)

트임 끝

④곡선에 가위집

어깨

어깨

③겉끼리
맞대어
박는다

앞 몸판
(겉)

앞 안단
(안)

⑤안단을 안쪽으로
뒤집어 정돈하고,
목둘레와 트임에
겉에서 스티치

뒤 안단
(겉)

0.2

트임 끝

뒤 몸판
(안)

8 허리 벨트를 만든다

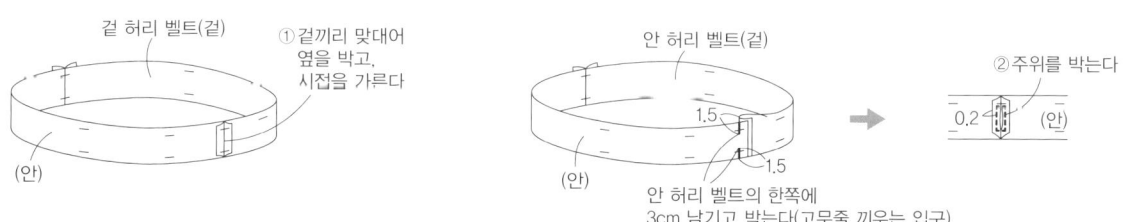

겉 허리 벨트(겉)

①겉끼리 맞대어
옆을 박고,
시접을 가른다

(안)

안 허리 벨트(겉)

1.5

1.5

안 허리 벨트의 한쪽에
3cm 남기고 박는다(고무줄 끼우는 입구)

②주위를 박는다

0.2
(안)

9 몸판의 밑단에 개더를 잡고, 허리 벨트와 맞춰서 박는다

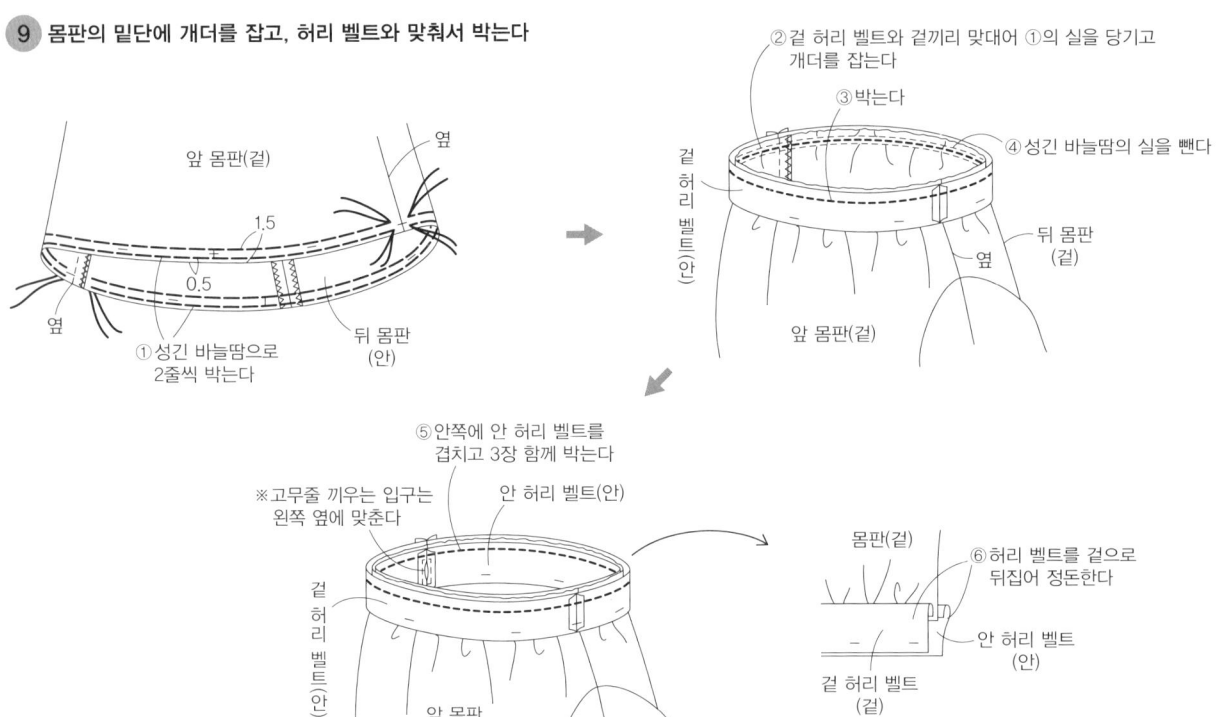

앞 몸판(겉)

옆

옆

1.5

0.5

뒤 몸판 (안)

① 성긴 바늘땀으로 2줄씩 박는다

② 겉 허리 벨트와 겉끼리 맞대어 ①의 실을 당기고 개더를 잡는다

③ 박는다

④ 성긴 바늘땀의 실을 뺀다

겉 허리 벨트(안)

뒤 몸판 (겉)

옆

앞 몸판(겉)

⑤ 안쪽에 안 허리 벨트를 겹치고 3장 함께 박는다

안 허리 벨트(안)

※고무줄 끼우는 입구는 왼쪽 옆에 맞춘다

겉 허리 벨트(안)

앞 몸판 (겉)

몸판(겉)

⑥ 허리 벨트를 겉으로 뒤집어 정돈한다

안 허리 벨트 (안)

겉 허리 벨트 (겉)

10 스커트를 만든다

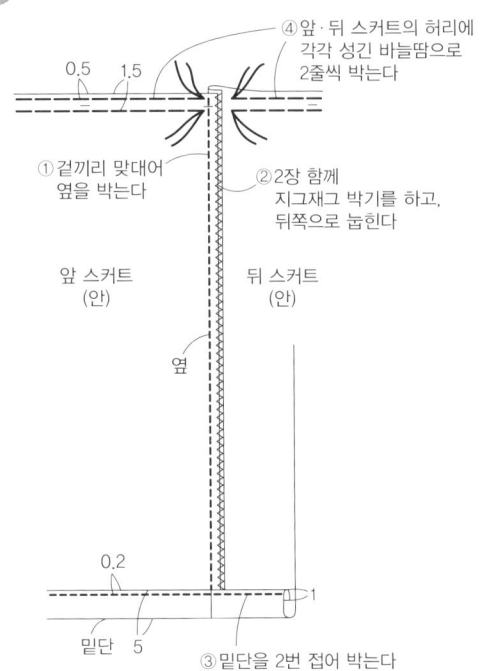

④ 앞·뒤 스커트의 허리에 각각 성긴 바늘땀으로 2줄씩 박는다

0.5 1.5

① 겉끼리 맞대어 옆을 박는다

② 2장 함께 지그재그 박기를 하고, 뒤쪽으로 눕힌다

앞 스커트 (안)

뒤 스커트 (안)

옆

0.2

밑단 5

1

③ 밑단을 2번 접어 박는다

11 스커트의 허리에 개더를 잡고, 허리 벨트와 맞춰서 박는다

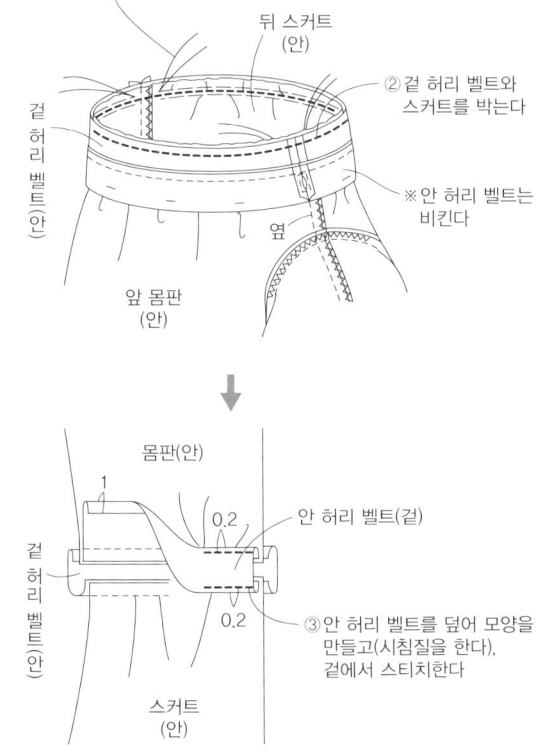

① 겉 허리 벨트와 스커트를 겉끼리 맞대고, 성긴 바늘땀의 실을 당겨 개더를 잡는다

뒤 스커트 (안)

② 겉 허리 벨트와 스커트를 박는다

겉 허리 벨트(안)

※안 허리 벨트는 비킨다

옆

앞 몸판 (안)

몸판(안)

1

겉 허리 벨트(안)

안 허리 벨트(겉)

0.2

0.2

③ 안 허리 벨트를 덮어 모양을 만들고(시침질을 한다), 겉에서 스티치한다

스커트 (안)

P.26 **요크 이음 원피스**

Pattern B 요크 이음의 뒤트임 단추 고정. 5부 퍼프 슬리브.

● **실물 대형 옷본** **B면[09]** 1-앞 요크, 2-앞 안단, 3-앞 몸판, 4-뒤 요크, 5-뒤 안단, 6-뒤 몸판
　　　　　　　　 A면 공통 패턴[09] 7-소매(5부 퍼프 슬리브)

○ **재료**(왼쪽부터 XS／S／M／L 사이즈)
　　부드러운 리넨(토프)…
　　　　110cm 폭×310／310／320／330cm
　　접착심지…90×50cm
　　단추…지름 1.1cm 6개

○ **완성 치수**(왼쪽부터 XS／S／M／L 사이즈)
　　옷 길이…110／112／114／116cm
　　가슴둘레…118／121／124／127cm

재단 배치도

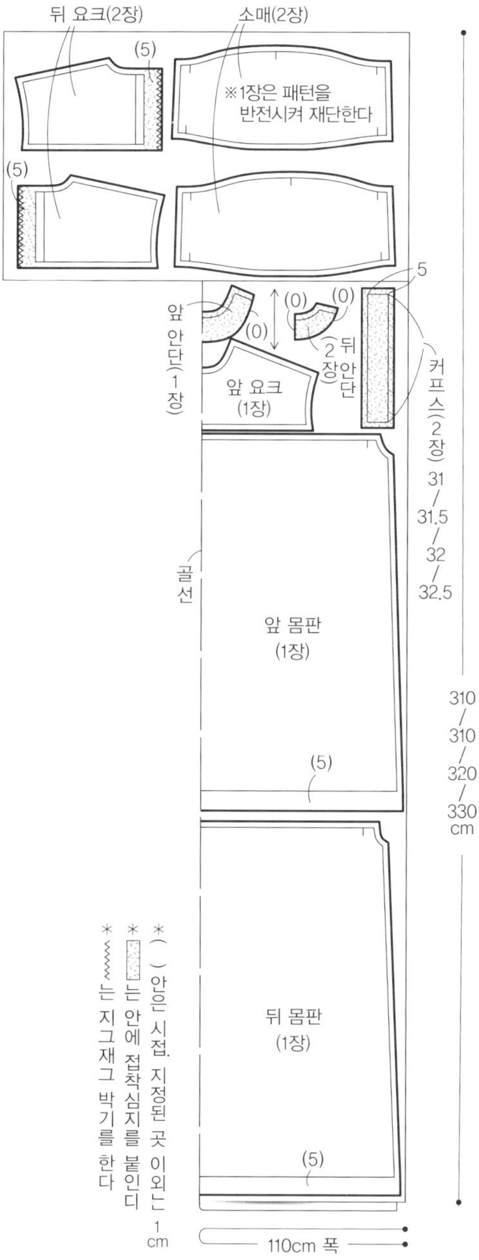

뒤 요크(2장)　소매(2장)

(5)

※1장은 패턴을
반전시켜 재단한다

(5)

(5)

앞 안단(1장)

앞 요크
(1장)

2 뒤
장 안
은 단

(0) (0)
(0)

5

커프스(2장)
31
31.5
32
32.5

골선

앞 몸판
(1장)

(5)

310
310
320
330
cm

뒤 몸판
(1장)

(5)

1
cm

←　110cm 폭　→

* ～～～ 는 지그재그 박기를 한다
* ＝＝＝ 는 안에 접착심지를 붙인다
* ( ) 안은 시접. 지정된 곳 이외는 1cm

바느질 순서

4 소매산에 개더를 잡고, 몸판과 맞춰서 박는다(p.51 **2** 참조)

1 어깨를 박는다
(p.46 **1** 참조)

2 안단을 만들어 붙이고, 뒤 끝을 마무리해서,
단춧구멍을 만든다(p.47 **5** **6** 참조)
*단, 단춧구멍 간격은 아래 참조

2개째부터
단춧구멍의 간격
2.8／2.9／3／3.1

3 앞·뒤 몸판에 각각 개더를
잡고, 요크와 맞춰서 박는다
(p.39 **3** 참조)
*단, 뒤 요크의 좌우 겹치는
방법은 아래 그림 참조

앞

6 소맷부리에 개더를
잡고, 커프스를 단다
(p.51 **4** 참조)

5 소매 아래에서 옆을
연결해서 박는다
(p.47 **3** 참조)

7 밑단을 마무리한다
(왼쪽 그림 참조)

0.2 (안)
1
4

1.5

8 단추를 단다
(완성 그림 참조)

뒤

3

3 앞·뒤 몸판에 각각
개더를 잡고, 요크와
맞춰서 박는다
(p.39 **3** 참조)
*단, 뒤 요크의 좌우 겹치는
방법은 오른쪽 그림 참조

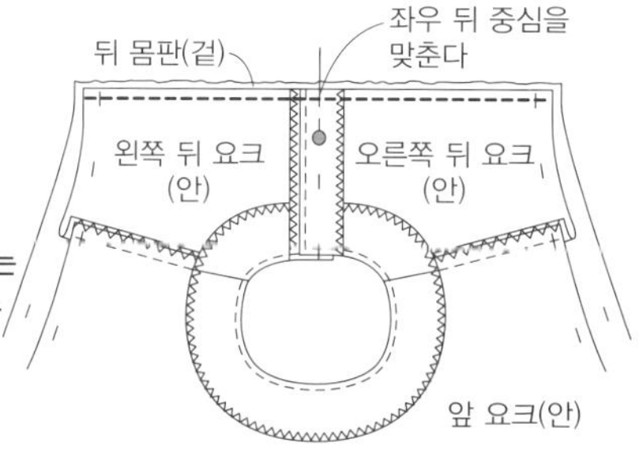

뒤 몸판(겉)　좌우 뒤 중심을 맞춘다

왼쪽 뒤 요크
(안)

오른쪽 뒤 요크
(안)

앞 요크(안)

P.20 **밴드 칼라 셔츠 원피스** *Band collar shirt dress*

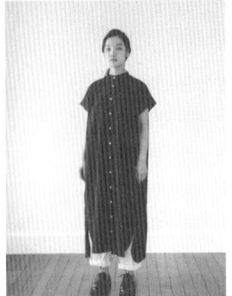

Pattern B 앞트임 단추 고정의 밴드 칼라. 뒤는 요크 이음.

●실물 대형 옷본 B면[10] 1-앞 몸판, 2-뒤 요크, 3-뒤 몸판
A면 공통 패턴[10] 4-칼라(칼라 밴드)

○재료(왼쪽부터 XS／S／M／L 사이즈)
내추럴 코튼 HOLIDAY(검은색)…
110cm 폭×290／290／300／310cm
접착심지…60×10cm
단추…지름 1.3cm 12개

○완성 치수(왼쪽부터 XS／S／M／L 사이즈)
옷 길이…115／117／119／121cm
가슴둘레…118／121／124／127cm

재단 배치도

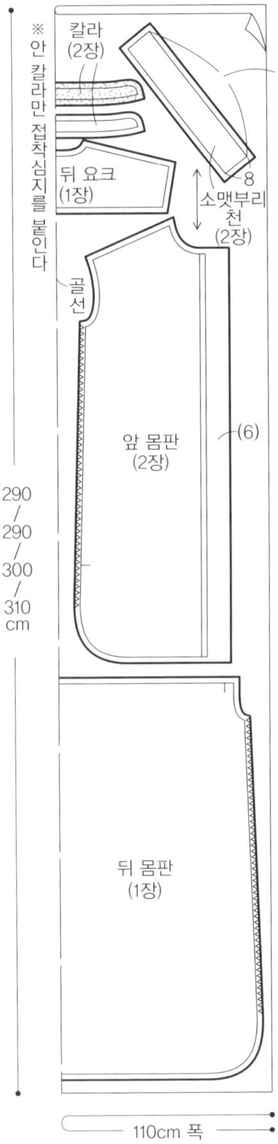

※안 칼라만 접착심지를 붙인다
칼라 (2장)
39.5 / 40 / 40.5 / 41
8
소맷부리 천 (2장)
뒤 요크 (1장)
골선
앞 몸판 (2장)
(6)
290 / 290 / 300 / 310 cm
뒤 몸판 (1장)
110cm 폭

*( ) 안은 시접. 지정된 곳 이외는 1cm
* ▒는 안에 접착심지를 붙인다
* 〰는 지그재그 박기를 한다

바느질 순서

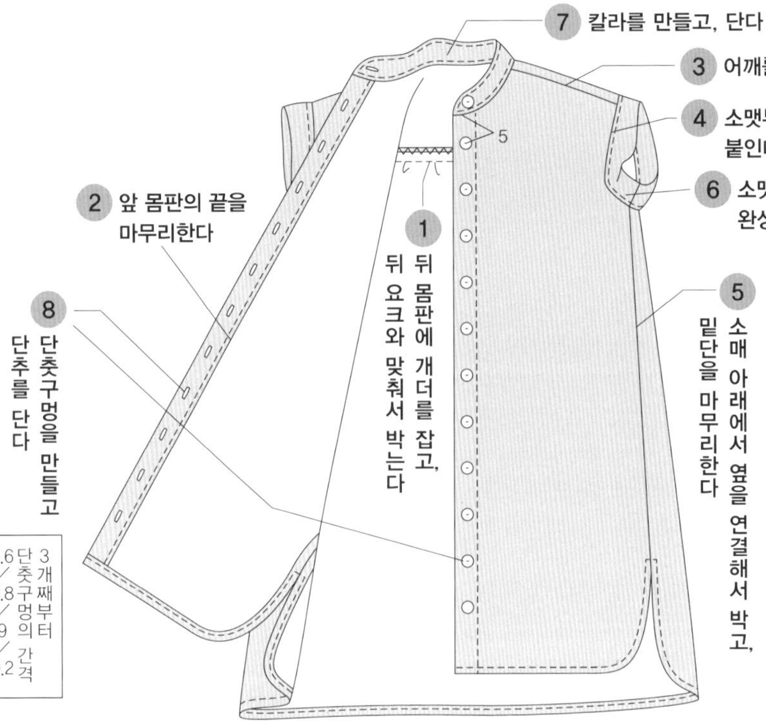

7 칼라를 만들고, 단다
3 어깨를 박는다
4 소맷부리 천을 붙인다
6 소맷부리를 완성한다
5 소매 아래에서 옆을 연결해서 박고, 밑단을 마무리한다
1 뒤 몸판에 개더를 잡고, 뒤 요크와 맞춰서 박는다
2 앞 몸판의 끝을 마무리한다
8 단춧구멍을 만들고 단추를 단다
5
단춧구멍의 간격 3개째부터 8.6／8.8／9／9.2

1 뒤 몸판에 개더를 잡고, 뒤 요크와 맞춰서 박는다

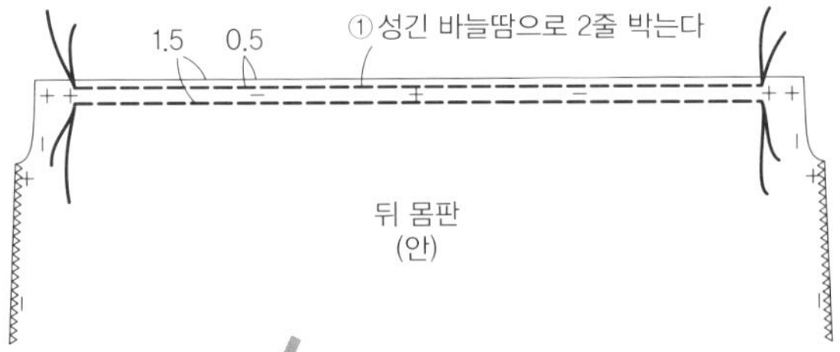

①성긴 바늘땀으로 2줄 박는다
1.5
0.5
뒤 몸판 (안)

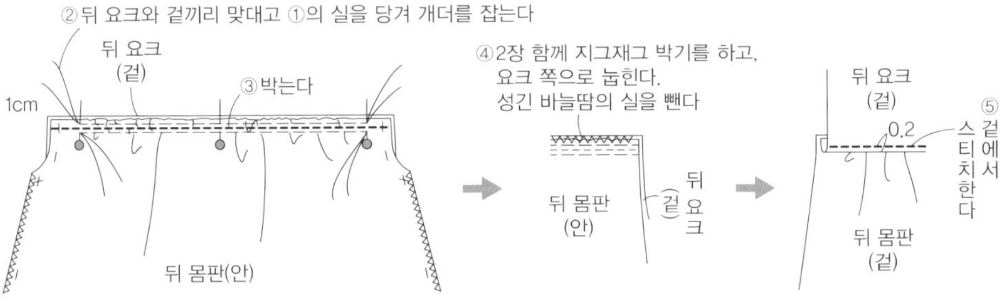

②뒤 요크와 겉끼리 맞대고 ①의 실을 당겨 개더를 잡는다
뒤 요크 (겉)
③박는다
뒤 몸판(안)
④2장 함께 지그재그 박기를 하고, 요크 쪽으로 눕힌다. 성긴 바늘땀의 실을 뺀다
뒤 몸판 (안)
뒤 요크 (겉)
뒤 요크 (겉)
0.2
⑤겉에서 스티치한다
뒤 몸판 (겉)

② 앞 몸판의 끝을 마무리한다

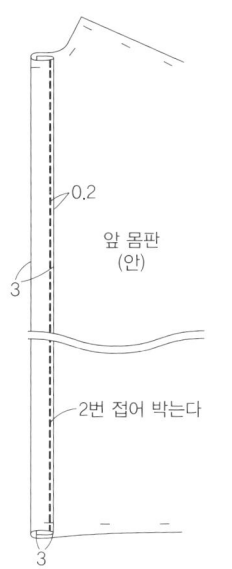

0.2

앞 몸판
(안)

3

2번 접어 박는다

3

③ 어깨를 박는다

뒤 요크(안)

②2장 함께
지그재그 박기를 하고,
뒤쪽으로 눕힌다

①겉끼리
맞대어 박는다

앞 몸판(안)

④ 소맷부리 천을 붙인다

※표시보다
1땀 앞까지
박는다

뒤 몸판
(겉)

소맷부리 천(안)

어깨

겉끼리 맞대어 박는다

앞 몸판
(겉)

※

⑥ 소맷부리를 완성한다

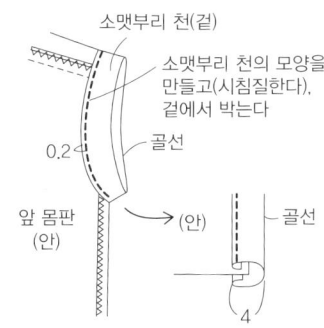

소맷부리 천(겉)

소맷부리 천의 모양을
만들고(시침질한다),
겉에서 박는다

0.2

골선

앞 몸판
(안)

→ (안)

골선

4

⑤ 소매 아래에서 옆을 연결해서 박고,
밑단을 마무리한다

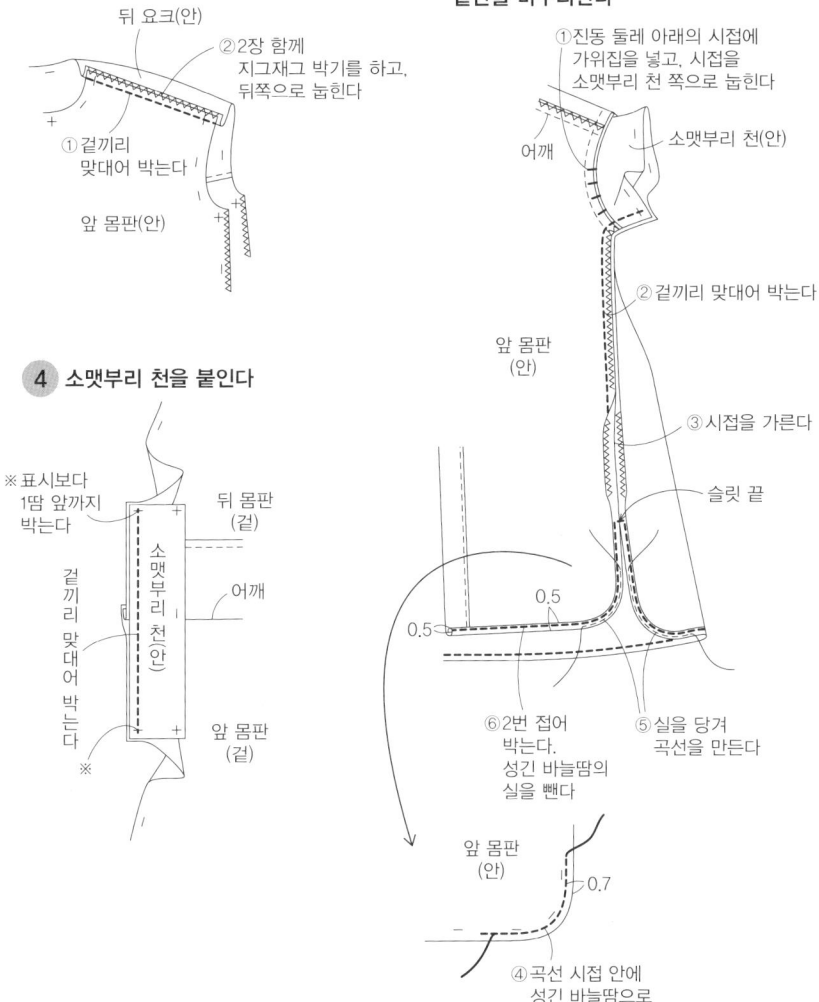

①진동 둘레 아래의 시접에
가위집을 넣고, 시접을
소맷부리 천 쪽으로 눕힌다

어깨

소맷부리 천(안)

②겉끼리 맞대어 박는다

앞 몸판
(안)

③시접을 가른다

슬릿 끝

0.5

0.5

⑥2번 접어
박는다.
성긴 바늘땀의
실을 뺀다

⑤실을 당겨
곡선을 만든다

앞 몸판
(안)

0.7

④곡선 시접 안에
성긴 바늘땀으로
박는다

⑦ 칼라를 만들고, 단다

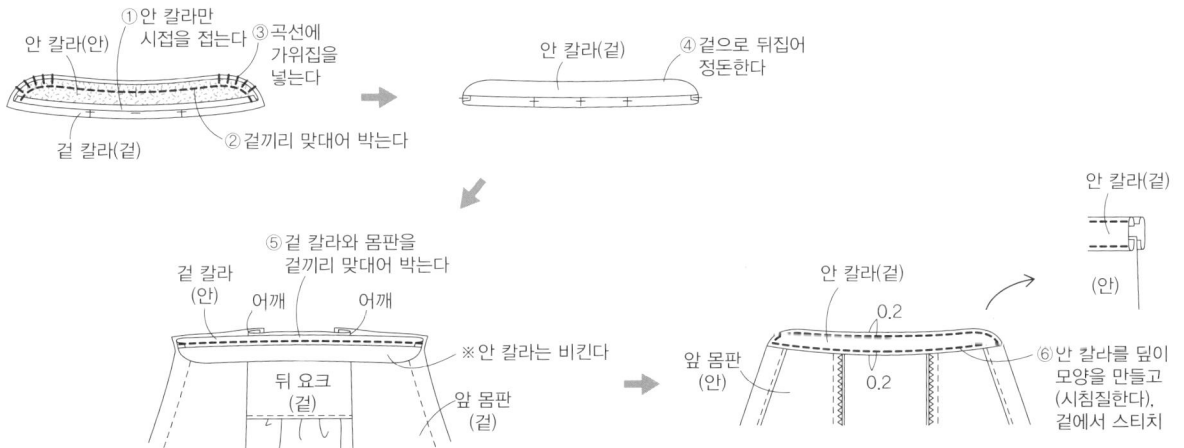

안 칼라(안)

①안 칼라만
시접을 접는다

③곡선에
가위집을
넣는다

안 칼라(겉)

④겉으로 뒤집어
정돈한다

겉 칼라(겉)

②겉끼리 맞대어 박는다

겉 칼라
(안)

어깨

⑤겉 칼라와 몸판을
겉끼리 맞대어 박는다

어깨

뒤 요크
(겉)

※안 칼라는 비킨다

앞 몸판
(겉)

앞 몸판
(안)

안 칼라(겉)

0.2

0.2

안 칼라(겉)

(안)

⑥안 칼라를 덮이
모양을 만들고
(시침질한다),
겉에서 스티치

P.22 **플레어 원피스** *flare dress*

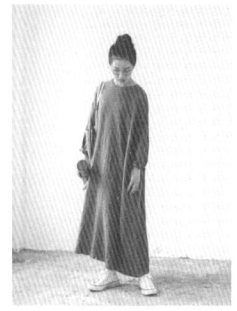

Pattern C 뒤 요크의 뒤트임 단추 고정. 긴소매.

●실물 대형 옷본 **C면[15]** 1－앞 몸판, 2－앞 안단, 3－뒤 요크, 4－뒤 몸판, 5－뒤 안단, 6－주머니 천
A면 공통 패턴[15] 7－소매(긴소매)

○재료(왼쪽부터 XS／S／M／L 사이즈)
라미 리넨 비엘라 대미지 다이드(모카)…
108cm 폭×350／350／360／360cm
접착심지…90×30cm
늘어짐 방지 접착테이프…1.2cm 폭을 50cm
단추…지름 1.15cm 5개

○완성 치수(왼쪽부터 XS／S／M／L 사이즈)
옷 길이…115.5／117.5／119.5／121.5cm
가슴둘레…128／131／134／137cm

재단 배치도

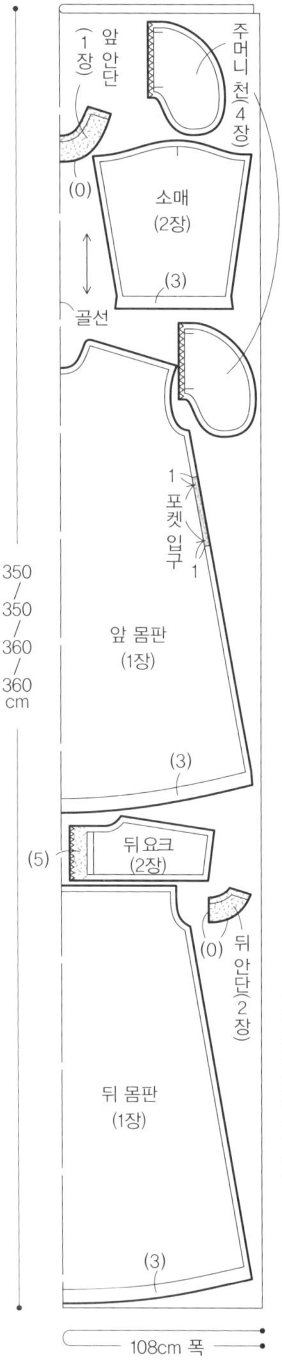

앞 안단(1장)
주머니 천(4장)
(0)
소매(2장)
(3)
골선
1
포켓 입구
1
350／350／360／360cm
앞 몸판(1장)
(3)
(5)
뒤 요크(2장)
(0)
뒤 안단(2장)
뒤 몸판(1장)
(3)
108cm 폭

*( ) 안은 시접. 지정된 곳 이외는 1cm
* 는 안에 접착심지를 붙인다
* 는 안에 늘어짐 방지 접착테이프를 붙인다
* 는 지그재그 박기를 한다

바느질 순서

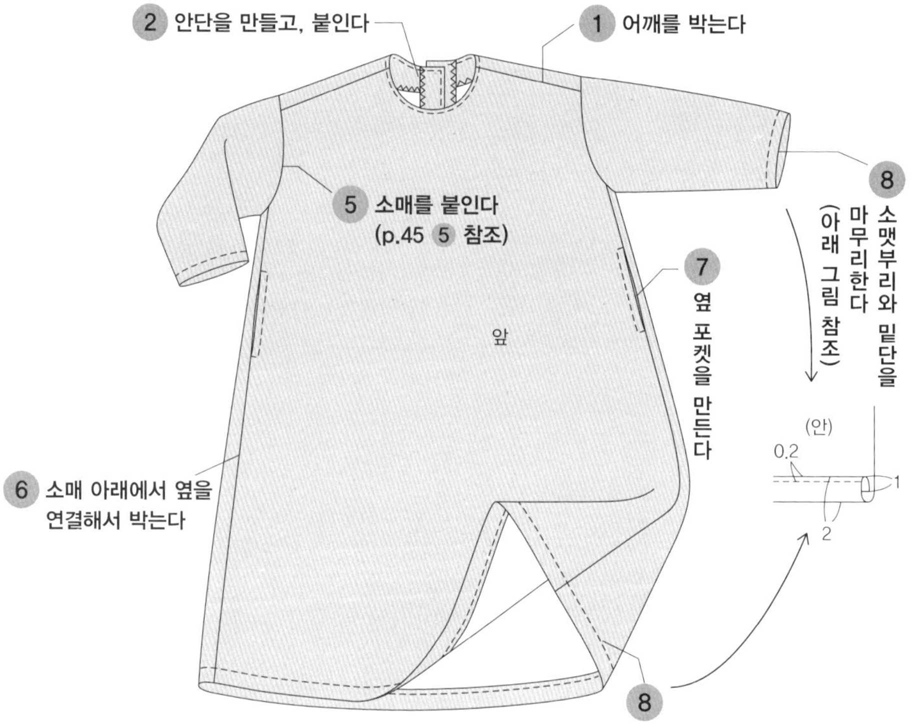

2 안단을 만들고, 붙인다
1 어깨를 박는다
5 소매를 붙인다 (p.45 5 참조)
앞
7 옆 포켓을 만든다
8 소맷부리와 밑단을 마무리한다 (아래 그림 참조)
(안)
0.2
1
2
6 소매 아래에서 옆을 연결해서 박는다
8
3 안단과 뒤 요크의 끝을 안쪽으로 뒤집고 단춧구멍을 만든다
9 단추를 단다 (완성 그림 참조)
1.5
4 뒤 요크와 뒤 몸판을 맞춰서 박는다
뒤

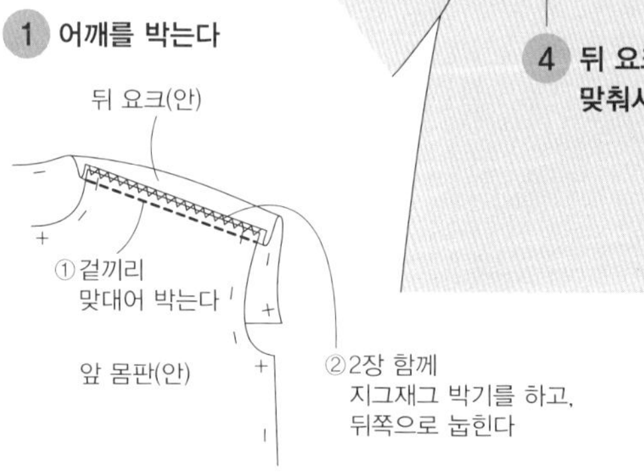

1 어깨를 박는다
뒤 요크(안)
①겉끼리 맞대어 박는다
앞 몸판(안)
②2장 함께 지그재그 박기를 하고, 뒤쪽으로 눕힌다

2 안단을 만들고, 붙인다

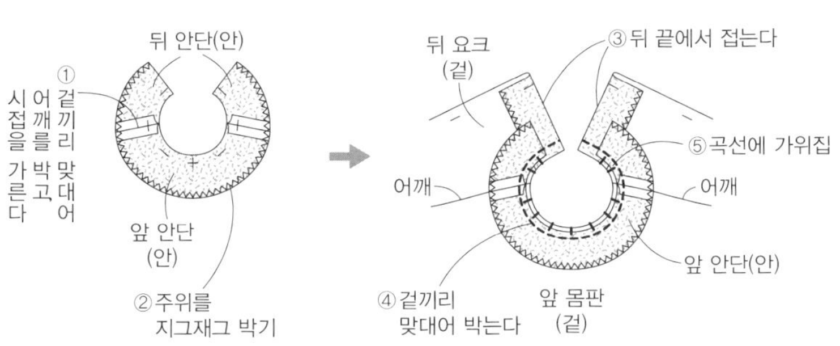

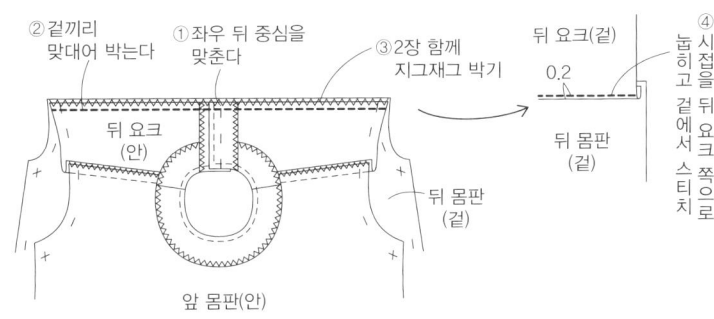

뒤 안단(안)

① 시어 겉 접을 깨 끼 리 가 박 맞 른 고 대 다 어

② 주위를 지그재그 박기

앞 안단 (안)

뒤 요크 (겉)

③ 뒤 끝에서 접는다

어깨

어깨

⑤ 곡선에 가위집

④ 겉끼리 맞대어 박는다

앞 안단(안)

앞 몸판 (겉)

3 안단과 뒤 요크의 끝을 안쪽으로 뒤집고 단춧구멍을 만든다

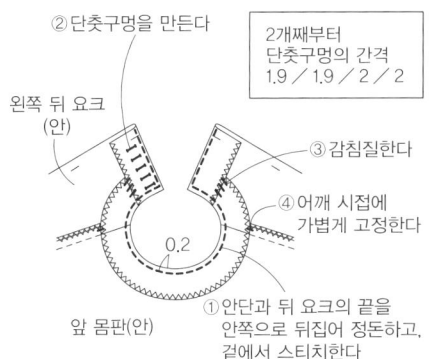

2개째부터 단춧구멍의 간격 1.9／1.9／2／2

② 단춧구멍을 만든다

왼쪽 뒤 요크 (안)

③ 감침질한다

④ 어깨 시접에 가볍게 고정한다

0.2

앞 몸판(안)

① 안단과 뒤 요크의 끝을 안쪽으로 뒤집어 정돈하고, 겉에서 스티치한다

4 뒤 요크와 뒤 몸판을 맞춰서 박는다

② 겉끼리 맞대어 박는다

① 좌우 뒤 중심을 맞춘다

③ 2장 함께 지그재그 박기

뒤 요크 (안)

뒤 몸판 (겉)

뒤 요크(겉)

0.2

뒤 몸판 (겉)

④ 눕 시 히 접 고 을 겉 뒤 에 요 서 크 스 쪽 티 으 치 로

앞 몸판(안)

6 소매 아래에서 옆을 연결해서 박는다

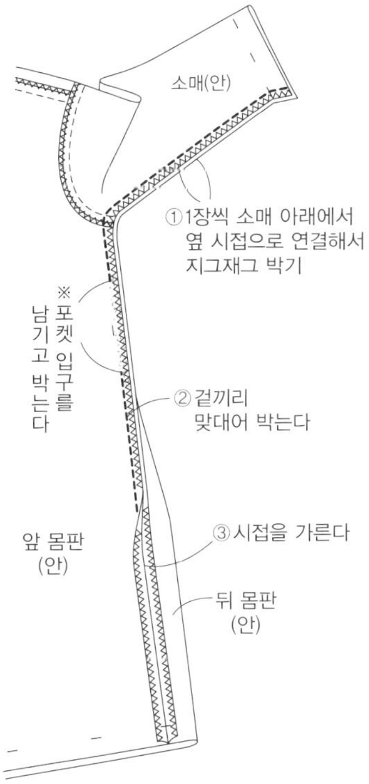

소매(안)

① 1장씩 소매 아래에서 옆 시접으로 연결해서 지그재그 박기

※ 남 포 기 켓 고 입 박 구 는 를 다

② 겉끼리 맞대어 박는다

③ 시접을 가른다

앞 몸판 (안)

뒤 몸판 (안)

7 옆 포켓을 만든다

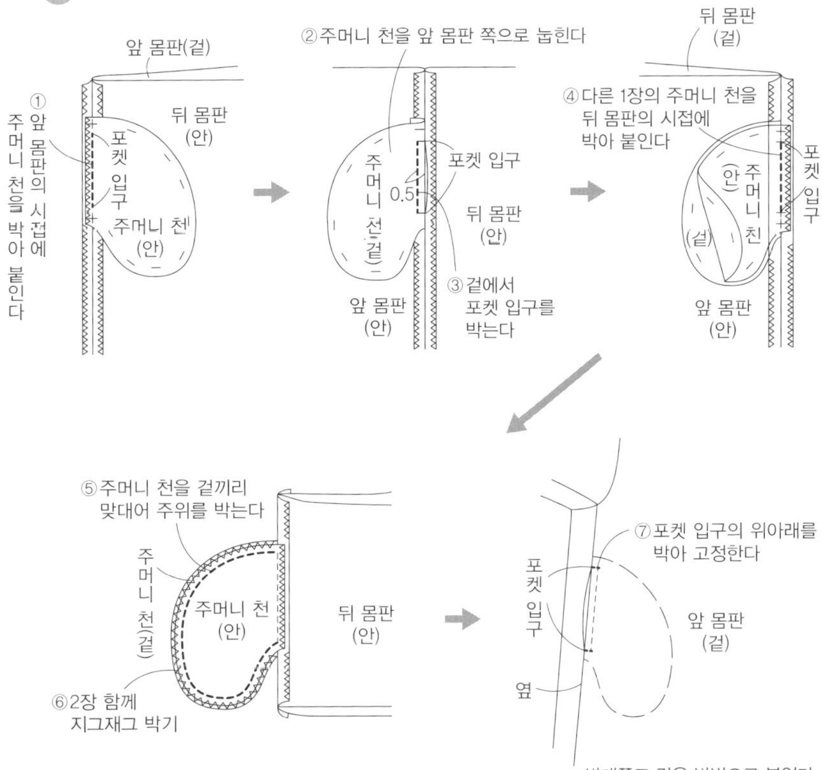

앞 몸판(겉)

① 주 앞 머 몸 니 판 천 의 을 시 박 접 아 에 붙 인 다

포 켓 입 구

주머니 천 (안)

뒤 몸판 (안)

앞 몸판 (안)

② 주머니 천을 앞 몸판 쪽으로 눕힌다

주 머 니 천 (겉)

0.5

③ 겉에서 포켓 입구를 박는다

포켓 입구

뒤 몸판 (안)

④ 다른 1장의 주머니 천을 뒤 몸판의 시접에 박아 붙인다

주 머 니 천

포켓 입구

(안)

(겉)

앞 몸판 (안)

⑤ 주머니 천을 겉끼리 맞대어 주위를 박는다

주 머 니 천 (겉)

주머니 천 (안)

뒤 몸판 (안)

⑥ 2장 함께 지그재그 박기

⑦ 포켓 입구의 위아래를 박아 고정한다

포 켓 입 구

앞 몸판 (겉)

옆

※ 반대쪽도 같은 방법으로 붙인다

P.24 **프릴 칼라 블라우스**

Blouse with frilled collar

Pattern A 프릴 칼라를 단 뒤트임 고리 고정. 긴소매의 퍼프 슬리브.

●**실물 대형 옷본** A면[06] 1−앞 몸판, 2−뒤 몸판, 3−소매(공통 패턴·긴소매 퍼프 슬리브)

○**재료**(왼쪽부터 XS／S／M／L 사이즈)
　벨기에 워싱 리넨 론(오프화이트)…
　　　108cm 폭×240／240／250／260cm
　　　접착심지…30×40cm
　　　늘어짐 방지 접착테이프…0.5cm 폭을 50cm
　　　단추…지름 1cm 1개

○**완성 치수**(왼쪽부터 XS／S／M／L 사이즈)
　옷 길이…58／59／60／61cm
　가슴둘레…118／121／124／127cm

재단 배치도

소매
(2장)

※1장은 패턴을
반전시켜 재단한다

천 고리
(1장)

커프스
(2장)

4
7
2

23
23.5
24
24.5

목둘레용 바이어스 천(1장)

(0)

앞 몸판
(1장)

골선

(4)

길이
50

4

5

82
84
86
88

(0)

뒤 몸판
(2장)

(4)

프릴 칼라(1장)

240／240／250／260cm

108cm 폭

＊( ) 안은 시접. 지정된 곳 이외는 1cm
＊▨▨ 는 안에 접착심지를 붙인다
＊▨▨ 는 안에 늘어짐 방지 접착테이프를 붙인다
＊wwww 은 지그재그 박기를 한다

바느질 순서

6 프릴 칼라를 만든다

8 목둘레를 바이어스 천으로 마무리하고, 천 고리를 단다

5 소맷부리에 개더를 잡고, 커프스를 단다

2 어깨를 박는다 (p.46 **1** 참조)

3 소매산에 개더를 잡고, 몸판과 맞춰서 박는다

앞

4 소매 아래에서 옆을 연결해서 박는다(p.47 **3** 참조)

10 밑단을 마무리한다(왼쪽 아래 그림 참조)

(안)
0.2
1
3

9 단추를 단다 (완성 그림 참조)

0.5

뒤

7 천 고리를 만든다 (*단p.61 임시 고정은 안 한다 **1** 참조)

1 뒤 중심을 박고, 트임을 만든다

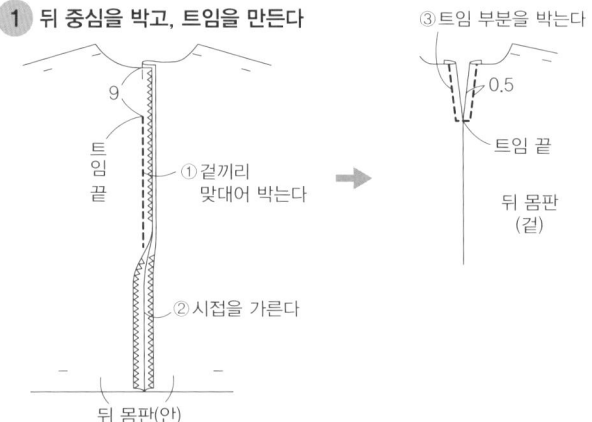

1 뒤 중심을 박고, 트임을 만든다

9

트임 끝

①겉끼리 맞대어 박는다

②시접을 가른다

뒤 몸판(안)

③트임 부분을 박는다

0.5

트임 끝

뒤 몸판
(겉)

3 소매산에 개더를 잡고, 몸판과 맞춰서 박는다

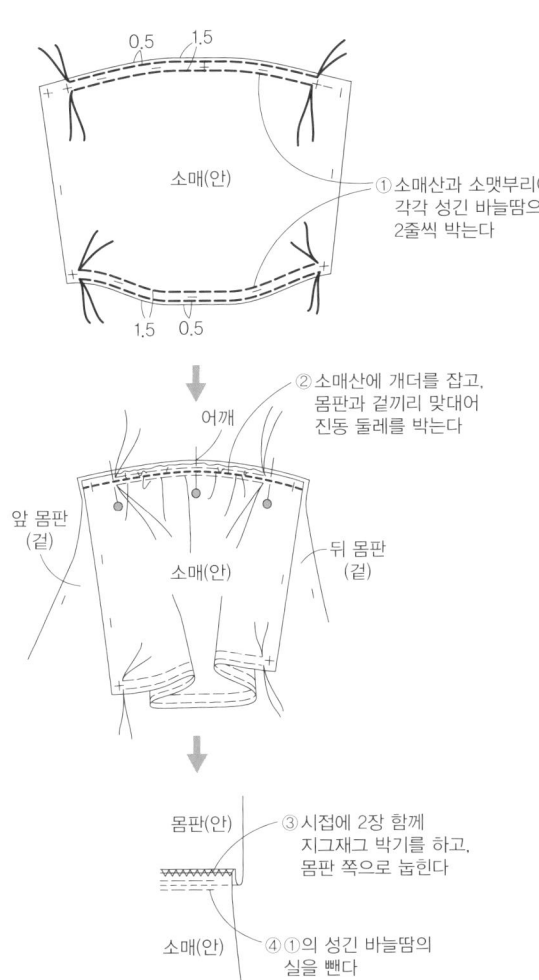

0.5 1.5

소매(안)

① 소매산과 소맷부리에
각각 성긴 바늘땀으로
2줄씩 박는다

1.5 0.5

어깨

② 소매산에 개더를 잡고,
몸판과 겉끼리 맞대어
진동 둘레를 박는다

앞 몸판
(겉)

소매(안)

뒤 몸판
(겉)

몸판(안)

③ 시접에 2장 함께
지그재그 박기를 하고,
몸판 쪽으로 눕힌다

소매(안)

④ ①의 성긴 바늘땀의
실을 뺀다

6 프릴 칼라를 만든다

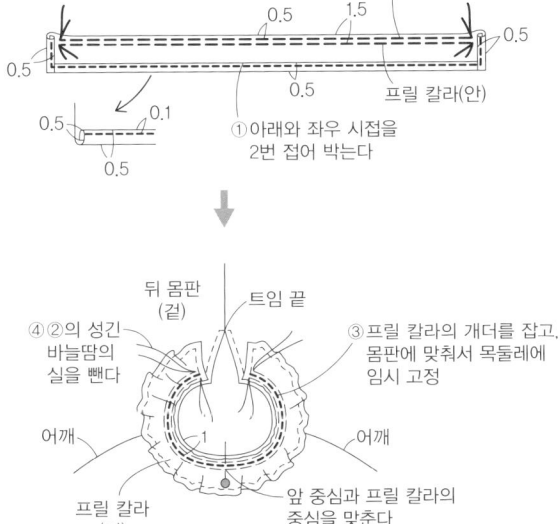

② 성긴 바늘땀으로
2줄 박는다

0.5 1.5

0.5

0.5

0.5

프릴 칼라(안)

0.1

0.5

① 아래와 좌우 시접을
2번 접어 박는다

뒤 몸판
(겉)

트임 끝

④ ②의 성긴
바늘땀의
실을 뺀다

③ 프릴 칼라의 개더를 잡고,
몸판에 맞춰서 목둘레에
임시 고정

어깨

어깨

프릴 칼라
(겉)

앞 중심과 프릴 칼라의
중심을 맞춘다

앞 몸판(겉)

5 소맷부리에 개더를 잡고, 커프스를 단다

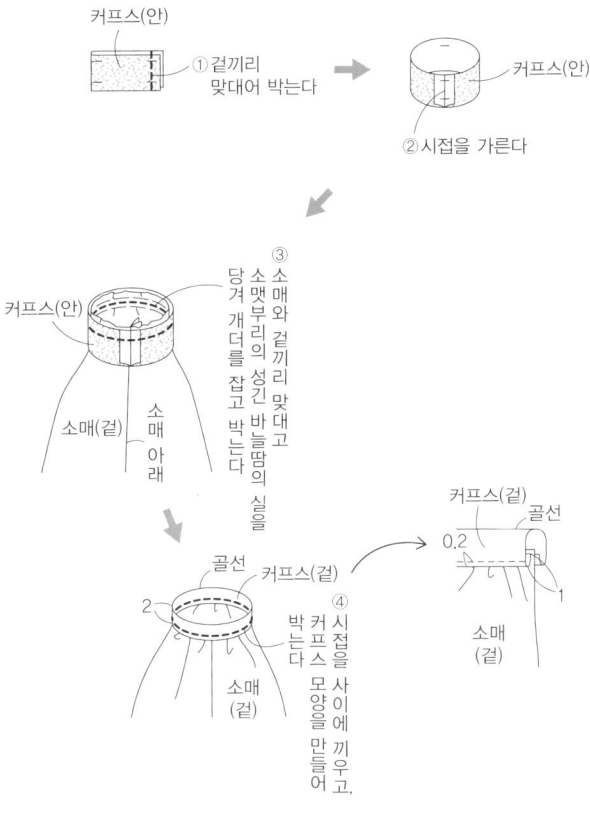

커프스(안)

① 겉끼리
맞대어 박는다

커프스(안)

② 시접을 가른다

③ 소매와 겉끼리 맞대고
소맷부리의 성긴 바늘땀의
실을 당겨 개더를 잡고 박는다

커프스(안)

소매(겉)

소매
아래

골선

커프스(겉)

2

박는다

④ 커프스를 사이에 끼우고,
시접을 모양을 만들어

소매
(겉)

커프스(겉)

골선

0.2

1

소매
(겉)

8 목둘레를 바이어스 천으로 마무리하고, 천 고리를 단다

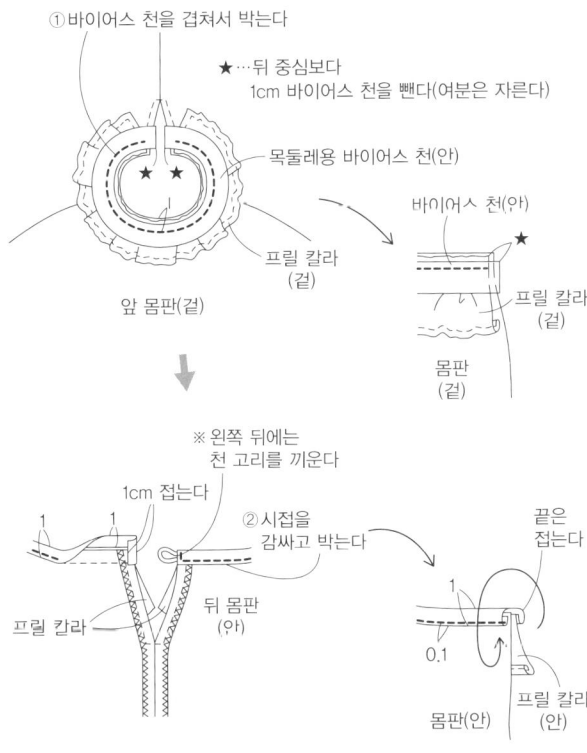

① 바이어스 천을 겹쳐서 박는다

★ …뒤 중심보다
1cm 바이어스 천을 뺀다(여분은 자른다)

목둘레용 바이어스 천(안)

바이어스 천(안)

★

프릴 칼라
(겉)

프릴 칼라
(겉)

앞 몸판(겉)

몸판
(겉)

※ 왼쪽 뒤에는
천 고리를 끼운다

1cm 접는다

1 1

② 시접을
감싸고 박는다

끝은
접는다

프릴 칼라

뒤 몸판
(안)

1

0.1

몸판(안)

프릴 칼라
(안)

리본 달린 와이드 팬츠

Wide pants with ribbon

●**실물 대형 옷본 C면[16]**   1-앞 팬츠, 2-뒤 팬츠, 3-주머니 천

○**재료**(왼쪽부터 XS／S／M／L 사이즈)
코튼 라이트 캔버스(차콜 그레이)…
112cm 폭×240／240／250／260cm
＊(다른 천) 프렌치 코듀로이 굵은 골지(바닐라)…
110cm 폭×240／240／250／260cm
늘어짐 방지 접착테이프…1.2cm 폭을 50cm
고무줄…3cm 폭을 허리 사이즈×0.95＋2cm

○**완성 치수**(왼쪽부터 XS／S／M／L 사이즈)
팬츠 옆 길이…91／92.5／94／95.5cm
허리둘레…98／101／104／107cm

재단 배치도

코튼 라이트 캔버스
또는 프렌치 코듀로이

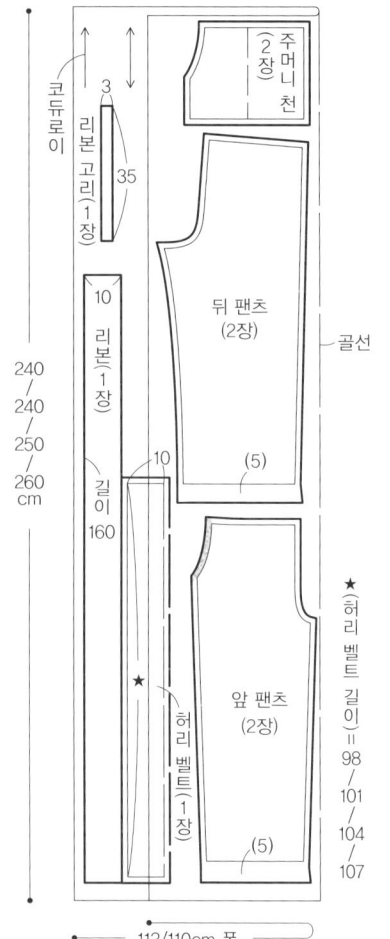

＊( ) 안은 시접. 지정된 곳 이외는 1cm
＊ 는 안에 늘어짐 방지
접착테이프를 붙인다
※리본 고리와 리본은
〈리본 달린 와이드 팬츠〉만

바느질 순서

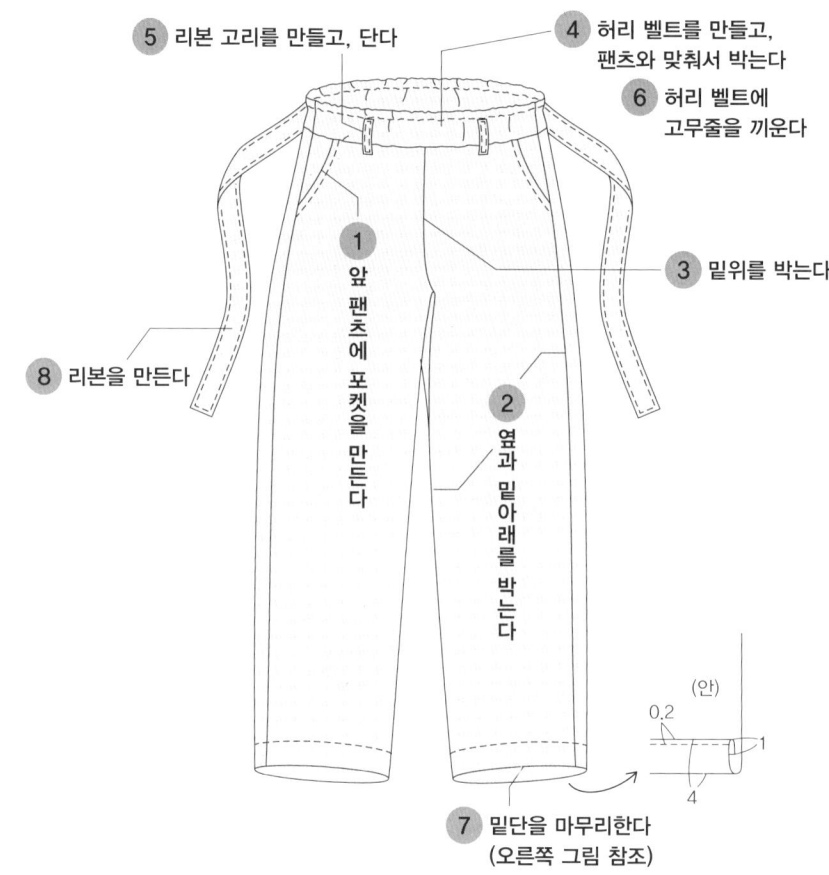

④ 리본 고리를 만들고, 단다

④ 허리 벨트를 만들고,
팬츠와 맞춰서 박는다

⑥ 허리 벨트에
고무줄을 끼운다

③ 밑위를 박는다

① 앞 팬츠에 포켓을 만든다

② 옆과 밑아래를 박는다

⑧ 리본을 만든다

⑦ 밑단을 마무리한다
(오른쪽 그림 참조)

① **앞 팬츠에 포켓을 만든다**

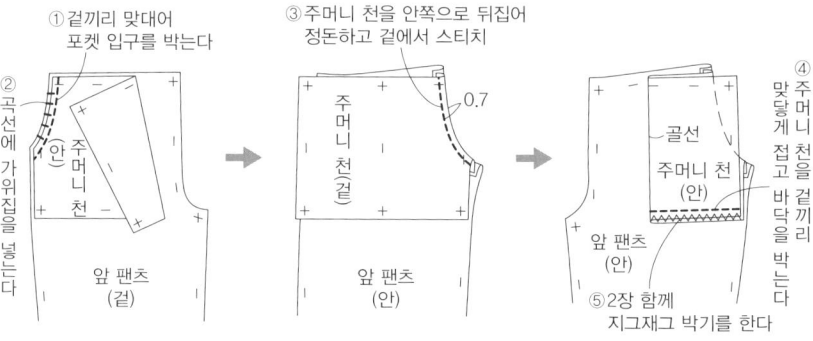

①겉끼리 맞대어
포켓 입구를 박는다

③주머니 천을 안쪽으로 뒤집어
정돈하고 겉에서 스티치

②곡선에 가위집을 넣는다

0.7

주머니 천 (겉)

앞 팬츠 (겉)

앞 팬츠 (안)

④맞닿게 접고 바닥을 박는다

골선
주머니 천 (안)

앞 팬츠 (안)

⑤2장 함께
지그재그 박기를 한다

NCS 핵심이론 및 대표유형 PDF | 온라인 모의고사 무료쿠폰 | 모바일 OMR 답안채점 / 성적분석 서비스

NCS
합격
노트
수리능력

편저 | SDC(Sidae Data Center)

정답 및 해설

SDC는 시대에듀 데이터 센터의 약자로 약 30만 개의 NCS·적성 문제 데이터를 바탕으로
최신 출제경향을 반영하여 문제를 출제합니다.

시대에듀

04

정답 ④

조사기간인 1 ~ 4월의 리뷰 수가 판매 건수이므로 월별 판매 건수와 반품 및 환불 건수를 계산하면 다음과 같다.

(단위 : 건)

구분	판매 건수	반품 건수	환불 건수
1월	1,000	1,000×0.03=30	1,000×0.02=20
2월	1,200	1,200×0.02=24	1,200×0.03=36
3월	1,500	1,500×0.04=60	1,500×0.01=15
4월	1,300	1,300×0.03=39	1,300×0.02=26
합계	5,000	153	97

따라서 반품 건수와 환불 건수를 모두 합하면 153+97=250건이다.

05

정답 ①

먼저 1부터 6까지 숫자를 사용하여 만들 수 있는 4자리 수의 조합을 계산하면 $6^4=1,296$가지이다. 조건에 따라 중복된 숫자는 최대 2번 사용할 수 있으므로 같은 숫자가 3번 이상 사용된 경우의 수를 구하여 제외해야 한다.
- 같은 숫자가 4번 사용된 경우는 6가지이다(1111, 2222, …, 6666).
- 같은 숫자가 3번 사용된 경우는 aaab, aaba, abaa, baaa 4가지 경우가 있고, a로 가능한 수는 6가지, b로 가능한 수는 a를 제외한 5가지이므로 4×6×5=120가지이다.

따라서 조건을 만족하는 4자리 비밀번호는 총 1,296−(6+120)=1,170가지이다.

06

정답 ⑤

구로디지털단지역 하차 인원은 출근시간대 400명, 퇴근시간대 2,150명이므로 2,150÷400=5.375이다. 따라서 퇴근시간대 하차 인원은 출근시간대 하차 인원의 5배 이상이다.

오답분석
① 역삼역의 점심시간대와 퇴근시간대는 탑승 인원보다 하차 인원이 더 많다.
② 시청역의 탑승 인원은 점심시간대에 530명, 퇴근시간대에 420명으로 점심시간대에 탑승 인원이 더 많다.
③ 역삼역의 출근시간대는 탑승 1,150명, 하차 350명으로 탑승 인원이 더 많다.
④ 시청역의 출근시간대 대비 퇴근시간대 하차 인원의 증가 폭은 1,480−870=610명, 역삼역의 출근시간대 대비 퇴근시간대 하차 인원의 증가 폭은 1,250−350=900명이므로 시청역의 증가 폭이 더 작다.

07

정답 ⑤

조건에 따라 직원들의 100m 완주 시간은 다음과 같다.
- A : 13.0초
- B : 13.0−0.5=12.5초
- C : 12.5+0.4=12.9초
- D : 12.9−0.2=12.7초
- E : 12.7+0.3=13.0초
- F : 13.0−0.1=12.9초
- G : 13.0+1.0=14.0초

이때 가장 빠른 사람은 B, 가장 느린 사람은 G이다. 두 사람의 속력을 구하면 다음과 같다.
- B의 속력 : $\dfrac{100}{12.5}=8.00$m/s
- G의 속력 : $\dfrac{100}{14.0}≒7.14$m/s

따라서 B와 G의 속력 차이의 절댓값을 구하면 8.00−7.14=0.86m/s이다.

08

정답 ③

• 셔틀버스 A ~ C가 동시에 도착하는 시간은 운행시간의 최소공배수이다. 각 버스의 운행시간을 소인수분해하면 다음과 같다.
- 셔틀버스 A : $12=2^2\times3$
- 셔틀버스 B : $16=2^4$
- 셔틀버스 C : $30=2\times3\times5$

∴ $2^4\times3\times5=240$분$=4$시간

따라서 오전 10시에서 4시간이 경과한 오후 2시에 모든 셔틀버스가 동시에 K역에 도착한다.

09

정답 ⑤

자발적 취업자의 수는 매년 증가하고 있고, 정부 지원형 취업자 수는 매년 감소하고 있으므로 독립적인 증가 추세를 보이고 있다.

오답분석
① 정부 지원형 취업자 수는 꾸준히 감소하고 있다.
② 전체 취업자 수는 매년 증가하고 있지만, 정부 지원형 취업자 수는 매년 감소하고 있으므로 옳지 않다.
③ 전체 노인 취업자 수와 자발적 취업자 수 모두 증가하고 있다.
④ 자발적으로 취업하는 노인의 수는 매년 증가하고 있지만, 정부 지원 취업자 수는 매년 감소하므로 옳지 않다.

10

정답 ④

산사태 피해면적은 2023년이 210ha로 조사연도 중 최대이며, 복구비용도 2023년이 112억 원으로 최대이다. 따라서 산사태 피해면적과 복구비용이 모두 가장 높았던 해는 2023년이다.

오답분석
① 2023년의 피해면적 1ha당 복구비용은 약 0.533억 원이고, 2022년의 피해면적 1ha당 복구비용은 약 0.513억 원이다. 따라서 피해면적 대비 복구비용이 가장 높은 연도는 2023년이다.
② 연도별 복구비용은 2022년과 2024년에 감소하였으므로 매년 증가하지는 않았다.
③ 연도별 피해면적 1ha당 복구비용을 구하면 다음과 같다.
- 2020년 : $65\div130=0.5$억 원/ha
- 2021년 : $98\div190\fallingdotseq0.516$억 원/ha
- 2022년 : $82\div160\fallingdotseq0.513$억 원/ha
- 2023년 : $112\div210\fallingdotseq0.533$억 원/ha
- 2024년 : $93\div175\fallingdotseq0.531$억 원/ha

매년 소폭의 변화가 있으므로 피해면적 1ha당 복구비용은 일정하게 유지되지 않았다.
⑤ 2024년에는 피해면적과 복구비용 모두 전년보다 감소하였다.

11

정답 ①

메뉴별 손익분기점을 구하면 다음과 같으며, 손익분기점을 넘기기 위해서 필요한 판매량은 이보다 1단위 더 많아야 한다.
- 제육볶음 : $2,800,000\div(10,000-2,000)=350 \rightarrow 351$인분
- 오징어볶음 : $3,300,000\div(12,000-2,000)=330 \rightarrow 331$인분
- 돈가스 : $2,600,000\div(9,000-1,500)\fallingdotseq346.7 \rightarrow 347$인분
- 라면 : $1,800,000\div(6,000-800)\fallingdotseq346.2 \rightarrow 347$인분
- 고등어구이 : $3,100,000\div(11,000-2,000)\fallingdotseq344.4 \rightarrow 345$인분

따라서 손익분기점을 넘기기 위해 필요한 판매량이 가장 많은 메뉴는 제육볶음이다.

12

B지점에서 C지점까지의 거리를 x km라고 하고 식을 세우면 다음과 같다.

$(x+110)+x=190$

$\rightarrow 2x=80$

$\therefore x=40$

즉, A지점에서 B지점까지의 거리는 150km, B지점에서 C지점까지의 거리는 40km이다. K주임은 A지점에서 B지점까지 150km를 100km/h의 속력으로 이동하였으므로 소요된 시간은 1.5시간이고, B지점에서 C지점까지 40km를 80km/h의 속력으로 이동하였으므로 소요된 시간은 0.5시간이다.

따라서 A지점에서 C지점까지 이동하는 데 걸린 시간은 2시간이다. 단, B지점에서 1시간 동안 업무를 수행하였으므로 C지점에 도착한 시간은 오후 3시이다. 따라서 이동할 때의 평균 속력의 경우 총 190km를 2시간 동안 이동하였으므로 평균 속력은 $\dfrac{190}{2}=$ 95km/h이다.

13

- 가영 : 기관에서만 제기하는 소송은 기관소송 및 권한쟁의이다. 따라서 $80,000+191,000=271,000$건이다.
- 나리 : 주어진 자료는 주요 소송 종류에 대한 것이므로 개인이 제기한 모든 민사소송 건수를 정확히 알 수는 없다.
- 다솜 : 2021년에 기관이 제기한 헌법소원의 건수는 $2,000-1,000=1,000$건이며, 2022년에 기관이 제기한 헌법소원의 건수는 $1,900-1,000=900$건으로 전년 대비 감소했다.
- 라주 : 주어진 자료는 주요 소송 종류에 대한 것이므로 개인이 제기한 소송의 전체 건수는 알 수 없다.

따라서 모든 사람이 제시된 자료에 대해 잘못 설명하였다.

14

2022년부터 2024년까지 전체 소송 중 기관에서 제기한 기관소송 및 권한쟁의 소송의 비율은 다음과 같다.

- 2022년 : $\dfrac{20,000+40,000}{481,900} \times 100 \fallingdotseq 12.45\%$
- 2023년 : $\dfrac{17,000+50,000}{509,500} \times 100 \fallingdotseq 13.15\%$
- 2024년 : $\dfrac{16,000+53,000}{531,500} \times 100 \fallingdotseq 12.98\%$

2024년의 경우 전년 대비 감소하였으므로 옳지 않은 내용이다.

오답분석

① J국의 전체 소송 건수는 2019년부터 2021년까지 증가하다가 2022년에 감소한 뒤, 2022년부터 2024년까지 다시 증가하였다.

② 민사소송에서 사기가 차지하는 비율은 $\dfrac{250,000+140,000}{1,480,000} \times 100 \fallingdotseq 26.35\%$이고, 형사소송에서 사기가 차지하는 비율은 $\dfrac{125,000+50,000}{710,000} \times 100 \fallingdotseq 24.65\%$이다. 따라서 민사소송에서 차지하는 비율이 더 크다.

③ 기관에서만 제기한 소송은 기관소송과 권한쟁의 소송이며, 연도별 이들의 합은 다음과 같다.
- 2019년 : $5,000+3,000=8,000$건
- 2020년 : $7,000+5,000=12,000$건
- 2021년 : $15,000+40,000=55,000$건
- 2022년 : $20,000+40,000=60,000$건
- 2023년 : $17,000+50,000=67,000$건
- 2024년 : $16,000+53,000=69,000$건

따라서 기관에서만 제기하는 소송의 총합 건수는 매년 증가하였다.

⑤ 개인이 제기한 형사 소송에서 상해 대비 살인의 비율은 매년 절반으로 동일하다.

15

정답 ①

조사 지역별 법인 기업에서 사단법인이 차지하는 비율은 다음과 같다.

• 수도권 : $\dfrac{50,000}{60,000} \times 100 \fallingdotseq 83.33\%$

• 강원권 : $\dfrac{500}{1,000} \times 100 = 50\%$

• 충청권 : $\dfrac{2,500-800}{2,500} \times 100 = 68\%$

• 호남권 : $\dfrac{3,000-1,000}{3,000} \times 100 \fallingdotseq 66.67\%$

• 영남권 : $\dfrac{1,500}{2,500} \times 100 = 60\%$

따라서 수도권, 충청권, 호남권, 영남권, 강원권 순으로 높으므로 세 번째로 높은 지역은 호남권이다.

오답분석

② 5대 업종의 대기업 중 IT업이 아닌 기업의 수는 $11,000-6,000=5,000$개소이며, 수도권의 기타 기업도 5,000개소로 같다.

③ 조사 지역에서 대기업이 20% 증가하면 $13,500\times0.2=2,700$개소 증가하고, 중소기업이 10% 감소하면 $25,000\times0.1=2,500$개소 감소하므로 전체 기업 수는 증가한다.

④ 조사 지역의 재단법인 중 강원권 재단법인이 차지하는 비율은 $\dfrac{1,000-500}{13,300}\times100\fallingdotseq3.76\%$이고, 조사 지역의 대기업 중 강원권 대기업이 차지하는 비율은 $\dfrac{500}{13,500}\times100\fallingdotseq3.7\%$이므로 옳은 설명이다.

16

정답 ④

조사 지역의 전체 기업 중 운송업에 해당하는 중소기업 및 5인 미만 기업의 비율은 다음과 같다.

• 중소기업 : $\dfrac{9,000}{25,000} \times 100 = 36\%$

• 5인 미만 : $\dfrac{100,000}{290,000} \times 100 \fallingdotseq 34.48\%$

따라서 5인 미만 기업의 운송업 비율은 중소기업보다 낮다.

오답분석

① 조사 지역의 전체 기업 중 5인 미만인 기업의 비율은 $\dfrac{290,000}{405,000}\times100\fallingdotseq71.6\%$로 70% 이상이다.

② 조사 지역의 5인 미만 기업 중 수도권이 차지하는 비율은 $\dfrac{200,000}{290,000}\times100\fallingdotseq68.97\%$로 60% 이상이다.

③ 조사 지역 전체 기업 중 5대 업종에 해당하지 않는 기업의 수는 다음과 같다.
   • 대기업 : $13,500-11,000=2,500$개소
   • 중소기업 : $25,000-22,000=3,000$개소
   • 5인 미만 : $290,000-235,000=55,000$개소
   • 사단법인 : $55,700-20,000=35,700$개소
   • 재단법인 : $13,300-9,000=4,300$개소
   따라서 대기업보단 중소기업이, 중소기업보단 5인 미만이 많고, 사단법인이 재단법인보다 많다.

17

정답 ③

제시된 자료는 7대 주요 범죄 현황이므로 한 해 전체 범죄 현황은 알 수 없으므로 옳지 않은 설명이다.

오답분석

① 살인이 가장 많이 발생한 해는 1995년이며, 절도 역시 1995년에 가장 많이 발생하였다.
② K국 교도소의 잔여 형량별 복역자 수 자료를 통해 잔여 형량이 많을수록 복역자 수가 적음을 알 수 있다.
④ 잔여 형량이 1년 미만인 복역자의 수가 가장 많은 교도소는 F교도소이며, 전체 복역자 수 역시 F교도소가 가장 많다.

18

교도소별 잔여 형량이 1년 미만인 복역자 수 대비 3년 이상 5년 미만인 복역자 수의 비율은 다음과 같다.

- A : $\dfrac{400}{3,000} \times 100 = 13.3\%$

- B : $\dfrac{400}{4,000} \times 100 = 10\%$

- C : $\dfrac{500}{5,000} \times 100 = 10\%$

- D : $\dfrac{600}{6,000} \times 100 = 10\%$

- E : $\dfrac{800}{7,000} \times 100 = 11.43\%$

- F : $\dfrac{1,000}{8,000} \times 100 = 12.5\%$

따라서 A교도소가 가장 높으므로 옳지 않은 해석이다.

오답분석

① 1990년부터 1995년까지 전년 대비 살인 사건 발생 건수는 100건씩 일정하게 증가하고 있다. 그러나 기준이 되는 전년도의 수치가 점점 커지기 때문에 전년 대비 변화율은 점점 감소한다(1990년 20% 증가, 1991년 약 16.6% 증가 …).

② K국 전체 교도소 복역자 수는 $5,300+5,700+7,800+10,000+10,300+11,600=50,700$명이므로 D교도소에 복역하는 비율은 $\dfrac{10,000}{50,700} \times 100 = 19.72\%$로 20% 이하이다.

③ 1993년부터 1995년까지 7대 주요 범죄 중 절도가 차지하는 비율을 구하기 위해 연도별 7대 주요 범죄 발생 건수를 계산하면 다음과 같다.
- 1993년 : $900+3,000+10,000+10,000+20,000+3,000+1,000=47,900$건
- 1994년 : $1,000+2,000+20,000+10,000+27,000+5,000+900=65,900$건
- 1995년 : $1,100+3,500+17,000+9,000+34,000+2,000+1,100=67,700$건

절도가 차지하는 비율을 계산하면 다음과 같다.

$$\dfrac{20,000+27,000+34,000}{47,900+65,900+67,700} \times 100$$

$$\rightarrow \dfrac{81,000}{181,500} \times 100 = 44.63\%$$

따라서 절도가 차지하는 비율은 45% 이하이다.

19

등변사다리꼴의 가장자리를 따라 2m 간격으로 의자를 배치하므로 둘레를 구해야 한다. K고등학교의 운동장은 20m의 정사각형 공간에 양쪽에 밑변이 15m, 높이가 20m인 직각삼각형이 붙어 있는 형태이므로 피타고라스 정리에 따라 빗변의 길이 xm는 다음과 같다.

$x^2 = 15^2 + 20^2 = 625$

$\therefore x = \sqrt{625} = 25$

그러므로 K고등학교 운동장의 둘레는 $20+25+50+25=120$m이며, 2m 간격으로 의자를 배치하므로 $120 \div 2 = 60$개의 의자를 배치할 수 있다(시작점과 끝점이 같은 폐곡선의 형태이므로 1을 더하지 않음).

따라서 의자에 앉을 수 있는 학생의 수는 60명이다.

20

오답분석

① 2021년의 값이 서로 바뀌었다.

② 2024년 충주댐의 발전량 값이 잘못되었다.

④ 2023년 소양강댐의 발전량 값이 잘못되었다.

21

정답 ①

$865 \times 865 + 865 \times 270 + 135 \times 138 - 405$
$= 865 \times 865 + 865 \times 270 + 135 \times 138 - 135 \times 3$
$= 865 \times (865 + 270) + 135 \times (138 - 3)$
$= 865 \times 1,135 + 135 \times 135$
$= 865 \times (1,000 + 135) + 135 \times 135$
$= 865 \times 1,000 + (865 + 135) \times 135$
$= 865,000 + 135,000$
$= 1,000,000$

따라서 식을 계산하여 나온 수의 백의 자리는 0, 십의 자리는 0, 일의 자리는 0이다.

22

정답 ③

터널의 길이를 xm라 하면 다음과 같은 식이 성립한다.

$\dfrac{x+200}{60} : \dfrac{x+300}{90} = 10 : 7$

$\dfrac{x+300}{90} \times 10 = \dfrac{x+200}{60} \times 7$

$\rightarrow 600(x+300) = 630(x+200)$

$\rightarrow 30x = 54,000$

$\therefore x = 1,800$

따라서 터널의 길이는 1,800m이다.

23

정답 ④

나열된 수의 규칙은 (첫 번째 수)×[(두 번째 수)−(세 번째 수)]=(네 번째 수)이다.
따라서 (　　)$=9 \times (16-9) = 63$이다.

24

정답 ⑤

제시된 수열은 $+3$, $+5$, $+7$, $+9$, $\cdots$ 씩 증가하는 수열이다.
따라서 (　　)$=97+21 = 118$이다.

25

정답 ②

A반과 B반 모두 2번의 경기를 거쳐 결승에서 만나게 되는 경우는 다음과 같다.

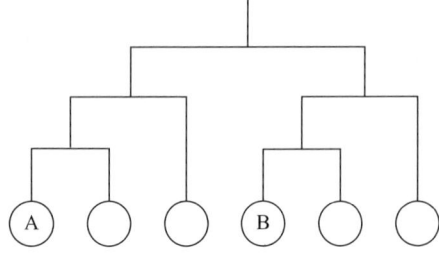

이때 남은 네 반을 배치할 때마다 모두 다른 경기가 진행되므로 구하고자 하는 경우의 수는 4!=24가지이다.

26

정답 ③

첫 번째 조건에 따라 ①, ②는 70대 이상에서 도시의 여가생활 만족도(1.7점)가 같은 연령대의 농촌(ㄹ) 만족도(3.5점)보다 낮으므로 제외되고, 두 번째 조건에 따라 도시에서 10대의 여가생활 만족도는 농촌에서 10대(1.8점)의 2배보다 높으므로 1.8×2=3.6점을 초과해야 하나 ④는 도시에서 10대(ㄱ)의 여가생활 만족도가 3.5점이므로 제외된다. 또한 세 번째 조건에 따라 ⑤는 도시에서 여가생활 만족도가 가장 높은 연령대인 40대(3.9점)보다 30대(ㄴ)가 4.0점으로 높으므로 제외된다. 따라서 마지막 조건까지 모두 만족하는 것은 ③이다.

27

정답 ③

가격을 10,000원 인상할 때 판매량은 (10,000−160)개이고, 20,000원 인상할 때 판매량은 (10,000−320)개이다. 또한 가격을 10,000원 인하할 때 판매량은 (10,000+160)개이고, 20,000원 인하할 때 판매량은 (10,000+320)개이다. 그러므로 K제품의 가격이 $(500,000+10,000x)$원일 때 판매량은 $(10,000-160x)$개이므로, 총 판매금액을 y원이라 하면 $(500,000+10,000x) \times (10,000-160x)$원이 된다.

y는 x에 대한 이차식이므로 이를 표준형으로 표현하면 다음과 같다.

$$y = (500,000+10,000x) \times (10,000-160x)$$
$$= -1,600,000 \times (x+50) \times (x-62.5)$$
$$= -1,600,000 \times (x^2 - 12.5x - 3,125)$$
$$= -1,600,000 \times \left(x - \frac{25}{4}\right)^2 + 1,600,000 \times \left(\frac{25}{4}\right)^2 + 1,600,000 \times 3,125$$

따라서 $x = \frac{25}{4}$일 때 총 판매금액이 최대가 되지만 가격은 10,000원 단위로만 변경할 수 있으므로 $\frac{25}{4}$와 가장 가까운 자연수인 $x=6$일 때 총 판매금액이 최대가 되고, 제품의 가격은 500,000+10,000×6=560,000원이 된다.

28

정답 ①

방사형 그래프는 여러 평가 항목에 대하여 중심이 같고 크기가 다양한 원 또는 다각형을 도입하여 구역을 나누고, 각 항목에 대한 도수 등을 부여하여 점을 찍은 후 그 점끼리 이어 생성된 다각형으로 자료를 분석할 수 있다. 따라서 방사형 그래프인 ①을 사용하면 항목별 균형을 쉽게 파악할 수 있다.

29

3월의 경우 K톨게이트를 통과한 영업용 승합차 수는 229천 대이고, 영업용 대형차 수는 139천 대이다.

$139 \times 2 = 278 > 229$이므로 3월의 영업용 승합차 수는 영업용 대형차 수의 2배 미만이다.

따라서 모든 달에서 영업용 승합차 수는 영업용 대형차 수의 2배 이상인 것은 아니므로 옳지 않은 설명이다.

오답분석

① 월별 전체 승용차 수와 전체 승합차 수의 합은 다음과 같다.
- 1월 : $3,807 + 3,125 = 6,932$천 대
- 2월 : $3,555 + 2,708 = 6,263$천 대
- 3월 : $4,063 + 2,973 = 7,036$천 대
- 4월 : $4,017 + 3,308 = 7,325$천 대
- 5월 : $4,228 + 2,670 = 6,898$천 대
- 6월 : $4,053 + 2,893 = 6,946$천 대
- 7월 : $3,908 + 2,958 = 6,866$천 대
- 8월 : $4,193 + 3,123 = 7,316$천 대
- 9월 : $4,245 + 3,170 = 7,415$천 대
- 10월 : $3,977 + 3,073 = 7,050$천 대
- 11월 : $3,953 + 2,993 = 6,946$천 대
- 12월 : $3,877 + 3,040 = 6,917$천 대

따라서 전체 승용차 수와 승합차 수의 합이 가장 많은 달은 9월이고, 가장 적은 달은 2월이다.

② 4월을 제외하고 K톨게이트를 통과한 비영업용 승합차 수는 월별 3,000천 대(=300만 대)를 넘지 않는다.

③ 모든 달에서 (영업용 대형차 수)×10 ≥ (전체 대형차 수)이므로 영업용 대형차 수의 비율은 모든 달에서 전체 대형차 수의 10% 이상이다.

⑤ 승용차가 가장 많이 통과한 달은 9월이고, 이때 영업용 승용차 수의 비율은 9월 전체 승용차 수의 $\dfrac{140}{4,245} \times 100 = 3.3\%$로 3% 이상이다.

30

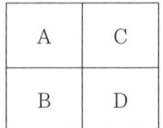

제시된 수열은 A−B=C−D이다.

따라서 $57 - a = b - 68$이므로 $a + b = 57 + 68 = 125$이다.

31

정답 ①

같은 양의 두 소금물을 섞어 8%의 소금물 $300g$을 만들었으므로 두 소금물은 각각 $150g$씩 넣었다.

소금물 A의 농도를 $a\%$, 소금물 B의 농도를 $b\%$라고 하면 다음과 같은 식이 성립한다.

$$\frac{150 \times \frac{a}{100} + 150 \times \frac{b}{100}}{150 + 150} \times 100 = 8$$

$$\rightarrow 150a + 150b = 2,400$$

$$\rightarrow a + b = 16 \cdots \text{㉠}$$

A와 농도가 같은 소금물 $150g$을 더 넣어 9%의 소금물을 만들었으므로 식은 다음과 같다.

$$\frac{\left(150 \times \frac{a}{100} + 150 \times \frac{b}{100}\right) + 150 \times \frac{a}{100}}{300 + 150} \times 100 = 9$$

$$\rightarrow 2a + b = 27 \cdots \text{㉡}$$

㉠, ㉡을 연립하면 $a = 11$, $b = 5$이다.

따라서 소금물 A의 농도는 11%이고, 소금물 B의 농도는 5%이다.

32

정답 ②

$1km$의 거리를 $a$km/h의 속력으로 갔다가 $(a+2)$km/h의 속력으로 되돌아올 때의 시간은 25분이므로 다음과 같다.

$$\frac{1}{a} + \frac{1}{a+2} = \frac{25}{60} = \frac{5}{12}$$

$$\rightarrow 12(a+2) + 12a = 5a(a+2)$$

$$\rightarrow 5a^2 - 14a - 24 = 0$$

$$\rightarrow (5a+6)(a-4) = 0$$

$$\therefore a = 4 (\because a > 0)$$

같은 거리를 $(a+4)$km/h의 속력으로 갔다가 $(a+8)$km/h의 속력으로 되돌아올 때 걸린 시간을 t시간이라 하자.

$$t = \frac{1}{a+4} + \frac{1}{a+8}$$

$$= \frac{1}{4+4} + \frac{1}{4+8}$$

$$= \frac{1}{8} + \frac{1}{12}$$

$$= \frac{5}{24}$$

따라서 구하고자 하는 시간은 $\frac{5}{24}$ 시간 $= 12$분 30초이다.

33

정답 ①

$(x \odot x) + (6 \odot x) = (8 \odot x)$

$(3x + 5x + x \cdot x) + (3 \times 6 + 5x + 6x) = (3 \times 8 + 5x + 8x)$

$$\rightarrow x^2 + 6x - 6 = 0$$

이때, 두 실근의 합은 $-\frac{6}{1} = -6$이고, 두 실근의 곱은 $\frac{-6}{1} = -6$이다.

따라서 두 실근의 제곱의 합은 두 실근이 α, β일 때, $\alpha^2 + \beta^2 = (\alpha+\beta)^2 - 2\alpha\beta = (-6)^2 - 2 \times (-6) = 48$이다.

34

오전 10시부터 오후 12시까지 근무를 할 수 있는 사람은 직원 B뿐이고, 오후 6시부터 오후 8시까지 근무를 할 수 있는 사람은 직원 D뿐이다.

직원 A와 C가 남은 오후 12시부터 오후 6시까지 나누어 근무해야 하지만, A는 오후 5시까지 근무할 수 있고 모든 직원의 최소 근무시간은 2시간이므로 A가 오후 12시부터 4시까지 근무하고, C가 오후 4시부터 오후 6시까지 근무할 때 인건비가 최소이다. 각 직원의 근무시간과 인건비를 정리하면 다음과 같다.

(단위 : 원)

구분	근무시간	인건비
직원 B	오전 10:00 ~ 오후 12:00	10,500×1.5×2=31,500원
직원 A	오후 12:00 ~ 오후 4:00	10,000×1.5×4=60,000원
직원 C	오후 4:00 ~ 오후 6:00	10,500×1.5×2=31,500원
직원 D	오후 6:00 ~ 오후 8:00	11,000×1.5×2=33,000원

따라서 가장 적은 인건비는 31,500+60,000+31,500+33,000=156,000원이다.

35

주사위를 3회 던져 나온 수를 각각 a, b, c라 할 때 값이 두 번째로 크려면 (6, 6, 4), (6, 4, 6), (4, 6, 6) 중 한 가지이어야 하고, 두 번째로 작으려면 (5, 5, 3), (5, 3, 5), (3, 5, 5) 중 한 가지이어야 한다.

따라서 두 번째로 큰 수와 두 번째로 작은 수의 곱은 $(10×6×6×4)×(10÷5÷5÷3)≒192$이다.

36

주사위를 3회 던져 나온 수를 각각 a, b, c라 할 때, (a, b, c)는 (2, 2, 1), (2, 1, 2), (1, 2, 2), (1, 1, 4), (1, 4, 1), (1, 4, 1), (6, 3, 2), (6, 2, 3), (2, 3, 6), (2, 6, 3), (3, 2, 6), (3, 6, 2) 중 한 가지일 때 40이 나온다.

따라서 구하고자 하는 확률은 $\dfrac{12}{6×6×6}=\dfrac{1}{18}$이다.

37

제시된 상황에 대한 확률분포는 다음과 같다.

x	10÷1	10×2	10÷3	10×4	10÷5	10×6
$P(x)$	$\dfrac{1}{6}$	$\dfrac{1}{6}$	$\dfrac{1}{6}$	$\dfrac{1}{6}$	$\dfrac{1}{6}$	$\dfrac{1}{6}$

$$E(x) = \left(10÷1×\dfrac{1}{6}\right) + \left(10×2×\dfrac{1}{6}\right) + \left(10÷3×\dfrac{1}{6}\right) + \left(10×4×\dfrac{1}{6}\right) + \left(10÷5×\dfrac{1}{6}\right) + \left(10×6×\dfrac{1}{6}\right)$$

$$= \dfrac{10+20+\dfrac{10}{3}+40+2+60}{6}$$

$$= \dfrac{30+60+10+120+6+180}{18}$$

$$= \dfrac{406}{18}$$

$$= \dfrac{203}{9}$$

38

정답 ③

2021년의 건강보험료 부과 금액은 전년 대비 69,480−63,120=6,360십억 원 증가하였다. 이는 2020년 건강보험료 부과 금액의 10%인 63,120×0.1=6,312십억 원보다 크므로 2021년의 건강보험료 부과 금액은 전년 대비 10% 이상 증가하였음을 알 수 있다. 2022년 또한 76,775−69,480=7,295십억 > 69,480×0.1=6,948십억 원이므로 건강보험료 부과 금액은 전년 대비 10% 이상 증가하였다.

오답분석

① 제시된 자료를 통해 확인할 수 있다.
② 연도별 전년 대비 1인당 건강보험 급여비 증가액을 구하면 다음과 같다.
- 2020년 : 1,400,000−1,300,000=100,000원
- 2021년 : 1,550,000−1,400,000=150,000원
- 2022년 : 1,700,000−1,550,000=150,000원
- 2023년 : 1,900,000−1,700,000=200,000원

따라서 1인당 건강보험 급여비가 전년 대비 가장 크게 증가한 해는 2023년이다.

④ 2019년 대비 2023년의 1인당 건강보험 급여비 증가율은 $\dfrac{1,900,000-1,300,000}{1,300,000}\times100 ≒ 46\%$로 40% 이상 증가하였다.

39

정답 ②

나열된 수의 규칙은 [(첫 번째 수)+(두 번째 수)]×(세 번째 수)−(네 번째 수)=(다섯 번째 수)이다.
따라서 빈칸에 들어갈 수는 (9+7)×5−1=79이다.

40

정답 ④

두 주사위 A, B를 던져 나온 수를 각각 a, b라 할 때, 가능한 순서쌍 (a, b)의 경우의 수는 6×6=36가지다.
이때 $a=b$의 경우의 수는 (1, 1), (2, 2), (3, 3), (4, 4), (5, 5), (6, 6)으로 6가지이므로 $a \neq b$의 경우의 수는 36−6=30가지다.
따라서 $a \neq b$일 확률은 $\dfrac{30}{36}=\dfrac{5}{6}$이다.

MEMO

CHAPTER 01

유형점검 정답 및 해설

STEP 1 기본문제

01	02	03	04	05	06	07			
③	②	④	④	④	①	③			

01   정답 ③

$(4,513+8,779)\div4-523$
$=13,292\div4-523$
$=3,323-523$
$=2,800$

02   정답 ②

$\dfrac{2}{42}\times\dfrac{6}{4}\div\dfrac{6}{14}\times12$

$=\dfrac{2}{42}\times\dfrac{6}{4}\times\dfrac{14}{6}\times12$

$=\dfrac{1}{7}\times\dfrac{1}{2}\times\dfrac{14}{6}\times12$

$=\dfrac{1}{1}\times\dfrac{1}{2}\times\dfrac{2}{1}\times2$

$=2$

03   정답 ④

$\sqrt{18}=3\sqrt{2}$, $\sqrt{24}=2\sqrt{6}$, $\sqrt{72}=6\sqrt{2}$, $\sqrt{96}=4\sqrt{6}$
이므로
$\sqrt{18}+\sqrt{24}+\sqrt{72}+\sqrt{96}=3\sqrt{2}+2\sqrt{6}+6\sqrt{2}+4\sqrt{6}$
$=9\sqrt{2}+6\sqrt{6}$이다.

04   정답 ④

18과 42의 최소공배수는 126이고, 1,000 이하의 자연수 중 126의 배수는 총 7개가 있다.

05   정답 ④

기온이 10℃에서 35℃로 $35-10=25$℃ 오를 때, 소리의 속력은 $352-337=15$m/s만큼 빨라졌다. 즉, 기온이 1℃ 오를 때 소리의 속력은 $\dfrac{3}{5}$ m/s만큼 빨라짐을 알 수 있다. 소리의 속력이 364m/s일 때, 기온이 10℃일 때보다 $364-337=27$m/s만큼 빨라졌으므로 기온은 $\dfrac{27}{\frac{3}{5}}=45$℃만큼 높아졌다.

따라서 기온은 $10+45=55$℃이다.

06   정답 ①

25와 30의 최소공배수는 150이다.
따라서 $150\div7=21\cdots3$이므로 일요일에 장터가 같이 열린다.

07   정답 ③

• 한 변에 심을 나무의 수를 계산할 때, 각 꼭짓점에 중복되는 부분을 고려해 계산해야 한다.
  (한 변에 심을 나무의 수)={(전체 나무의 수)+6}÷6

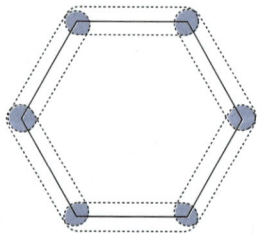

• (나무를 심을 간격의 수)=(나무의 수)−1

필요한 나무의 수가 750그루이므로 한 변에 심을 나무의 수는 $(750+6)\div6=126$그루이고, 나무를 심을 간격의 수는 $126-1=125$개이며 나무 사이의 간격은 8m이므로 정육각형 한 변의 길이는 $125\times8=1,000$m이다.
따라서 정육각형 모양 산책로의 길이는 $1,000\times6=6,000$m $=6$km이다.

STEP 2 응용문제

01	02	03	04	05	06	07	08	
④	④	④	⑤	⑤	③	②	④	

01 정답 ④

1월과 6월의 전기요금을 각각 $5k$, $2k$라고 하자(단, $k>0$).
1월 전기요금에서 6만 원을 빼면 비율이 $3:2$이므로 다음과 같은 식이 성립한다.

$(5k-60,000):2k=3:2$

→ $10k-120,000=6k$

→ $4k=120,000$

∴ $k=30,000$

따라서 1월의 전기요금은 $5k=5×30,000=150,000$원이다.

02 정답 ④

매월 갑, 을 팀의 총득점과 병, 정 팀의 총득점이 같다.
따라서 3월 병팀의 점수는 $1,156+2,000-1,658=1,498$이다.

03 정답 ④

• 아이스크림 1개당 정가 : $a\left(1+\dfrac{20}{100}\right)=1.2a$원

• 아이스크림 1개당 할인 판매가 : $(1.2a-500)$원

• 아이스크림 1개당 이익 : $(1.2a-500)-a=700$

→ $0.2a=1,200$

∴ $a=6,000$

따라서 아이스크림 한 개당 원가는 6,000원이다.

04 정답 ⑤

마지막 조건부터 차례대로 구해보면 면접시험 여성 합격자는 72명이므로 남성 합격자는 $72×\dfrac{3}{4}=54$명이다. 필기시험과 면접시험 응시자 및 합격자 인원은 다음과 같다.

(단위 : 명)

구분	필기시험	면접시험
응시자	$\dfrac{315}{0.7}=450$	$\dfrac{126}{0.4}=315$
합격자	$450×0.8=360$	$72+54=126$

따라서 필기시험에 합격한 사람은 360명이다.

05 정답 ⑤

상품별 투표결과를 구하면 다음과 같다.
• 한우Set : $2+1+5+13+1+1=23$표
• 영광굴비 : $0+3+3+15+3+0=24$표
• 장뇌삼 : $1+0+1+21+2+2=27$표
• 화장품 : $2+1+6+14+5+1=29$표
• 전복 : $0+1+7+19+1+4=32$표

가장 많은 표를 받은 상품은 전복이고, 전 직원 수는 투표수의 합이므로 $23+24+27+29+32=135$명이다.
따라서 총비용은 $135×70,000=9,450,000$원이다.

06 정답 ③

엘리베이터 적재 용량이 305kg이고, P사원이 타기 전 60kg의 Y사원이 80kg의 사무용품을 싣고 타 있는 상태이기 때문에 남은 적재 용량은 $305-140=165$kg이다.
P사원의 몸무게는 50kg이므로 $165-50=115$kg의 A4용지를 실을 수 있고, A4용지 한 박스는 10kg이므로 $115÷10=11.5$이다.
따라서 P사원은 최대 11박스의 A4용지를 가지고 엘리베이터에 탈 수 있다.

07 정답 ②

• 국문 명함 중 50장이 고급종이로 제작되었으므로 일반종이로 제작된 명함의 장수는 $130-50=80$장이다.
  (1인당 국문 명함 제작비)
  $=10,000+(2,500×3)+(10,000×1.1)=28,500$원
• 영문 명함의 장수 : 70장
  (1인당 영문 명함 제작비)
  $=15,000+(3,500×2)=22,000$원

따라서 1인당 명함 제작비는 $28,500+22,000-50,500$원이다. 총비용이 $808,000$원이므로 신입사원의 수는 $808,000÷50,500=16$명이다.

08

정답 ④

- 원금 : 1,000,000원
- 첫째 날 주식가격(10% 상승)
  : $1,000,000 \times (1+0.1) = 1,100,000$원
- 둘째 날 주식가격(20% 상승)
  : $1,100,000 \times (1+0.2) = 1,320,000$원
- 셋째 날 주식가격(10% 하락)
  : $1,320,000 \times (1-0.1) = 1,188,000$원
- 넷째 날 주식가격(20% 하락)
  : $1,188,000 \times (1-0.2) = 950,400$원

따라서 손실액은 $1,000,000 - 950,400 = 49,600$원이다.

오답분석

① 둘째 날 매도하였을 때 매도가격은 1,320,000원이다. 따라서 수익률은 $\dfrac{1,320,000-1,000,000}{1,000,000} \times 100 = 32\%$이다.

② 셋째 날의 원금 대비 수익률은 $\dfrac{1,188,000-1,000,000}{1,000,000} \times 100 = 18.8\%$이다.

③ · ⑤ A씨의 주식 매도가격은 950,400원으로, 원금보다 적기 때문에 손실을 보았다.

STEP 3 적중문제

01	02	03	04	05	06	07	08	09	10
③	②	④	②	④	②	②	④	①	③
11	12	13	14	15	16	17	18	19	20
④	①	④	②	②	④	④	①	②	①
21	22								
③	②								

01

정답 ③

5명을 한 팀으로 조직했을 때, 만들어지는 팀의 수를 x팀이라 하면 다음과 같은 식이 성립한다.

$5 \times x + 2 = 6 \times (x-2)$

$\therefore x = 14$

따라서 5명을 한 팀으로 조직했을 때, 만들어지는 팀은 총 14팀이다.

02

정답 ②

1등은 5돈 순금 두꺼비가 주어지므로 순금은 $5 \times 3.75 = 18.75$g이며, 2등과 3등은 각각 10g이 주어지므로 부상으로 드는 순금의 총무게는 $18.75 + 10 + 10 = 38.75$g이다. 따라서 이를 kg으로 환산하면 38.75g $= 0.03875$kg이다.

03

정답 ④

빈자리가 있는 버스는 없으므로 한 대에 45명씩 n대 버스에 나누어 탈 때와 한 대에 40명씩 $(n+2)$대 버스에 나누어 탈 때의 전체 학생 수는 같기 때문에 다음과 같은 식이 성립한다.

$45n = 40(n+2)$

$\rightarrow 5n = 80$

$\therefore n = 16$

따라서 이 학교의 학생 수는 $16 \times 45 = 720$명이다.

04

정답 ②

1년에 x회 이용했을 때의 배송료는 비회원일 경우는 $2,000x$원이고 회원일 경우는 $(5,000+0.7\times2,000x)$원이다. 회원이 되는 것이 유리하기 위해서는 배송료가 비회원일 때보다 더 저렴하면 되므로 다음과 같은 식이 성립한다.

$2,000x>5,000+0.7\times2,000x$

$2,000x>5,000+1,400x$

$600x>5,000$

$\therefore x>\dfrac{5000}{600}\fallingdotseq8.\text{xxx}......$

따라서 1년에 9회 이상 이용해야 회원이 되는 것이 유리하다.

05

정답 ④

타일의 세로 길이는 $56\times3\div4=42$이고, 56과 42의 최소공배수는 168이다. 따라서 만들어진 정사각형 타일의 한 변의 길이는 168cm이다.

06

정답 ②

색종이는 2장이 남고, 스티커는 8장이 남으므로
참가한 어린이의 수는 (색종이 수)-2, (스티커 수)$+8$의 공약수이다.

$222-2=220$, $292+8=300$이므로
220과 300을 소인수분해하면

$220=2^2\times5\times11$

$300=2^2\times3\times5^2$

참가한 어린이 수의 최댓값은 220과 300의 최대공약수이다. 따라서 220과 300의 최대공약수는 $2^2\times5=20$이므로 참가한 어린이는 최대 20명이다.

07

정답 ②

- (일교차)=(최고기온)-(최저기온)
- $a-(-b)=a+b$

요일별 일교차를 구하면 다음과 같다.

- 월요일 : $10.7-(-1.8)=10.7+1.8=12.5℃$
- 화요일 : $12.3-(-1.3)=12.3+1.3=13.6℃$
- 수요일 : $11.4-2.0=9.4℃$
- 목요일 : $6.6-(-1.1)=6.6+1.1=7.7℃$
- 금요일 : $10.4-(-3.1)=10.4+3.1=13.5℃$
- 토요일 : $12.7-0.1=12.6℃$
- 일요일 : $10.1-(-1.5)=10.1+1.5=11.6℃$

따라서 일교차가 가장 큰 요일은 화요일이다.

08

정답 ④

1바퀴를 도는 데 갑은 2분, 을은 3분, 병은 4분이 걸린다. 2, 3, 4의 최소공배수는 12이므로 세 사람이 다시 만나는 데 걸리는 시간은 12분 후이다.

따라서 3명은 출발점에서 4시 42분에 다시 만난다.

09

정답 ①

- n개월 후 형의 통장 잔액 : $2,000n$
- n개월 후 동생의 통장 잔액 : $10,000+1,500n$

$2,000n>10,000+1,500n$

$\therefore n>20$

따라서 형의 통장 잔액이 동생보다 많아질 때는 21개월 후이다.

10

정답 ③

3대의 버스 배차시간은 각각 30분, 60분, 80분으로, 첫차 시간 오전 7시 이후에 다시 같이 만나는 시각은 배차시간의 최소공배수를 구하면 된다. 배차시간의 최소공배수는 $10\times3\times2\times4=240$분이므로 $240\div60=4$시간마다 3대의 버스가 같이 출발한다.

따라서 오전 7시 이후 같은 정류장에서 두 번째로 같이 출발한 시각은 $7+4=$오전 11시이다.

11

정답 ④

D시의 전체 자동차 대수는 $400\times350=140,000$대이다.

따라서 D시의 도로 1km당 자동차 대수는 $140,000\div103=1,359.2\cdots$이므로 약 1,360대/km이다.

12

정답 ①

E모델은 데이터가 없는 휴대폰이므로 E모델을 제외한 각 모델의 휴대폰 결정 계수를 구하면 다음과 같다.

- A모델 결정 계수
  : $24\times10,000+300,000\times0.5+34,000\times0.5=407,000$
- B모델 결정 계수
  : $24\times10,000+350,000\times0.5+38,000\times0.5=434,000$
- C모델 결정 계수
  : $36\times10,000+250,000\times0.5+25,000\times0.5=497,500$
- D모델 결정 계수
  : $36\times10,000+200,000\times0.5+23,000\times0.5=471,500$

따라서 A씨는 결정 계수가 가장 낮은 A모델의 휴대폰을 구입한다.

13

세차 가격이 무료가 되는 주유량은 다음과 같다.
- A주유소의 경우 : $1,550a \geq 50,000$원 $\to a \geq 32.2$이므로 33L부터 세차 가격이 무료이다.
- B주유소의 경우 : $1,500b \geq 70,000$원 $\to b \geq 46.6$이므로 47L부터 세차 가격이 무료이다.

주유량에 따른 주유와 세차에 드는 비용은 다음과 같다.

구분	32L 이하	33L 이상 46L 이하	47L 이상
A주유소	$1,550a+3,000$	$1,550a$	$1,550a$
B주유소	$1,500a+3,000$	$1,500a+3,000$	$1,500a$

주유량이 32L 이하와 47L 이상일 때, A주유소와 B주유소의 세차 가격 포함유무가 동일하므로 이때는 B주유소가 더 저렴하다.
따라서 A주유소에서 33L 이상 46L 이하를 주유하는 것이 B주유소보다 더 저렴하다.

14
정답 ②

- (하루 1인당 고용비)
  =(1인당 수당)+(산재보험료)+(고용보험료)
  $=50,000+(50,000 \times 0.00504)+(50,000 \times 0.013)$
  $=50,000+252+650=50,902$원
- (하루에 고용할 수 있는 인원 수)
  =[(본예산)+(예비비)]÷(하루 1인당 고용비)
  $=600,000 \div 50,902 \fallingdotseq 11.8$명

따라서 하루 동안 고용할 수 있는 최대 인원은 11명이다.

15
정답 ②

- 공연음악 시장 규모 : 2026년의 예상 후원 시장 규모는 $6,305+118=6,423$백만 달러이고, 티켓 판매 시장 규모는 $22,324+740=23,064$백만 달러이다.
  따라서 2026년 공연음악 시장 규모는 $6,423+23,064=29,487$백만 달러로 예상된다.
- 스트리밍 시장 규모 : 2021년 스트리밍 시장의 규모가 1,530백만 달러이므로, 2026년의 스트리밍 시장 규모는 $1,530 \times 2.5=3,825$백만 달러로 예상된다.
- 오프라인 음반 시장 규모 : 2026년 오프라인 음반 시장 규모를 x백만 달러라고 하면 다음과 같다.
  $$\frac{x-8,551}{8,551} \times 100 = -6\%$$
  $$\therefore x = -\frac{6}{100} \times 8,551 + 8,551 \fallingdotseq 8,038$$

16
정답 ④

숙박수단별 선택지수를 계산하면 다음과 같다.
- A : $(4 \times 1,000,000 \times 0.7)+(200,000 \times 0.8)=2,960,000$
- B : $(4 \times 1,000,000 \times 0.7)+(80,000 \times 0.8)=2,864,000$
- C : $(3 \times 1,000,000 \times 0.7)+(50,000 \times 0.8)=2,140,000$
- D : $(4 \times 1,000,000 \times 0.7)+(40,000 \times 0.8)=2,832,000$

따라서 선택지수가 2,500,000 이상이면서 비용이 가장 적은 곳은 D이다.

17
정답 ④

A가 1바퀴를 도는 데 걸리는 시간은 $\frac{8}{2}=4$분이고, B가 1바퀴를 도는 데 걸리는 시간은 6분이다.
따라서 4와 6의 최소공배수는 12이므로 두 사람이 4번째로 만나는 시각은 $12 \times 4=48$분 후인 3시 48분이다.

18
정답 ①

전체 일의 양을 1이라고 하면, A, B, C가 하루 동안 할 수 있는 일의 양은 각각 $\frac{1}{15}$, $\frac{1}{10}$, $\frac{1}{30}$ 이다.
함께 일하는 기간을 x일이라고 하면 다음 식이 성립한다.
$$\left(\frac{1}{15}+\frac{1}{10}+\frac{1}{30}\right) \times x = 1$$
$$\to \frac{1}{5} \times x = 1$$
$$\therefore x = 5$$
따라서 A, B, C가 함께 일하면 총 5일이 걸린다.

19
정답 ②

자동차를 1일 이용할 경우, 교통비는 $5,000+2,000 \times 2=9,000$원이다. 즉, 지하철을 1일 이용하는 대신 자동차를 1일 이용할 경우 6,000원의 차액이 발생한다.
이번 달과 다음 달의 차이는 프로젝트 기간 5일의 유무이다. 따라서 5일간의 교통비 차액이 이번 달과 다음 달의 교통비 차액이므로 $6,000 \times 5=30,000$원이다.

20

품목별로 나누어 줄 수 있는 인원의 수를 구하면 다음과 같다.
- 갑티슈 : $200 \div 1 = 200$명
- 위생장갑 : $250 \div 1 = 250$명
- 롤팩 : $600 \div 3 = 200$명
- 물티슈 : $400 \div 2 = 200$명
- 머그컵 : $150 \div 1 = 150$명

따라서 사은품 구성 물품과 수량은 1개라도 부족해서는 안 되므로 사은품을 나누어 줄 수 있는 최대 고객은 150명이다.

21

상품별 고객 만족도 1점당 비용을 구하면 다음과 같다.
- 차량용 방향제 : $7,000 \div 5 = 1,400$원
- 식용유 세트 : $10,000 \div 4 = 2,500$원
- 유리용기 세트 : $6,000 \div 6 = 1,000$원
- 8GB USB : $5,000 \div 4 = 1,250$원
- 머그컵 세트 : $10,000 \div 5 = 2,000$원
- 육아 관련 도서 : $8,800 \div 4 = 2,200$원
- 핸드폰 충전기 : $7,500 \div 3 = 2,500$원

할당받은 예산을 고려하여 고객 만족도 1점당 비용이 가장 낮은 상품부터 구매비용을 구하면 다음과 같다.
- 유리용기 세트
  - 최대 물량 구매비용 : $6,000 \times 200 = 1,200,000$원
  - 남은 예산 : $5,000,000 - 1,200,000 = 3,800,000$원
- 8GB USB
  - 최대 물량 구매비용 : $5,000 \times 180 = 900,000$원
  - 남은 예산 : $3,800,000 - 900,000 = 2,900,000$원
- 차량용 방향제
  - 최대 물량 구매비용 : $7,000 \times 300 = 2,100,000$원
  - 남은 예산 : $2,900,000 - 2,100,000 = 800,000$원
- 머그컵 세트
  - 최대 물량 구매비용 : $10,000 \times 80 = 800,000$원
  - 남은 예산 : $800,000 - 800,000 = 0$원

따라서 확보 가능한 상품의 개수는 $200 + 180 + 300 + 80 = 760$개이므로 사은품을 증정할 수 있는 고객의 수는 $760 \div 2 = 380$명이다.

22

- 개업하기 전 초기 입점 비용
  : (매매가)+(중개수수료)+(리모델링 비용)
  - A상가 : $92,000 + (92,000 \times 0.006) = 92,552$만 원
  - B상가 : $88,000 + (88,000 \times 0.007) + (2 \times 500)$
    $= 89,616$만 원
  - C상가 : $90,000 + (90,000 \times 0.005) = 90,450$만 원
  - D상가 : $95,000 + (95,000 \times 0.006) = 95,570$만 원
  - E상가 : $87,000 + (87,000 \times 0.007) + (1.5 \times 500)$
    $= 88,359$만 원
- 개업 한 달 후 최종 비용
  : (초기 입점 비용)−(초기 입점 비용×0.03×입점 병원 수)
  - A상가 : $92,552 - (92,552 \times 0.03 \times 2) \fallingdotseq 86,999$만 원
  - B상가 : $89,616 - (89,616 \times 0.03 \times 3) \fallingdotseq 81,551$만 원
  - C상가 : $90,450 - (90,450 \times 0.03 \times 1) \fallingdotseq 87,737$만 원
  - D상가 : $95,570 - (95,570 \times 0.03 \times 1) \fallingdotseq 92,703$만 원
  - E상가 : $88,359 - (88,359 \times 0.03 \times 2) \fallingdotseq 83,057$만 원

따라서 B상가에 입점하는 것이 가장 이득이다.

유형점검 정답 및 해설

STEP 1 기본문제

01	02	03	04	05	06	07	08	09	10
⑤	③	④	③	②	②	④	②	②	③
11	12	13	14	15	16	17	18		
④	②	②	③	③	②	②	③		

01
정답 ⑤

회사부터 식당까지의 거리를 $x$km라 하면 은이가 이동한 시간은 $\frac{x}{3}$ 시간이고, 연경이가 이동한 시간은 $\frac{x}{3} - \frac{1}{6} = \frac{x}{4}$ 시간이므로 $x=2$이다.

효진이의 속력을 $y$km/h라 하면 다음 식이 성립한다.

$$\frac{2}{y} + \frac{1}{12} = \frac{2}{3}$$
$$\rightarrow \frac{2}{y} = \frac{7}{12}$$
$$\therefore y = \frac{24}{7}$$

따라서 효진이의 속력은 $\frac{24}{7}$ km/h이다.

02
정답 ③

배의 속력을 $x$km/h, 강물의 유속을 $y$km/h라 하면 다음과 같은 식이 성립한다.

$5(x-y)=30 \cdots \text{㉠}$

$3(x+y)=30 \cdots \text{㉡}$

㉠, ㉡을 연립하면 $x=8$, $y=2$이다.

따라서 흐르지 않은 물에서의 배의 속력은 8km/h이다.

03
정답 ④

미주가 집에서 출발해서 동생을 만나기 전까지 이동한 시간을 x시간이라고 하면, 미주가 이동한 거리는 $8x$km이고, 동생이 미주가 출발한 후 12분 뒤에 지갑을 들고 이동했으므로 이동한 거리는 $20\left(x - \frac{1}{5}\right)$km이다.

$$8x = 20\left(x - \frac{1}{5}\right)$$
$$\rightarrow 12x = 4$$
$$\therefore x = \frac{1}{3}$$

따라서 미주와 동생은 $\frac{1}{3}$ 시간=20분 후에 만나게 된다.

04
정답 ③

집에서 학원까지의 거리는 1.5km=1,500m이다. 걸어간 거리를 xm, 달린 거리는 $(1,500-x)$m라고 하자.

$$\frac{x}{40} + \frac{1,500-x}{160} = 15$$
$$\rightarrow 4x + 1,500 - x = 2,400$$
$$\rightarrow 3x = 900$$
$$\therefore x = 300$$

따라서 걸어간 거리는 300m이다.

05
정답 ②

퍼낸 소금물의 양을 xg, 농도 2% 소금물의 양을 yg이라고 하면 다음과 같은 식이 성립한다.

$200 - x + x + y = 320$

$\therefore y = 120$

소금물을 퍼내고 같은 양의 물을 부으면 농도 8%의 소금물에 있는 소금의 양은 같으므로 다음과 같은 식이 성립한다.

$$\frac{8}{100}(200-x) + \frac{2}{100} \times 120 = \frac{3}{100} \times 320$$
$$\rightarrow 1,600 - 8x + 240 = 960$$
$$\rightarrow 8x = 880$$
$$\therefore x = 110$$

따라서 퍼낸 소금물의 양은 110g이다.

06

정답 ②

농도 5% 소금물의 양을 xg이라 하면 농도 12% 소금물의 양은 $(300-x)$g이므로 다음과 같은 식이 성립한다.

$$\frac{12}{100}(300-x)+\frac{5}{100}x=\frac{10}{100}\times 300$$

$$\rightarrow 3,600-7x=3,000$$

$$\rightarrow 7x=600$$

$$\therefore x=\frac{600}{7}$$

따라서 필요한 농도 5%의 소금물의 양은 $\frac{600}{7}$g이다.

07

정답 ④

전체 사원수를 x명이라고 하면 다음 식이 성립한다.

$$x\times\frac{1}{3}\times\frac{1}{4}=56$$

$$\therefore x=672$$

따라서 전체 사원수는 672명이다.

08

정답 ②

한 숙소에 4명씩 잤을 때의 신입사원 수는 $4a+8=b$명이고, 한 숙소에 5명씩 잤을 때의 신입사원 수는 $5(a-6)+4=b$명이다.

$$4a+8=5(a-6)+4$$

$$\therefore a=34$$

$$b=34\times 4+8=144$$

따라서 $b-a$는 $144-34=110$이다.

09

정답 ②

A가 1시간 동안 정리할 수 있는 변석을 $x\text{m}^2$라 하면, B가 1시간 동안 정리할 수 있는 면적은 $\frac{2}{3}x\text{m}^2$이므로 다음과 같은 식이 성립한다.

$$\left(x+\frac{2}{3}x\right)\times 5=100$$

$$\rightarrow \frac{5}{3}x=20$$

$$\therefore x=12$$

따라서 A가 1시간 동안 정리할 수 있는 면적은 12m^2이다.

10

정답 ③

A와 B가 함께 일한 시간을 x시간, 전체 일의 양을 1이라 하자. A와 B가 1시간 동안 하는 일의 양은 각각 $\frac{1}{6}$, $\frac{1}{8}$이므로 다음과 같은 식이 성립한다.

$$\frac{1}{8}+\left(\frac{1}{6}+\frac{1}{8}\right)x=1$$

$$\rightarrow 3+7x=243$$

$$\rightarrow 7x=21$$

$$\therefore x=3$$

따라서 A와 B가 함께 일한 시간은 3시간이다.

11

정답 ④

750mL를 채우는 데 걸리는 시간을 x분이라 하자.

$$x\times 2.5=750$$

$$\rightarrow x=\frac{750}{2.5}$$

$$\therefore x=300$$

따라서 물통을 채우는 데 걸리는 시간은 300분이다.

12

정답 ②

최저 합격 점수를 x점이라고 하면 30명의 평균은 $(x+5)$점 합격자의 평균은 $(x+30)$점 불합격자의 평균은 $\left(\frac{x+2}{2}\right)$점 이므로 다음과 같은 식이 성립한다.

$$30(x+5)=20(x+30)+10\left(\frac{x+2}{2}\right)$$

$$\rightarrow 30x+150=20x+600+5x+10$$

$$\rightarrow 5x=460$$

$$\therefore x=92$$

따라서 최저 합격 전수는 92점이다.

13

정답 ②

현재 철수의 나이를 x세라고 하면 철수와 아버지의 나이 차이는 25세이므로 현재 아버지의 나이는 $(x+25)$세이다.
3년 후 아버지의 나이가 철수 나이의 2배가 되므로

$$2(x+3)=(x+25)+3$$

$$\therefore x=22$$

따라서 현재 철수의 나이는 22세이다.

14 정답 ③

전체 작업량을 1이라 할 때, 6명이 5시간 만에 청소를 완료하므로 직원 한 명의 시간당 작업량은 $\frac{1}{30}$ 이다.

3시간 만에 일을 끝마치기 위한 직원의 수를 x명이라 하자.

$\frac{x}{30} \times 3 = 1$

$\therefore x = 10$

따라서 총 10명의 직원이 필요하며, 추가로 필요한 직원의 수는 4명이다.

15 정답 ③

재작년 A공단의 재직자 수를 x명이라 하자.

작년 A공단의 재직자 수는 $\left(1 + \frac{1}{10}\right)x$명이고, 작년 재직자 수의 10%(올해 신입사원 수)는 55명이므로 다음과 같다.

$\frac{1}{10} \times \frac{11}{10}x = 55$

$\therefore x = 55 \times 10 \times \frac{10}{11} = 500$

따라서 재작년 A공단의 재직자 수는 500명이다.

16 정답 ②

원가를 x원이라 하자.

원가에 20%의 이익을 붙여 정가를 정하면

$(정가) = \left(1 + \frac{2}{10}\right)x = \frac{6}{5}x$원

정가에서 1,000원을 할인해 판매가를 정하면

$(판매가) = \left(\frac{6}{5}x - 1,000\right)$원

1,000원의 이익이 생겼으므로 다음 식이 성립한다.

$\left(\frac{6}{5}x - 1,000\right) - x = 1,000$

$\rightarrow \frac{1}{5}x = 2,000$

$\therefore x = 10,000$

따라서 원가는 10,000원이다.

17 정답 ②

- 원가 : 5,000원
- 정가 : $5,000 \times \left(1 + \frac{25}{100}\right) = 6,250$원
- 판매가 : $6,250 \times \left(1 - \frac{10}{100}\right) = 5,625$원
- 물건 1개당 이익 : $5,625 - 5,000 = 625$원

따라서 물건 4개를 팔 때 이익은 $625 \times 4 = 2,500$원이다.

18 정답 ③

일의 자릿수를 x라 하면 처음 수는 $80 + x$이고, 십의 자릿수와 일의 자릿수를 바꾼 수는 $10x + 8$이다.

자리를 바꾼 수가 처음 수보다 27만큼 더 작다고 했으므로

$10x + 8 = 80 + x - 27$

$\rightarrow 9x = 45$

$\therefore x = 5$

따라서 처음 수는 $80 + x = 85$이다.

01	02	03	04	05				
②	④	⑤	④	④				

01

정답 ②

정사각형 색종이를 처음 반으로 접으면 직사각형 2개가 나오고, 2번 접으면 정사각형 4개, 3번 접으면 직사각형 8개가 나온다. 이를 등비수열로 나타내면 사각형은 접는 수 n에 따라 2^n개의 사각형이 나온다. 또한 홀수 번 접으면 직사각형이 되고, 짝수 번 접으면 정사각형이 된다.

따라서 정사각형이 64개가 나오려면 $2^6 = 64$이므로 $n = 6$번 접어야 한다.

02

정답 ④

A, B, E구의 1인당 소비량을 각각 a, b, e라고 하고 조건을 식으로 나타내면 다음과 같다.

• 첫 번째 조건 : $a + b = 30$ … ㉠
• 두 번째 조건 : $a + 12 = 2e$ … ㉡
• 세 번째 조건 : $e = b + 6$ … ㉢

㉢을 ㉡에 대입하여 식을 정리하면 다음과 같다.

$a + 12 = 2(b + 6) \rightarrow a - 2b = 0$ … ㉣

㉠-㉣을 하면 $3b = 30 \rightarrow b = 10$, $a = 20$, $e = 16$

A~E구의 변동계수를 구하면 다음과 같다.

• A구 : $\dfrac{5}{20} \times 100 = 25\%$

• B구 : $\dfrac{4}{10} \times 100 = 40\%$

• C구 : $\dfrac{6}{30} \times 100 = 20\%$

• D구 : $\dfrac{4}{12} \times 100 \fallingdotseq 33.33\%$

• E구 : $\dfrac{8}{16} \times 100 = 50\%$

따라서 변동계수가 3번째로 큰 구는 D구이다.

03

정답 ⑤

조건을 분석하면 다음과 같다.

• 첫 번째 조건에 의해 ㉠~㉣ 국가 중 제시된 5개 연도에서 8위를 두 번씩 한 두 나라는 ㉠과 ㉣이므로 둘 중 하나가 한국, 나머지 하나가 캐나다임을 알 수 있다.
• 두 번째 조건에 의해 2020년 대비 2024년의 이산화탄소 배출량 증가율은 ㉡과 ㉢이 각각 $\dfrac{556 - 535}{535} \times 100 \fallingdotseq 3.93\%$

와 $\dfrac{507 - 471}{471} \times 100 \fallingdotseq 7.64\%$이므로 ㉢은 사우디아라비아가 되며, 따라서 ㉡은 이란이 된다.

• 마지막 조건에 의해 이란의 수치는 고정값으로 놓고 2015년을 기점으로 ㉠이 ㉣보다 배출량이 많아지고 있으므로 ㉠이 한국, ㉣이 캐나다임을 알 수 있다.

따라서 ㉠~㉣은 순서대로 한국, 이란, 사우디아라비아, 캐나다이다.

04

정답 ④

같은 물질에 대한 각 기관의 실험오차율의 크기 비교는 실험오차의 크기 비교로 할 수 있다.

물질 2에 대한 각 기관의 실험오차를 구하면 다음과 같다.

• A기관 : $|26 - 11.5| = 14.5$
• B기관 : $|7 - 11.5| = 4.5$
• C기관 : $|7 - 11.5| = 4.5$
• D기관 : $|6 - 11.5| = 5.5$

B, C, D기관의 실험오차의 합은 $4.5 + 4.5 + 5.5 = 14.5$이다.

따라서 물질 2에 대한 A기관의 실험오차율은 물질 2에 대한 나머지 기관의 실험오차율의 합과 같다.

오답분석

① • 물질 1에 대한 B기관의 실험오차 : $|7 - 4.5| = 2.5$
  • 물질 1에 대한 D기관의 실험오차 : $|2 - 4.5| = 2.5$
  즉, 두 기관의 실험오차와 유효농도가 동일하므로 실험오차율도 동일하다.

② 실험오차율이 크려면 실험오차가 커야 한다. 물질 3에 대한 각 기관의 실험오차를 구하면 다음과 동일하다.
  • A기관 : $|109 - 39.5| = 69.5$
  • B기관 : $|15 - 39.5| = 24.5$
  • C기관 : $|16 - 39.5| = 23.5$
  • D기관 : $|18 - 39.5| = 21.5$
  따라서 물질 3에 대한 실험오차율은 A기관이 가장 크다.

③ • 물질 1에 대한 B기관의 실험오차 : $|7 - 4.5| = 2.5$

  • 물질 1에 대한 B기관의 실험오차율 : $\dfrac{2.5}{4.5} \times 100$
  $\fallingdotseq 55.56\%$

  • 물질 2에 대한 A기관의 실험오차 : $|26 - 11.5| = 14.5$

  • 물질 2에 대한 A기관의 실험오차율 : $\dfrac{14.5}{11.5} \times 100$
  $\fallingdotseq 126.09\%$

  따라서 물질 1에 대한 B기관의 실험오차율은 물질 2에 대한 A기관의 실험오차율보다 작다.

⑤ 자료를 보면 A기관의 실험 결과는 모든 물질에 대해서 평균보다 높다. 따라서 A기관의 실험 결과를 제외하면 유효농도 값(평균)은 제외하기 전보다 작아진다.

05

정답 ④

ㄱ. 등록률은 2025년 2월에 가장 많이 낮아졌다.

ㄴ. 제시된 수치는 전년 동월, 즉 2024년 6월보다 325건 높아졌다는 뜻으로, 실제 심사건수는 알 수 없다.

ㄷ. 2024년 5월에 비해 3.3% 증가했다는 뜻으로, 실제 등록률은 알 수 없다.

오답분석

ㄹ. 전년 동월 대비 125건이 증가했으므로, $100+125=225$건이다.

STEP 3 적중문제

01	02	03	04	05	06	07	08	09	10
③	③	⑤	⑤	②	④	④	④	④	②
11	12	13	14	15	16	17	18	19	20
④	④	⑤	①	①	④	③	③	④	②
21	22	23	24	25	26	27	28	29	30
③	③	②	④	⑤	①	②	②	②	⑤
31	32	33	34	35	36	37	38		
⑤	③	③	⑤	⑤	⑤	⑤	①		

01

정답 ③

주문할 달력의 수를 x권이라 하면 업체별 비용은 다음과 같다.

• A업체의 비용 : $(1,650x+3,000)$원
• B업체의 비용 : $1,800x$원

A업체에서 주문하는 것이 B업체에서 주문하는 것보다 유리해야 하므로 다음의 식을 만족해야 한다.

$1,650x+3,000<1,800x$

$\therefore x>20$

따라서 달력을 21권 이상 주문해야 A업체에서 주문하는 것이 더 유리하다.

02

정답 ③

8t 트럭, 12t 트럭이 한 시간 동안 운반하는 토량은 각각 $\frac{8}{2}$, $\frac{12}{3}$이다. 두 트럭으로 흙을 운반하는 데 걸리는 시간을 x시간이라고 하면 다음과 같은 식이 성립한다.

$\left(\frac{8}{2}+\frac{12}{3}\right)\times x=1,000$

$\rightarrow 8x=1,000$

$\therefore x=125$

따라서 두 트럭으로 총 1,000t의 흙을 운반할 때 125시간이 걸린다.

03

정답 ⑤

A와 B가 만나는 시간을 x분이라고 하자.

(A가 간 거리)=(B가 간 거리)+200m가 성립해야 하므로 다음과 같은 식이 성립한다.

$100x=60x+200$

$\rightarrow 40x=200$

$\therefore x=5$

따라서 5분이 지나면 서로 만나게 된다.

04

정답 ⑤

B업체 견인차의 속력을 $x$km/h(단, $x \neq 0$)라 하자.
A업체 견인차의 속력이 63km/h일 때, 40분만에 사고지점에 도착하므로 A업체에서 사고지점까지의 거리는 $63 \times \frac{40}{60} = 42$km이다.
사고지점은 B업체보다 A업체와 40km 더 가까우므로 B업체에서 사고지점까지의 거리는 $42 + 40 = 82$km이다.
B업체의 견인차가 A업체의 견인차보다 늦게 도착하지 않으려면 사고지점에 도착하는 데 걸리는 시간이 40분보다 작거나 같아야 한다.

$$\frac{82}{x} \le \frac{2}{3}$$

$$\rightarrow 2x \ge 246$$

$$\therefore x \ge 123$$

따라서 B업체 견인차는 최소 123km/h의 속력으로 운전해야 늦지 않게 도착한다.

05

정답 ②

집에서 약수터까지의 거리는 $\frac{1}{2} \times (10 \times 60) = 300$m, 동생의 속력은 $300 \div (15 \times 60) = \frac{1}{3}$ m/s이다. 형이 집에서 약수터까지 왕복한 시간은 $10 \times 2 = 20$분이므로 형이 집에 도착할 때까지 동생이 이동한 거리는 $\frac{1}{3} \times (20 \times 60) = 400$m이다.
따라서 동생은 집에서부터 $300 - 100 = 200$m 떨어진 거리에 있다.

06

정답 ④

A열차의 길이를 xm라 하면 A열차의 속력은 $\frac{258 + x}{18}$ m/s 이고, B열차는 길이가 80m이므로 속력은 $\frac{144 + 80}{16} = 14$m/s 이다.
두 열차가 마주보는 방향으로 달려 완전히 지나는 데 9초가 걸렸으므로 9초 동안 두 열차가 달린 거리의 합은 두 열차의 길이의 합과 같다. 이를 식으로 나타내면 다음과 같다.

$$\left(\frac{258 + x}{18} + 14 \right) \times 9 = x + 80$$

$$\rightarrow \frac{258 + x}{2} + 126 = x + 80$$

$$\rightarrow 510 + x = 2x + 160$$

$$\therefore x = 350$$

따라서 B열차의 길이가 80m라면 A열차의 길이는 350m 이다.

07

정답 ④

회사에서 휴게소까지의 거리를 $x$km라 하자.

$$\frac{x}{40} + \frac{128 - x}{60} = 3$$

$$\therefore x = 104$$

따라서 회사에서 휴게소까지의 거리는 104km이다.

08

정답 ④

농도가 7%인 소금물의 양을 xg이라 하자.

$$\frac{7}{100}x + \frac{3}{100} \times 60 = \frac{9}{100}x$$

$$\rightarrow 7x + 180 = 9x$$

$$\rightarrow 2x = 180$$

$$\therefore x = 90$$

즉, 7% 소금물에 들어있는 소금의 양은 $\frac{7}{100} \times 90 = \frac{63}{10}$g이고 증발했을 때 소금물의 양은 $90 - 60 = 30$g이다.
따라서 증발 전과 후의 소금의 양은 변하지 않으므로 증발 후 소금물의 농도는 $\left(\frac{63}{10} \times \frac{1}{30} \right) \times 100 = 21$%이다.

09

정답 ④

• 5% 설탕물 600g에 들어있는 설탕의 양
  : $\frac{5}{100} \times 600 = 30$g

• 10분 동안 가열한 후 남은 설탕물의 양
  : $600 - (10 \times 10) = 500$g

• 가열 후 남은 설탕물의 농도 : $\frac{30}{500} \times 100 = 6$%

여기에 더 넣은 설탕물 200g의 농도를 x%라 하면

$$\frac{6}{100} \times 500 + \frac{x}{100} \times 200 = \frac{10}{100} \times 700$$

$$\rightarrow 2x + 30 = 70$$

$$\therefore x = 20$$

따라서 더 넣은 설탕물의 농도는 20%이다.

10

정답 ②

농도 30% 설탕물의 양을 xg이라 하면, 증발시킨 후 설탕의 양은 같으므로 다음과 같다.

$$\frac{30}{100}x = \frac{35}{100}(x - 50)$$

$$\therefore x = 350$$

즉, 35% 설탕물의 양은 300g이다.

여기에 더 넣을 설탕의 양을 yg이라 하면 다음과 같다.

$$300 \times \frac{35}{100} + y = (300 + y) \times \frac{40}{100}$$

$$\rightarrow 10,500 + 100y = 12,000 + 40y$$

$$\therefore y = 25$$

따라서 농도 40%의 설탕물을 만들려면 25g의 설탕을 더 넣어야 한다.

11

정답 ④

처음 500g의 설탕물에 녹아있는 설탕의 양을 xg이라고 하자.

농도 3%의 설탕물 200g에 들어있는 설탕의 양은 $\frac{3}{100} \times 200 = 6$g이므로 다음과 같은 식이 성립한다.

$$\frac{x+6}{500+200} \times 100 = 7$$

$$\therefore x + 6 = 49$$

따라서 처음 500g의 설탕물에 녹아있는 설탕의 양은 43g이다.

12

정답 ④

세제 1스푼의 양을 xg이라 하자.

$$\frac{5}{1,000} \times 2,000 + 4x = \frac{9}{1,000} \times (2,000 + 4x)$$

$$\therefore x = \frac{2,000}{991}$$

물 3kg에 들어갈 세제의 양을 yg이라 하자.

$$y = \frac{9}{1,000} \times (3,000 + y)$$

$$\rightarrow 1,000y = 27,000 + 9y$$

$$\therefore y = \frac{27,000}{991}$$

따라서 $\dfrac{\frac{27,000}{991}}{\frac{2,000}{991}} = 13.5$스푼을 넣으면 농도가 0.9%인 세제

용액이 된다.

13

정답 ⑤

마지막 과목의 점수를 x점이라 하자.

5과목의 평균이 90점 이상이어야 하므로 다음 식이 성립한다.

$$\frac{92 + 85 + 87 + 89 + x}{5} \geq 90$$

$$\rightarrow 353 + x \geq 450$$

$$\rightarrow x \geq 450 - 353$$

$$\therefore x \geq 97$$

따라서 A사원은 마지막 과목에서 97점 이상을 받아야 승진대상자가 된다.

14

정답 ①

B팀이 2쿼터까지 얻은 점수를 x점이라 하면, A팀이 얻은 점수는 $(x+7)$점이다.

B팀이 3쿼터와 4쿼터에 얻은 점수를 y점이라 하면, A팀이 얻은 점수는 $\frac{3}{5}y$점이다.

$$x + 7 + \frac{3}{5}y = 75 \rightarrow x + \frac{3}{5}y = 68 \cdots \text{㉠}$$

$$x + y = 78 \cdots \text{㉡}$$

㉡−㉠을 하면 다음과 같다.

$$\frac{2}{5}y = 10$$

$$\therefore y = 25$$

따라서 A팀이 3쿼터와 4쿼터에 얻은 점수는 $\frac{3}{5} \times 25 = 15$점이다.

15

정답 ①

2일 후 B씨와 C씨의 자산의 차액은 A씨의 2일 후의 자산과 동일하다.

$2y + 2 \times 3 - (y + 2 \times 5) = 5 + 2 \times 2 \rightarrow y = 13$이므로 B씨의 잔고는 13달러, C씨는 26달러이다.

또한 x일 후의 B씨의 자산은 $(13 + 5x)$원, C씨는 $(26 + 3x)$원이 되므로 B씨의 자산이 C씨의 자산보다 같거나 많게 되는 날에 대한 부등식을 세우면 다음과 같다.

$$13 + 5x \geq 26 + 3x$$

$$\rightarrow 2x \geq 13$$

$$\therefore x \geq 6.5$$

따라서 7일 후에 B씨의 자산이 C씨의 자산보다 많게 된다.

16

정답 ④

수현이가 부모님과 통화한 시간을 x분, 동생과 통화한 시간을 y분이라 하면 다음 식이 성립한다.

$$x + y = 60 \cdots \text{㉠}$$

$$40 \times x = 2 \times 60 \times y \rightarrow x = 3y \cdots \text{㉡}$$

㉡을 ㉠에 대입하면 다음과 같다.

$$x = 45, \ y = 15$$

따라서 국제전화 요금 총액은 $40 \times 45 + 60 \times 15 = 2,700$원이다.

17

정답 ③

원가를 x원이라고 하면, 최종 판매 금액은 원가 x원에서 10% 할인된 가격과 같다. 중고상품 판매사이트에 처음 올린 금액은 $1.4x$원이 되므로 다음 식이 성립한다.

$1.4x - 10,000 = 0.9x$

$\rightarrow 0.5x = 10,000$

$\therefore x = 20,000$이다.

따라서 처음 올린 금액은 $1.4 \times 20,000 = 28,000$원이다.

18

정답 ③

사원 수와 임원 수를 각각 x명, y명이라고 하자(단, x, y는 자연수).

사원 x명을 발탁할 때 업무 효율과 비용은 각각 $3x\,\text{point}$, $4x\,\text{point}$이고, 임원 y명을 발탁할 때 업무 효율과 비용은 각각 $4y\,\text{point}$, $7y\,\text{point}$이므로 다음 식이 성립한다.

$3x + 4y = 60 \rightarrow x = -\dfrac{4}{3}y + 20 \cdots \text{㉠}$

$4x + 7y \leq 100 \cdots \text{㉡}$

㉠을 ㉡에 대입하면 다음과 같다.

$4\left(-\dfrac{4}{3}y + 20\right) + 7y \leq 100$

$\rightarrow 5y \leq 60$

$\therefore y \leq 12$

x와 y는 자연수이므로 가능한 x, y값을 순서쌍으로 나타내면 $(4, 12)$, $(8, 9)$, $(12, 6)$, $(16, 3)$이다.

따라서 사원 수와 임원 수를 합한 최솟값은 $4 + 12 = 16$이다.

19

정답 ④

두 인턴이 함께 일을 끝내는 데 걸리는 시간을 x시간이라 하고, 전체 일의 양을 1이라 하자.

• A인턴이 1시간에 하는 일의 양 : $\dfrac{1}{2}$

• B인턴이 1시간에 하는 일의 양 : $\dfrac{1}{8}$

$\left(\dfrac{1}{2} + \dfrac{1}{8}\right)x = 1$

$\rightarrow \dfrac{5}{8}x = 1$

$\therefore x = \dfrac{8}{5}$

따라서 $\dfrac{8}{5}$시간=1시간 36분이므로 두 인턴이 함께 일을 끝내는 데 걸리는 시간은 1시간 36분이다.

20

정답 ②

x일 후 정산을 했다면 두 사람의 저금액에 대한 식은 다음과 같다.

$1,000x = 2 \times 800 \times (x - 3)$

$\rightarrow 1,000x = 1,600x - 4,800$

$\therefore x = 8$

따라서 8일 후에 정산하였다.

21

정답 ③

A프린터가 한 대당 1분 동안 프린트 할 수 있는 용지 매수를 x장, B프린터의 경우 y장이라 가정하고, 100장을 프린트하는 데 걸리는 시간에 대한 방정식을 세우면 다음과 같다.

$(3x + 2y) \times 4 = 100 \rightarrow 3x + 2y = 25 \cdots \text{㉠}$

$(4x + y) \times 5 = 100 \rightarrow 4x + y = 20 \cdots \text{㉡}$

㉠과 ㉡을 연립하면 $x = 3$, $y = 8$이므로 A프린터는 한 대당 1분에 3장, B프린터는 8장을 출력할 수 있다.

따라서 A프린터 2대와 B프린터 3대를 동시에 사용할 때 1분 동안 출력되는 용지는 $2 \times 3 + 8 \times 3 = 30$장이므로 100장을 출력하는 데 걸리는 시간은 3분 20초$\left(= \dfrac{100}{30} \text{분}\right)$이다.

22

정답 ③

수민이가 일한 시간은 총 4시간 48분이므로, 이를 분수로 환산하면 $\dfrac{24}{5}$시간이다. 수민이와 현정이가 함께 일한 시간을 x시간이라 하면 다음과 같은 식이 성립한다.

$\left(\dfrac{1}{8} + \dfrac{1}{5}\right)x + \dfrac{1}{8}\left(\dfrac{24}{5} - x\right) = 1$

$\rightarrow \dfrac{13 - 5}{40}x = \dfrac{2}{5}$

$\therefore x = 2$

따라서 현정이의 퇴근 시각은 6시로부터 2시간이 지난 8시이다.

23

정답 ②

A, B 두 회사의 택배 물량을 각각 a박스, b박스라 하자.
두 회사의 전체 택배 물량의 합은 162,000박스이므로

$a + b = 162,000 \cdots \text{㉠}$

두 회사의 식료품 물량은 12,720박스이므로 다음과 같다.

$\dfrac{5}{100}a + \dfrac{12}{100}b = 12,720$

양변에 100을 곱하여 정리하면 다음과 같다.

$5a + 12b = 1,272,000 \cdots \text{㉡}$

㉠$\times(-5)$+㉡을 하면 다음과 같다.

$7b = 462,000$

$\therefore b = 66,000$

따라서 B회사의 식료품 물량은 $66,000 \times \dfrac{12}{100} = 7,920$박스이다.

24
정답 ④

돈을 저축하는 기간을 x일이라고 하자.

$2,000+500x+5,000+400x \geq 7,000+100x+9,000+$
$200x$

→ $70+9x \geq 160+3x$

→ $6x \geq 90$

∴ $x \geq 15$

따라서 B와 C가 모은 총금액이 A와 D가 모은 총금액 이상이 되는 것은 15일 후이다.

25
정답 ⑤

통화량을 x분이라 하면 A통신사의 요금은 $[24,000+70(x-250)]$원이고, B통신사의 요금은 $[32,000+50(x-350)]$원이다.

$32,000+50(x-350)<24,000+70(x-250)$

→ $14,500+50x<6,500+70x$

→ $20x>8,000$

∴ $x>400$

따라서 통화량이 400분을 초과할 때 B통신사를 이용하는 것이 더 이득이다.

26
정답 ①

여동생의 나이를 x세, 아버지의 나이를 y세라고 하자.

$y=2(12+14+x)$ … ㉠

$(y-12)=10x$ … ㉡

㉠과 ㉡을 연립하면 다음과 같다.

$52+2x=10x+12$

→ $8x=40$

∴ $x=5$

따라서 여동생의 나이는 5세이다.

27
정답 ②

아들의 나이를 x세라 하면, 어머니의 나이는 $3x$세이다. 이때 아들은 10대라고 하였으므로 다음 식이 성립한다.

$10 \leq x \leq 19$ … ㉠

$x+3x<63$ → $x<\dfrac{31}{2}=15.5$ … ㉡

㉠과 ㉡의 공통 범위는 $10 \leq x < 15.5$

따라서 아들의 나이는 최대 15세이다(∵ x는 자연수).

28
정답 ②

처음 수의 십의 자릿수를 x, 일의 자릿수를 $x+5$라 하자. 바꾼 수는 십의 자릿수가 $x+5$, 일의 자릿수가 x이다.

(바꾼 수)=(처음 수)×2+18이므로 다음 식이 성립한다.

$10(x+5)+x=(10x+x+5)×2+18$

→ $11x+50=22x+10+18$

→ $11x=22$

∴ $x=2$

따라서 처음 수는 $2×10+2+5=27$이다.

29
정답 ②

연속하는 네 홀수를 각각 $x-3$, $x-1$, $x+1$, $x+3$이라 하면 다음 식이 성립한다.

$(x-3)+(x-1)+(x+1)+(x+3)=448$

→ $4x=448$

∴ $x=112$

따라서 첫 번째 수는 $112-3=109$이다.

30
정답 ⑤

$x÷6-12=9$

→ $x÷6=21$

∴ $x=126$

따라서 바르게 계산한 값은 $126×6=756$이다.

31
정답 ⑤

주어진 조건에 따라 각 상품의 할인가 판매 시의 괴리율을 계산하면 다음과 같다.

• 세탁기 : $\dfrac{640,000-580,000}{640,000}×100 ≒ 9.3\%$

• 무선전화기 : $\dfrac{181,000-170,000}{181,000}×100 ≒ 6.0\%$

• 오디오세트 : $\dfrac{493,000-448,000}{493,000}×100 ≒ 9.1\%$

• 골프채 : $\dfrac{786,000-720,000}{786,000}×100 ≒ 8.3\%$

• 운동복 : $\dfrac{212,500-180,000}{212,500}×100 ≒ 15.2\%$

따라서 상품 중 운동복의 괴리율이 15.2%로 가장 높다.

32

정답 ③

용액별 필요한 물의 양을 정리하면 다음과 같다.

구분	용질의 양	농도	물의 양	값
A 소금물	80	40	물의 양을 amL라고 하면, $40 = \dfrac{80}{80+a} \times 100$ $\rightarrow 80+a=200$	$a=120$
A 설탕물	30	25	물의 양을 xmL라고 하면, $25 = \dfrac{30}{30+x} \times 100$ $\rightarrow 30+x=120$	$x=90$
B 소금물	80	10	물의 양을 bmL라고 하면, $10 = \dfrac{80}{80+b} \times 100$ $\rightarrow 80+b=800$	$b=720$
B 설탕물	40	20	물의 양을 ymL라고 하면, $20 = \dfrac{40}{40+y} \times 100$ $\rightarrow 40+y=200$	$y=160$

ㄴ. A소금물을 만들 때 들어가는 물은 120mL이고, A설탕물을 만들 때 들어가는 물은 90mL이다.

ㄷ. A소금물이 B소금물이 되기 위해서는 물을 추가로 600mL 넣어 주어야만 농도가 10%가 된다.

오답분석

ㄱ. A설탕물을 만들 때 들어가는 물은 90mL이고, B설탕물을 만들 때 들어가는 물은 160mL이므로 동일하지 않다.

ㄹ. 용액을 만들 때 들어가는 물의 양이 가장 적은 용액은 A소금물이 아니라 A설탕물이다.

33

정답 ③

㉠ 2021 ~ 2023년까지 전년 대비 세관물품 신고 수가 증가와 감소를 반복한 것은 '증가 – 감소 – 증가'인 B와 D이다. 따라서 가전류와 주류는 B와 D 중 하나에 해당한다.

㉡ A ~ D의 전년 대비 2024년 세관물품 신고 수의 증가량은 다음과 같다.
- A : 5,109-5,026=83만 건
- B : 3,568-3,410=158만 건
- C : 4,875-4,522=353만 건
- D : 2,647-2,135=512만 건

C가 두 번째로 증가량이 많으므로 담배류에 해당한다.

㉢ B, C, D를 제외하면 잡화류는 A임을 바로 알 수 있다. 또한, 표의 수치를 보면 A가 2021 ~ 2024년 동안 매년 세관물품 신고 수가 가장 많음을 확인할 수 있다.

㉣ 2023년도 세관물품 신고 수의 전년 대비 증가율을 구하면 D의 증가율이 세 번째로 높으므로 주류에 해당하고 ㉠에 따라 B가 가전류가 된다.
- A : $\dfrac{5,026-4,388}{4,388} \times 100 ≒ 14.5\%$
- B : $\dfrac{3,410-3,216}{3,216} \times 100 ≒ 6.0\%$
- C : $\dfrac{4,522-4,037}{4,037} \times 100 ≒ 12.0\%$
- D : $\dfrac{2,135-2,002}{2,002} \times 100 ≒ 6.6\%$

따라서 A는 잡화류, B는 가전류, C는 담배류, D는 주류이다.

34

정답 ⑤

ㄷ. D지방법원의 출석률이 25% 이상이라면 소환인원인 191명의 $\dfrac{1}{4}$ 이상인 약 47명 이상이 출석했어야 하는데 실제는 그보다 더 많은 57명이 출석하였다.

ㄹ. 전체 소환인원은 4,947명이다.
따라서 $\dfrac{1,880}{4,947} > \dfrac{35}{100} = \dfrac{1,750}{5,000}$ 이므로 A지방법원의 소환인원이 차지하는 비율은 35% 이상이다.

오답분석

ㄱ. 출석의무자 수를 계산해 보면 B지방법원 737명이 A지방법원 774명보다 적다.

ㄴ. E지방법원의 실질출석률을 계산하면 $\dfrac{115}{174}$ 이고, C지방법원의 $\dfrac{189}{343}$ 이다. 그런데 분모는 C지방법원이 거의 2배가량 큰 반면, 분자의 증가율은 그에는 미치지 못한다. 따라서 C지방법원의 실질출석률이 더 낮다.

35

정답 ⑤

기업 A ~ E의 기본생산능력을 각각 $a \sim e$라 하고, 제시된 자료와 조건을 토대로 1 ~ 3월의 총생산량에 대한 식을 세워보면 다음과 같다.
- 1월 : $b+c=23,000$
- 2월 : $(b+d) \times 0.5 = 17,000$
- 3월 : $c+1.2e=22,000$(단, $c=e$이므로, $c+1.2c=22,000$)

위의 식을 연립하면 $a=15,000$, $b=13,000$, $c=10,000$, $d=21,000$, $e=10,000$이다.

따라서 기본생산능력이 가장 큰 기업이 D기업이고, 세 번째로 큰 기업은 B기업이다.

36 〔정답〕 ⑤

평가방법에 따라 묘목 각각의 건강성 평가점수를 구하면 다음과 같다.

A묘목	$(0.7×30)+\left(\dfrac{15}{9}×30\right)+(0×40)=71$
B묘목	$(0.7×30)+\left(\dfrac{9}{12}×30\right)+(1×40)=83.5$
C묘목	$(0.7×30)+\left(\dfrac{17}{17}×30\right)+(1×40)=91$
D묘목	$(0.9×30)+\left(\dfrac{12}{18}×30\right)+(0×40)=47$
E묘목	$(0.8×30)+\left(\dfrac{10}{15}×30\right)+(1×40)=84$

따라서 평가점수가 두 번째로 높은 것은 E묘목이고, 가장 낮은 것은 D묘목이다.

37 〔정답〕 ⑤

빈칸에 들어갈 값을 구하면 다음과 같다.

ⅰ) 7거래일 5일 이동평균 : 단순히 3~7거래일의 주가를 5로 나누어도 되지만 6거래일의 5일 이동평균값과의 차이를 통해 구할 수도 있다.

즉, 7거래일 5일 이동평균은

$$\dfrac{(2~6거래일\ 주가의\ 합)+(7거래일\ 주가)-(2거래일\ 주가)}{5}$$

로 나타낼 수 있는데 $\dfrac{(2~6거래일\ 주가의\ 합)}{5}$ 은 6거래일의 5일 이동평균이므로 다시 정리하면 다음과 같다.

$$(6거래일\ 5일\ 이동평균)+\left[\dfrac{(7거래일\ 주가)-(2거래일\ 주가)}{5}\right]$$

이를 이용하면 7거래일 5일 이동평균을 구하면 $7,706+\left(\dfrac{7,830-7,590}{5}\right)=7,754$원이 된다.

ⅱ) 8거래일 주가 : 위의 논리를 적용하면 8거래일 5일 이동평균과 7거래일 5일 이동평균의 차이인 36원에 5를 곱한 180원이 3거래일 주가인 7,620원과 8거래일 주가와의 차이가 되어야 한다. 수식으로 정리하면 (8거래일 주가)$-7,620=180$원이므로 8거래일 주가는 7,800원이 된다.

ㄴ. 7거래일의 5일 이동평균이 7,754원이므로 5거래일 이후 5일 이동평균은 거래일마다 상승하였다.

ㄷ. 4거래일의 주가는 3거래일에 비해 100원 상승하였으나 나머지 거래일의 상승폭은 이에 미치지 못한다.

ㄹ. 5거래일 이후 주가와 이동평균의 차이는 128원, 114원, 76원, 10원으로 감소하였다.

〔오답분석〕

ㄱ. 8거래일의 주가는 7,800원으로 감소하였다.

38 〔정답〕 ①

3차년도의 이자비용(A)은 2차년도의 사채장부가액(E)의 10%이므로 930백만 원이 되며, 이자비용과 액면이자(600백만 원)의 차이가 상각액이 되므로 상각액은 330백만 원이 된다. 이 상각액을 2차년도의 사채장부가액에 더해주면 3차년도의 사채장부가액이 되며 그 값은 96억 3천만 원이 되어 96억 원을 넘어선다.

〔오답분석〕

② · ③ 사채장부가액은 매년 증가할 수밖에 없는 구조이므로 전년도의 사채장부가액의 10%인 이자비용 역시 매년 증가하게 된다. 반면 이자비용에서 차감되는 액면이자는 6억 원으로 매년 일정하므로 이 둘의 차이인 사채발행차금 상각액도 매년 증가하게 된다.

④ 산식의 구조상 1차년도에 3,000백만 원으로 주어진 미상각잔액은 매년 상각을 거치면서 감소하게 된다.

⑤ '(해당연도 사채장부가액)=(전년도 사채장부가액)+(당해연도 상각액)'이므로 이를 변형하면 '(해당연도 사채장부가액)-(전년도 사채장부가액)=(당해연도의 상각액)'이 된다.

STEP 1 기본문제

01	02	03	04	05	06				
②	③	③	①	⑤	②				

01

정답 ②

(3인실, 2인실, 1인실)로 배정되는 인원을 나타낼 때

• (3, 2, 0) : $_5C_3 \times _2C_2 = \dfrac{5 \times 4 \times 3}{3 \times 2} \times 1 = 10$가지

• (3, 1, 1) : $_5C_3 \times _2C_1 \times _1C_1 = \dfrac{5 \times 4 \times 3}{3 \times 2} \times 2 \times 1 = 20$가지

• (2, 2, 1) : $_5C_2 \times _3C_2 \times _1C_1 = \dfrac{5 \times 4}{2} \times \dfrac{3 \times 2}{2} \times 1 = 30$가지

따라서 5명의 직원들이 방에 배정되는 경우는 총 $10+20+30=60$가지이다.

02

정답 ③

반장과 부반장을 서로 다른 팀에 배치하는 경우는 2가지이다. 두 명을 제외한 인원을 2명, 4명으로 나누는 경우는 먼저 6명 중 2명을 뽑는 방법과 같으므로 $_6C_2 = \dfrac{6 \times 5}{2} = 15$가지이다.

따라서 보트를 두 팀으로 나눠 타는 경우의 수는 $2 \times 15 = 30$가지이다.

03

정답 ③

전체 8명에서 4명을 선출하는 경우의 수에서 남자만 4명을 선출하는 경우를 빼면 된다.

$_8C_4 - _5C_4 = \dfrac{8 \times 7 \times 6 \times 5}{4 \times 3 \times 2 \times 1} - \dfrac{5 \times 4 \times 3 \times 2}{4 \times 3 \times 2 \times 1} = 70-5=65$

따라서 적어도 1명의 여자가 포함되도록 선출하는 경우의 수는 65가지이다.

04

정답 ①

(좋아하는 색이 다를 확률)=1-(좋아하는 색이 같을 확률)

• 2명 모두 빨간색을 좋아할 확률 : $\dfrac{2}{10} \times \dfrac{1}{9} = \dfrac{2}{90}$

• 2명 모두 노란색을 좋아할 확률 : $\dfrac{5}{10} \times \dfrac{4}{9} = \dfrac{20}{90}$

• 2명 모두 하늘색을 좋아할 확률 : $\dfrac{3}{10} \times \dfrac{2}{9} = \dfrac{6}{90}$

$\therefore 1 - \left(\dfrac{2}{90} + \dfrac{20}{90} + \dfrac{6}{90} \right) = 1 - \dfrac{14}{45} = \dfrac{31}{45}$

따라서 학생 2명이 좋아하는 색이 다를 확률은 $\dfrac{31}{45}$이다.

05

정답 ⑤

동전을 5번 던질 때, 적어도 한 번은 앞면이 나올 사건을 A라 하면 동전 5개 모두 뒷면이 나올 사건은 A^C이다.

동전 1개를 던질 때 앞면이 나올 확률은 $\dfrac{1}{2}$, 뒷면이 나올 확률은 $\dfrac{1}{2}$이므로 식을 세우면 다음과 같다.

$P(A^C) = _5C_5 \left(\dfrac{1}{2} \right)^0 \left(\dfrac{1}{2} \right)^5 = \dfrac{1}{32}$

따라서 구하는 확률은 $P(A) = 1 - P(A^C) = 1 - \dfrac{1}{32} = \dfrac{31}{32}$이다.

06

정답 ②

- 흰 공을 뽑았을 때 앞면이 3번 나올 확률
  - 흰 공을 1개 뽑는 확률 : $\dfrac{3}{5}$
  - 동전을 3번 던졌을 때 모두 앞면이 나올 확률
    : $_3C_3\left(\dfrac{1}{2}\right)^3\left(\dfrac{1}{2}\right)^0=\dfrac{1}{8}$
  - ∴ 흰 공을 뽑았을 때 앞면이 3번 나올 확률
    : $\dfrac{3}{5}\times\dfrac{1}{8}=\dfrac{3}{40}$
- 검은 공을 뽑았을 때 앞면이 3번 나올 확률
  - 검은 공을 1개 뽑는 확률 : $\dfrac{2}{5}$
  - 동전을 4번 던졌을 때 앞면이 3번 나올 확률
    : $_4C_3\left(\dfrac{1}{2}\right)^3\left(\dfrac{1}{2}\right)^1=4\times\dfrac{1}{8}\times\dfrac{1}{2}=\dfrac{1}{4}$
  - ∴ 검은 공을 뽑았을 때 앞면이 3번 나올 확률
    : $\dfrac{2}{5}\times\dfrac{1}{4}=\dfrac{1}{10}$

따라서 구하고자 하는 확률은 $\dfrac{3}{40}+\dfrac{1}{10}=\dfrac{7}{40}$ 이다.

STEP 2 응용문제

01	02	03							
②	①	⑤							

01

정답 ②

ㄱ, ㄴ, ㄷ, ㄹ 순으로 칠한다면 가장 면적이 넓은 ㄱ에 4가지를 칠할 수 있고, ㄴ은 ㄱ과 달라야 하므로 3가지, ㄷ은 ㄱ, ㄴ과 달라야 하므로 2가지, ㄹ은 ㄱ, ㄷ과 달라야 하므로 2가지를 칠할 수 있다.
따라서 구하고자 하는 경우의 수는 $4\times3\times2\times2=48$가지이다.

02

정답 ①

내일 날씨가 화창하고 사흘 뒤 비가 올 모든 경우를 정리하면 다음과 같다.

내일	모레	사흘
화창	화창	비
화창	비	비

- 첫 번째 경우의 확률 : $0.25\times0.30=0.075$
- 두 번째 경우의 확률 : $0.30\times0.15=0.045$

따라서 사흘 뒤에 비가 올 확률은 $0.075+0.045=0.12=12\%$ 이다.

03

정답 ⑤

ㄷ. 부모와 자녀의 직업이 모두 A일 확률은 $\dfrac{1}{10}\times\dfrac{45}{100}$, 즉 $0.1\times\dfrac{45}{100}$ 이다.

ㄹ. (자녀의 직업이 A일 확률)
$$=\dfrac{1}{10}\times\dfrac{45}{100}+\dfrac{4}{10}\times\dfrac{5}{100}+\dfrac{5}{10}\times\dfrac{1}{100}=\dfrac{7}{100}$$

오답분석

ㄱ. (자녀의 직업이 C일 확률)
$$=\dfrac{1}{10}\times\dfrac{7}{100}+\dfrac{4}{10}\times\dfrac{25}{100}+\dfrac{5}{10}\times\dfrac{49}{100}=\dfrac{352}{1,000}$$

ㄴ. '부모의 직업이 C일 때, 자녀의 직업이 B일 확률'을 '자녀의 직업이 B일 확률'로 나누면 구할 수 있다.

01	02	03	04	05	06	07	08	09	10
④	①	④	①	④	②	①	③	③	③
11	12	13	14	15	16	17	18	19	20
①	①	④	④	①	③	④	④	③	⑤
21									
⑤									

01
정답 ④

- (창고 9개에 냉장고 9대씩 보관하고, 창고 1개에 냉장고 7대를 보관하는 경우)＝(창고 10개 중에서 1개를 선택하는 경우)
  : $_{10}C_1 = 10$
- (창고 8개에 냉장고 9대씩 보관하고, 창고 2개에 냉장고 8대씩 보관하는 경우)＝(창고 10개 중에서 2개를 선택하는 경우)
  : $_{10}C_2 = 45$

따라서 구하고자 하는 경우의 수는 $10+45=55$가지이다.

02
정답 ①

서로 다른 n개 중에서 r개를 순서에 상관없이 택할 경우, 조합 공식$\left(_nC_r = \dfrac{n!}{r!(n-r)!}\right)$으로 구할 수 있다.

따라서 $_4C_3 = \dfrac{4\times3\times2}{3\times2\times1} = 4$가지이다.

03
정답 ④

각 대표가 설 수 있는 경우의 수는 1~6학년까지 총 6명이므로 $6! = 6\times5\times4\times3\times2\times1 = 720$가지이다. 모든 경우의 수에서 아래의 조건에 해당되는 두 가지 경우의 수를 제외하면 된다.

- 1학년 대표 다음에 2학년 대표가 서는 경우
  : 1학년 대표와 2학년 대표를 한 묶음으로 두면 $5! = 5\times4\times3\times2\times1 = 120$가지
- 2학년 대표 다음에 3학년 대표가 서는 경우
  : 2학년 대표와 3학년 대표를 한 묶음으로 두면 $5! = 5\times4\times3\times2\times1 = 120$가지

두 경우 모두 1·2·3학년 대표가 차례대로 서는 경우가 각각 포함되어 있기 때문에 1·2·3학년 대표가 차례대로 서는 경우를 한 번 더해 준다.

따라서 차례로 줄을 서는 방법은 $720-(120+120)+4! = 504$가지이다.

04
정답 ①

같은 부서 사람이 옆자리에 함께 앉아야 하므로 먼저 부서를 한 묶음으로 생각하고 세 부서를 원탁에 배치하는 경우는 $2! = 2$가지이다. 각 부서 사람끼리 자리를 바꾸는 경우의 수는 $2!\times2!\times3! = 2\times2\times3\times2 = 24$가지이다.

따라서 7명이 앉을 수 있는 경우의 수는 $2\times24 = 48$가지이다.

05
정답 ④

구분	뮤지컬 좋아함	뮤지컬 안 좋아함	합계
남학생	24	26	50
여학생	16	14	30
합계	40	40	80

따라서 뮤지컬을 안 좋아하는 사람을 골랐을 때, 그 사람이 여학생일 확률은 $\dfrac{14}{40} = \dfrac{7}{20}$이다.

06
정답 ②

주사위를 3번 던져 나오는 전체 경우의 수는 6^3이고, 처음에 나온 수가 2번째 던진 수와 3번째 던진 수의 곱이 되는 경우를 순서쌍으로 나타내면 다음과 같이 모두 14가지이다.

- ⅰ) 처음 수가 1인 경우 : $(1, 1, 1)$
- ⅱ) 처음 수가 2인 경우 : $(2, 2, 1)$, $(2, 1, 2)$
- ⅲ) 처음 수가 3인 경우 : $(3, 3, 1)$, $(3, 1, 3)$
- ⅳ) 처음 수가 4인 경우 : $(4, 4, 1)$, $(4, 2, 2)$, $(4, 1, 4)$
- ⅴ) 처음 수가 5인 경우 : $(5, 5, 1)$, $(5, 1, 5)$
- ⅵ) 처음 수가 6인 경우 : $(6, 6, 1)$, $(6, 3, 2)$, $(6, 2, 3)$, $(6, 1, 6)$

따라서 구하고자 하는 확률은 $\dfrac{14}{6^3} = \dfrac{7}{108}$이다.

07
정답 ①

- 12장의 카드 중 3장을 고르는 경우의 수 : $_{12}C_3 = 220$가지
- 7장의 카드 중 3장을 고르는 경우의 수 : $_7C_3 = 35$가지

따라서 구하고자 하는 확률은 $\dfrac{35}{220} = \dfrac{7}{44}$이다.

08
정답 ③

- 5장의 카드에서 2장을 뽑아 두 자리 정수를 만드는 경우
  - 십의 자리 : 4개($\because$ 0은 불가능)
  - 일의 자리 : 4개
  즉, 두 자리 정수를 만드는 경우의 수는 $4 \times 4 = 16$가지이다.
- 5장의 카드에서 2장을 뽑아 두 자리 짝수를 만드는 경우
  - 일의 자리가 0인 경우 : 4
  - 일의 자리가 2 또는 4인 경우 : $3 \times 2 = 6$
  즉, 두 자리 짝수를 만드는 경우의 수는 $4 + 6 = 10$가지이다.

따라서 구하고자 하는 확률은 $\dfrac{10}{16} = \dfrac{5}{8}$ 이다.

09
정답 ③

빨간 구슬의 개수를 x개, 흰 구슬의 개수를 $(15-x)$개라 하자.
이때, 2개의 구슬을 꺼내는 모든 경우의 수는 (15×14)가지이고, 2개의 구슬이 모두 빨간색일 경우의 수는 $x(x-1)$가지이다.
5회에 1번 꼴로 모두 빨간 구슬이었으므로 다음과 같은 식이 성립한다.
$$\frac{x(x-1)}{15 \times 14} = \frac{1}{5}$$
$$\therefore x = 7$$

따라서 구하고자 하는 확률은 $\dfrac{7}{15}$ 이다.

10
정답 ③

- A계열사의 제품이 불량일 확률 : $\dfrac{3}{10} \times \dfrac{2}{100} = \dfrac{6}{1,000}$
- B계열사의 제품이 불량일 확률 : $\dfrac{7}{10} \times \dfrac{3}{100} = \dfrac{21}{1,000}$
- 불량품인 부품을 선정할 확률 : $\dfrac{6}{1,000} + \dfrac{21}{1,000} = \dfrac{27}{1,000}$

따라서 B계열사의 불량일 확률은
$\dfrac{(\text{B계열사의 제품이 불량일 확률})}{(\text{불량품인 부품을 선정할 확률})} = \dfrac{21}{27} = \dfrac{7}{9}$ 이다.

11
정답 ①

참가한 국내·외 기업 지원자 중 임의로 선택한 1명이 여성 지원자인 사건을 A라 하면 $P(A) = \dfrac{150}{300}$이다.
참가한 국내·외 기업 지원자 중 임의로 선택한 1명이 국외 기업 지원자인 사건을 B라 하면 $P(A \cap B) = \dfrac{60}{300}$이다.

따라서 확률은 $P(B \mid A) = \dfrac{P(A \cap B)}{P(A)} = \dfrac{\frac{60}{300}}{\frac{150}{300}} = \dfrac{2}{5}$이다.

12
정답 ①

폐렴 보균자일 확률을 $P(A)$, 항생제 내성이 있을 확률을 $P(B)$라고 가정하자.
$$P(A) = 20\% = \frac{1}{5}, \ P(B) = 75\% = \frac{3}{4}$$
따라서 항생제 내성이 있는 사람들 중 폐렴 보균자인 사람은
$$P(A \mid B) = \frac{P(A) \times P(B)}{P(B)} = \frac{\frac{1}{5} \times \frac{3}{4}}{\frac{3}{4}} = 0.2 = 20\%\text{이다.}$$

13
정답 ④

첫 번째 날 또는 일곱 번째 날에 총무부 소속 팀이 봉사활동을 하게 될 사건을 A라 하자.
사건 A^C는 첫 번째 날과 일곱 번째 날 모두 마케팅부 소속 팀이 봉사활동을 할 사건이다.
7팀의 봉사활동 순서를 정하는 경우의 수는 7!가지이다.
이때, 마케팅부의 5팀 중 첫 번째 날과 일곱 번째 날에 봉사활동할 팀을 배치하는 순서는 $_5P_2 = 5 \times 4 = 20$가지이다.
총무부 2팀을 포함한 남은 5팀을 배치하는 경우의 수는 5!가지이다.
$$P(A^C) = \frac{20 \times 5!}{7!} = \frac{20 \times 5 \times 4 \times 3 \times 2 \times 1}{7 \times 6 \times 5 \times 4 \times 3 \times 2 \times 1} = \frac{10}{21}$$

따라서 구하고자 하는 확률은 $P(A) = 1 - \dfrac{10}{21} = \dfrac{11}{21}$이다.

14
정답 ④

- 썩거나 안 익은 귤을 꺼낼 확률 : $\dfrac{10}{100} + \dfrac{15}{100} = \dfrac{25}{100}$
- 잘 익은 귤을 꺼낼 확률 : $1 - \left(\dfrac{10}{100} + \dfrac{15}{100} \right) = \dfrac{75}{100}$

따라서 1명은 잘 익은 귤, 다른 1명은 그렇지 않은 귤을 꺼낼 확률은 $2 \times \dfrac{75}{100} \times \dfrac{25}{100} = 37.5\%$이다.

15
정답 ①

오늘 처리할 업무를 선택하는 방법은 발송업무, 비용정산업무를 제외한 5가지 업무 중 3가지를 선택하는 것이므로
$_5C_3 = {_5C_2} = \dfrac{5 \times 4}{2 \times 1} = 10$가지이다.

선택한 5가지 업무 중 발송업무와 비용정산업무는 순서가 정해져 있으므로 두 업무를 같은 업무로 생각하면 5가지 업무의 처리 순서를 정하는 경우의 수는 $\dfrac{5!}{2!} = \dfrac{5 \times 4 \times 3 \times 2 \times 1}{2 \times 1} = 60$가지이다.
따라서 구하고자 하는 경우의 수는 $10 \times 60 = 600$가지이다.

16

정답 ③

신입사원 10명 중 5명을 뽑는 경우의 수는

$_{10}C_3 = \dfrac{10 \times 9 \times 8 \times 7 \times 6}{5 \times 4 \times 3 \times 2 \times 1} = 252$가지이다.

17

정답 ④

본사로부터 거리가 같은 지사가 3곳이므로 다음과 같이 경우를 나누어 생각한다.

• A사원을 가지사에 발령하는 경우
  - 다지사와 라지사에 C를 제외한 나머지 사원을 발령하는 경우 : $_4P_2 = 4 \times 3 = 12$가지
  - 나머지 3개의 지사에 3명의 직원을 발령하는 경우 : $3! = 3 \times 2 \times 1 = 6$가지
  구하는 경우의 수는 $12 \times 6 = 72$가지이다.

• A사원을 다지사에 발령하는 경우
  - 가지사와 라지사에 C를 제외한 나머지 사원을 발령하는 경우 : $_4P_2 = 4 \times 3 = 12$가지
  - 나머지 3개의 지사에 3명의 직원을 발령하는 경우 : $3! = 3 \times 2 \times 1 = 6$가지
  구하는 경우의 수는 $12 \times 6 = 72$가지이다.

• A사원을 라지사에 발령하는 경우
  - 가지사와 다지사에 C를 제외한 나머지 사원을 발령하는 경우 : $_4P_2 = 4 \times 3 = 12$가지
  - 나머지 3개의 지사에 3명의 직원을 발령하는 경우 : $3! = 3 \times 2 \times 1 = 6$가지
  구하는 경우의 수는 $12 \times 6 = 72$가지이다.

• A사원을 가, 다, 라지사를 제외한 지사에 발령하는 경우
  - 가, 다, 라지사에 A사원과 C사원을 제외한 나머지 사원을 발령하는 경우 : $_4P_3 = 4 \times 3 \times 2 = 24$가지
  - 나, 마, 바지사에 C사원을 A사원보다 먼 지사로 발령하는 경우
    ⅰ) A사원 → 나지사
      : C사원 → 마지사 또는 바지사 ⋯ 2가지
    ⅱ) A사원 → 마지사
      : C사원 → 바지사 ⋯ 1가지
    ⅰ)과 ⅱ)에 의하여 $2 + 1 = 3$가지
  구하는 경우의 수는 $24 \times 3 = 72$가지이다.
따라서 구하고자 하는 모든 경우의 수는 $72 + 72 + 72 + 72 = 288$가지이다.

18

정답 ④

S팀이 P팀의 각 선수를 이길 수 있는 확률이 0.6 이상이 되는 경우는 다음과 같다.
 - 임선수 : C선수, E선수
 - 홍선수 : A선수, B선수, C선수
 - 이선수 : D선수, F선수, G선수

ㄱ. 1라운드 때 S팀의 선수를 C선수로 정하면 나머지 라운드에 출전할 수 있는 선수는 다음과 같다.
  • 2라운드 : A선수, B선수
  • 3라운드 : D선수, F선수, G선수
  따라서 1라운드에서 S팀의 선수를 C선수로 정할 때, S팀이 선발할 수 있는 출전 선수의 조합은 $2 \times 3 = 6$가지이다.

ㄷ. C선수는 1라운드와 2라운드에 출전할 수 있다. 그러나 첫 번째 조건에 의하여 1명의 선수는 1개의 라운드에만 출전할 수 있으므로 C선수의 1라운드 출전 여부에 따라 출전 선수 조합의 수를 구해야 한다.
  • C선수가 1라운드에 출전할 때
    ㄱ의 해설에 따라 S팀이 선발할 수 있는 출전 선수의 조합은 6가지이다.
  • C선수가 1라운드에 출전하지 않을 때
    라운드별 출전할 수 있는 선수는 다음과 같다.
    - 1라운드 : E선수
    - 2라운드 : A선수, B선수, C선수
    - 3라운드 : D선수, F선수, G선수
    C선수가 1라운드에 출전하지 않을 때 S팀이 선발할 수 있는 출전 선수의 조합은 $1 \times 3 \times 3 = 9$가지이다.
  따라서 S팀이 선발할 수 있는 출전 선수의 조합은 $6 + 9 = 15$가지이다.

오답분석

ㄴ. 2라운드 때 S팀의 선수를 A선수로 정하면 나머지 라운드에 출전할 수 있는 선수는 다음과 같다.
  • 1라운드 : C선수, E선수
  • 3라운드 : D선수, F선수, G선수
  따라서 2라운드에서 S팀의 선수를 A선수로 정할 때, S팀이 선발할 수 있는 출전 선수의 조합은 $2 \times 3 = 6$가지이다.

19
정답 ③

손수건을 받을 수 있는 쿠폰의 개수는 6장이다.
H씨가 두 곳의 문화재를 방문하여 쿠폰 6장을 받는 경우는 다음과 같다.

- A문화재 3장, B문화재 3장 : $\dfrac{10}{40} \times \dfrac{10}{60} = \dfrac{1}{24}$

- A문화재 3장, C문화재 3장 : $\dfrac{10}{40} \times \dfrac{20}{90} = \dfrac{1}{18}$

- B문화재 3장, C문화재 3장 : $\dfrac{10}{60} \times \dfrac{20}{90} = \dfrac{1}{27}$

즉, 두 곳의 문화재에서 쿠폰 6장을 받는 확률은
$\dfrac{1}{24} + \dfrac{1}{18} + \dfrac{1}{27} = \dfrac{29}{216}$ 이다.

따라서 이 중 B문화재와 C문화재를 방문하여 쿠폰 6장을 받는

확률은 $\dfrac{\dfrac{1}{27}}{\dfrac{29}{216}} = \dfrac{8}{29} ≒ 0.28$이므로 25% 이상이다.

오답분석

ㄱ. P씨가 세 곳의 문화재에서 받은 쿠폰이 4장인 경우를 순서쌍으로 나타내면 (1, 1, 2), (1, 2, 1), (2, 1, 1)이다.

- (1, 1, 2)의 경우 : $\dfrac{20}{40} \times \dfrac{30}{60} \times \dfrac{30}{90} = \dfrac{1}{12}$

- (1, 2, 1)의 경우 : $\dfrac{20}{40} \times \dfrac{20}{60} \times \dfrac{40}{90} = \dfrac{2}{27}$

- (2, 1, 1)의 경우 : $\dfrac{10}{40} \times \dfrac{30}{60} \times \dfrac{40}{90} = \dfrac{1}{18}$

즉, 세 곳의 문화재에서 쿠폰 4장을 받는 확률은
$\dfrac{1}{12} + \dfrac{2}{27} + \dfrac{1}{18} = \dfrac{23}{108}$ 이다.

따라서 받은 쿠폰 수가 4장일 때, B문화재에서 받은 쿠폰이 2장일 확률은 $\dfrac{\dfrac{2}{27}}{\dfrac{23}{108}} = \dfrac{8}{23}$ 이다.

ㄴ. USB를 받을 수 있는 쿠폰의 개수는 8장이다.
K씨가 세 곳의 문화재에서 받은 쿠폰의 경우이 8장인 순서쌍으로 나타내면 (3, 3, 2), (3, 2, 3), (2, 3, 3)이다.

- (3, 3, 2)의 경우 : $\dfrac{10}{40} \times \dfrac{10}{60} \times \dfrac{30}{90} = \dfrac{1}{72}$

- (3, 2, 3)의 경우 : $\dfrac{10}{40} \times \dfrac{20}{60} \times \dfrac{20}{90} = \dfrac{1}{54}$

- (2, 3, 3)의 경우 : $\dfrac{10}{40} \times \dfrac{10}{60} \times \dfrac{20}{90} = \dfrac{1}{108}$

따라서 구하는 확률은 $\dfrac{1}{72} + \dfrac{1}{54} + \dfrac{1}{108} = \dfrac{1}{24}$ 이다.

20
정답 ⑤

운전석에는 K대리와 L주임만 앉을 수 있으므로 운전석에 앉을 수 있는 방법의 수는 2가지이다.
뒷줄에는 H과장과 P부장이 앉아야 하므로 방법의 수는
$_3P_2 = 3 \times 2 = 6$가지이다.
J사원이 가운데 줄에 앉는 방법의 수는 $_3P_1 = 3$가지이다.
나머지 4명의 직원이 빈자리에 앉는 방법의 수는
$4! = 4 \times 3 \times 2 \times 1 = 24$가지이다.
따라서 인사팀 직원 모두 자동차에 탑승하는 방법의 수는 $2 \times 6 \times 3 \times 24 = 864$가지이다.

21
정답 ⑤

김밥의 정가가 4,500원이 되려면 기본김밥에 2,500원어치 재료를 추가해야 한다.
2,500원어치 재료를 추가하는 경우는
(500원×3, 1,000원×1), (500원×2, 1,500원×1),
(1,000원×1, 1,500원×1), (500원×1, 1,000원×2)이다.

- 500원짜리 재료 3가지, 1,000원짜리 재료 1가지를 선택하는 방법
  - 햄을 포함한 500원짜리 재료 3가지를 선택하는 경우의 수는 $_3C_2 = _3C_1 = 3$가지이고, 이때 추가할 수 있는 1,000원짜리 재료는 크림치즈 1가지이다. 즉, 경우의 수는 $3 \times 1 = 3$가지이다.
  - 햄을 제외한 500원짜리 재료 3가지를 선택하는 경우의 수는 $_3C_3 = 1$가지이고, 이때 추가할 수 있는 1,000원짜리 재료 1가지를 선택하는 경우의 수는 $_3C_1 = 3$가지이다. 즉, 경우의 수는 $1 \times 3 = 3$가지이다.

  따라서 500원짜리 재료 3가지, 1,000원짜리 재료 1가지를 선택하는 방법의 수는 $3 + 3 = 6$가지이다.

- 500원짜리 재료 2가지, 1,500원짜리 재료 1가지를 선택하는 방법
  - 햄을 포함한 500원짜리 재료 2가지를 선택하는 경우의 수는 $_3C_1 = 3$가지이고, 이때 1,500원짜리 재료는 모두 육류 또는 튀김류이므로 1,500원짜리 재료를 선택할 수 있는 방법의 수는 없다. 즉, 햄을 포함한 500원짜리 재료 2가지를 선택할 경우 김밥을 만들 수 없다.
  - 햄을 제외한 500원짜리 재료 2가지를 선택하는 경우의 수는 $_3C_2 = _3C_1 = 3$가지이고, 이때 추가할 수 있는 1,500원짜리 재료 1가지를 선택하는 경우의 수는 $_3C_1 = 3$가지이다. 즉, 경우의 수는 $3 \times 3 = 9$가지이다.

  따라서 500원짜리 재료 2가지, 1,500원짜리 재료 1가지를 선택하는 방법의 수는 $0 + 9 = 9$가지이다.

- 1,000원짜리 재료 1가지, 1,500원짜리 재료 1가지를 선택하는 방법
  - 1,000원짜리 재료로 크림치즈를 선택할 때 1,500원짜리 재료 1가지를 선택하는 방법의 수는 $_3C_1 = 3$가지이다.
  - 1,000원짜리 재료로 소고기나 돈가스를 선택하는 경우 1,500원짜리 재료는 모두 육류 또는 튀김류이므로 1,500원짜리 재료를 선택할 수 있는 방법의 수는 없다. 즉, 소고기나 돈가스를 선택할 경우 김밥을 만들 수 없다.

  즉, 1,000원짜리 재료 1가지, 1,500원짜리 재료 1가지를 선택하는 방법의 수는 $3 + 0 = 3$가지이다.
- 500원짜리 재료 1가지, 1,000원짜리 재료 2가지를 선택하는 방법
  - 500원짜리 재료로 햄을 선택하는 경우 1,000원짜리 재료 2가지를 선택할 때, 반드시 육류 또는 튀김류가 포함된다. 즉, 이 경우 김밥을 만들 수 없다.
  - 햄을 제외한 500원짜리 재료 1가지를 선택하는 경우의 수는 $_3C_1 = 3$가지이고, 이때 추가할 수 있는 1,000원짜리 재료 2가지를 선택하는 경우의 수는 $_3C_2 - 1 = 2$가지이다(∵ 소고기와 돈가스를 선택하는 경우 제외). 즉, 경우의 수는 $3 \times 2 = 6$가지이다.

  그러므로 500원짜리 재료 1가지, 1,000원짜리 재료 2가지를 선택하는 방법의 수는 $0 + 6 = 6$가지이다.

따라서 메뉴를 선정할 수 있는 방법은 총 $6 + 9 + 3 + 6 = 24$가지이다.

MEMO

STEP 1 기본문제

01	02	03	04	05	06	07			
④	⑤	⑤	①	④	③	②			

01 정답 ④

앞의 항에 ×2, −7를 번갈아 적용하는 수열이다.
따라서 (　)=(−17)×2=−34이다.

02 정답 ⑤

앞의 항에 $×1+1^2$, $×2+2^2$, $×3+3^2$, $×4+4^2$, …을 적용하는 수열이다.
따라서 (　)=$8×3+3^2$=33이다.

03 정답 ⑤

앞의 항에 ×3+1을 적용하는 수열이다.
따라서 (　)=121×3+1=364이다.

04 정답 ①

앞의 항에 ×4, ÷2를 번갈아 적용하는 수열이다.

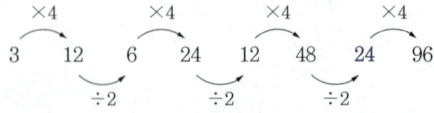

05 정답 ④

계차의 규칙이 ×2인 수열이다.

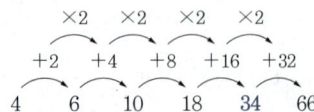

06 정답 ③

앞의 항에 $+2^1$, $+2^3$, $+2^5$, $+2^7$, $+2^9$, …인 수열이다.

$$\underset{1}{\quad}\overset{+2^1}{\curvearrowright}\underset{3}{\quad}\overset{+2^3}{\curvearrowright}\underset{11}{\quad}\overset{+2^5}{\curvearrowright}\underset{43}{\quad}\overset{+2^7}{\curvearrowright}\underset{171}{\quad}\overset{+2^9}{\curvearrowright}\underset{683}{\quad}$$

07 정답 ②

앞의 항에 1^2, 2^2, 3^2, 4^2, 5^2, 6^2을 더하는 수열이다.

$$\underset{2}{\quad}\overset{+1^2}{\curvearrowright}\underset{3}{\quad}\overset{+2^2}{\curvearrowright}\underset{7}{\quad}\overset{+3^2}{\curvearrowright}\underset{16}{\quad}\overset{+4^2}{\curvearrowright}\underset{32}{\quad}\overset{+5^2}{\curvearrowright}\underset{57}{\quad}\overset{+6^2}{\curvearrowright}\underset{93}{\quad}$$

01	02	03	04	05	06	07			
④	④	④	④	②	②	①			

01

정답 ④

n을 자연수라고 하면 n항$÷(-2)+4=(n+1)$항인 수열이다.

따라서 (   )$=-16÷(-2)+4=12$이다.

02

정답 ④

$a_1=1$, $a_2=2$, $a_{n+2}=a_n+a_{n+1}$(단, n은 1보다 큰 자연수)인 수열이다.

따라서 (   )$=8+13=21$이다.

03

정답 ④

(앞의 항)+(뒤의 항)+2=(다음 항)인 수열이다.

  0

  3

  5　$[=0+3+2]$

 10　$[=3+5+2]$

 17　$[=5+10+2]$

 29　$[=10+17+2]$

 48　$[=17+29+2]$

 79　$[=29+48+2]$

04

정답 ④

(앞의 항)+(앞의 항 각 자릿 수의 합)=(다음 항)인 수열이다.

  92

 103　$[=92+9+2]$

 107　$[=103+1+0+3]$

 115　$[=107+1+0+7]$

 122　$[=115+1+1+5]$

 127　$[=122+1+2+2]$

05

정답 ②

홀수 항에는 +2를, 짝수 항에는 -2를 하는 수열이다.

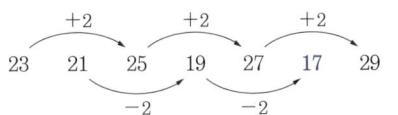

06

정답 ②

홀수 항에는 ÷2, 짝수 항에는 ×2를 하는 수열이다.

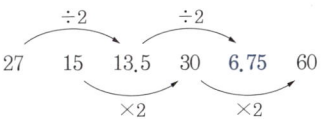

07

정답 ①

앞의 항에 $×(-1)$, $+4$, $×(-1)$, $+8$, $×(-1)$, $+12$, …인 수열이다.

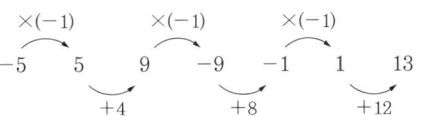

01	02	03	04	05	06	07	08	09	10
②	②	②	④	①	③	②	④	②	④
11	12	13	14	15	16	17	18	19	20
④	①	①	④	②	①	④	①	④	⑤
21	22	23	24	25	26	27	28		
③	②	①	⑤	③	②	③	⑤		

01　　　　　　　　　　　정답 ②

앞의 항에 $+3^1$, $+3^2$, $+3^3$, $+3^4$, …인 수열이다.
따라서 (　)$=122+3^5=122+243=365$이다.

02　　　　　　　　　　　정답 ②

각 항을 두 개씩 묶었을 때, 두 항의 합이 101인 수열이다.
따라서 (　)$=101-72=29$이다.

03　　　　　　　　　　　정답 ②

앞의 항에 $+2$, $+3$, $+5$, $+7$, $+11$, …을 하는 수열이다.

$$
\begin{array}{ccccccc}
& +2 & +3 & +5 & +7 & +11 & +13 \\
4 & 6 & 9 & 14 & 21 & 32 & 45
\end{array}
$$

04　　　　　　　　　　　정답 ④

앞의 항에 $+5$, $+20$, $+80$, $+320$, $+1,280$ …을 하는 수열이다.
따라서 (　)$=28+80=108$이다.

05　　　　　　　　　　　정답 ①

7의 배수가 첫 항부터 차례대로 더해지는 수열이다.
따라서 (　)$=24+(7\times3)=45$이다.

06　　　　　　　　　　　정답 ③

$\dfrac{(\text{뒤의 항})}{(\text{앞의 항})}=(\text{다음 항})$인 수열이다.

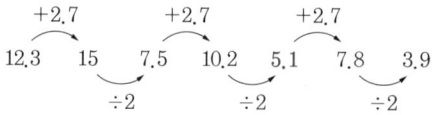

07　　　　　　　　　　　정답 ②

앞의 항에 $+2.7$, $\div2$를 번갈아 적용하는 수열이다.

$$
\begin{array}{ccccccc}
& +2.7 & & +2.7 & & +2.7 & \\
12.3 & 15 & 7.5 & 10.2 & 5.1 & 7.8 & 3.9 \\
& & \div2 & & \div2 & & \div2
\end{array}
$$

08　　　　　　　　　　　정답 ④

앞의 항에 $\div4$, $(\div2+4)$를 번갈아 적용하는 수열이다.

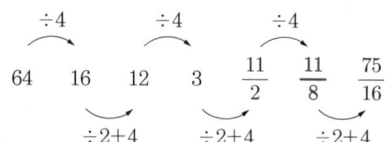

09　　　　　　　　　　　정답 ②

앞의 항에 $+1.2$, $\div2$를 번갈아 적용하는 수열이다.

$$
\begin{array}{ccccccc}
& +1.2 & & +1.2 & & +1.2 & \\
0.8 & 2.0 & 1.0 & 2.2 & 1.1 & 2.3 & 1.15 \\
& & \div2 & & \div2 & & \div2
\end{array}
$$

10
정답 ④

앞의 항에 $+2$, $+2^2$, $+2^3$, $+2^4$, …을 하는 수열이다.

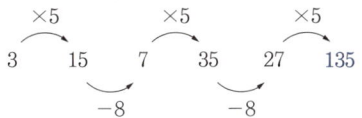

$$1 \xrightarrow{+2} 3 \xrightarrow{+2^2} 7 \xrightarrow{+2^3} 15 \xrightarrow{+2^4} 31 \xrightarrow{+2^5} 63 \xrightarrow{+2^6} 127$$

11
정답 ④

앞의 항에 $\times 5$, -8를 번갈아 적용하는 수열이다.

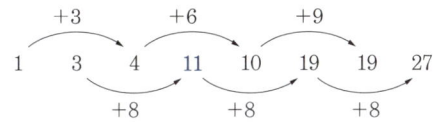

12
정답 ①

홀수 항에는 $+3$, $+6$, $+9$를, 짝수 항에는 $+8$을 하는 수열이다.

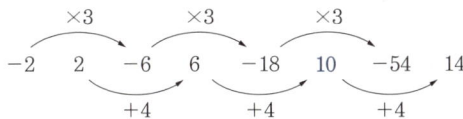

13
정답 ①

홀수 항에는 $\times 3$을, 짝수 항에는 $+4$를 하는 수열이다.

14
정답 ④

나열된 수를 각각 A, B, C, D라고 하면 다음과 같은 식이 성립한다.
$$\underline{A\ B\ C\ D} \rightarrow A^B = C^D$$
따라서 $9^3 = 3^6$이므로 (　)$=6$이다.

15
정답 ②

앞의 항에 $\times(-5)$, $\times 2+1$를 번갈아 적용하는 수열이다.

16
정답 ①

[(앞의 항)$-$(뒤의 항)]$\times 2$=(다음 항)인 수열이다.

$$5$$
$$3$$
$$4 \quad [=(5-3)\times 2]$$
$$-2 \quad [=(3-4)\times 2]$$
$$12 \quad [=\{4-(-2)\}\times 2]$$
$$-28 \quad [=(-2-12)\times 2]$$

17
정답 ④

홀수 항은 $\times 3+3$, 짝수 항은 -2을 하는 수열이다.

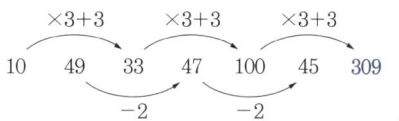

18
정답 ①

(앞의 항)$\times$(뒤의 항)$\times(-2)$=(다음 항)인 수열이다.

$$4$$
$$-1$$
$$8 \quad [=4\times(-1)\times(-2)]$$
$$16 \quad [=(-1)\times 8\times(-2)]$$
$$-256 \quad [=8\times 16\times(-2)]$$
$$8,192 \quad [=(-256)\times 16\times(-2)]$$

19
정답 ④

$$\underline{A\ B\ C} \rightarrow C = -\frac{1}{2}(A+B)$$

A	B	C
-7	3	$2\left[=-\dfrac{1}{2}(-7+3)\right]$
30	-4	$-13\left[=-\dfrac{1}{2}\{30+(-4)\}\right]$
27	5	$-16\left[=-\dfrac{1}{2}(27+5)\right]$

20

정답 ⑤

$A\ B\ C \rightarrow C = A^B$

A	B	C
5	0	$1\ [=5^0]$
5	3	$125\ [=5^3]$
6	2	$36\ [=6^2]$

21

정답 ③

$A\ B\ C \rightarrow (A+B) \div 3 = C$

A	B	C
5	1	$2\ [=(5+1) \div 3]$
3	9	$4\ [=(3+9) \div 3]$
8	10	$6\ [=(8+10) \div 3]$

22

정답 ②

(앞의 항)−(뒤의 항)=(다음 항)인 수열이다.

4

3

$1\ [=4-3]$

$2\ [=3-1]$

$-1\ [=1-2]$

$3\ [=2-(-1)]$

$-4\ [=-1-3]$

$7\ [=3-(-4)]$

23

정답 ①

앞의 항에 $\times3$, $\div3^2$, $\times3^3$, $\div3^4$, $\times3^5$, $\div3^6$인 수열이다.

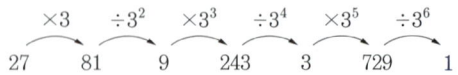

24

정답 ⑤

앞의 항에 $(\times1+2)$, $(\times2+3)$, $(\times3+4)$, $(\times4+5)$, $(\times5+6)$을 하는 수열이다.

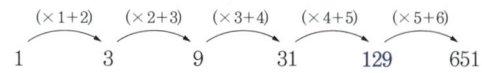

25

정답 ③

분자는 $+5$, 분모는 $\times4$을 하는 수열이다.

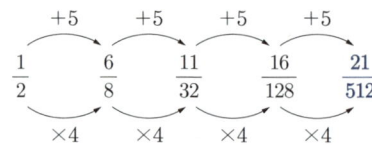

26

정답 ②

분자는 $+8$, 분모는 $+1$을 하는 수열이다.

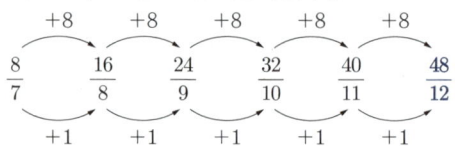

27

정답 ③

분자는 -2, 분모는 $+2$을 하는 수열이다.

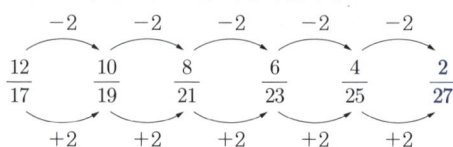

28

정답 ⑤

계차의 규칙이 -1, $\times2$, $+3$, -4, $\times5$인 수열이다.

$-1 \quad \times2 \quad +3 \quad -4 \quad \times5$

$+3 \quad +2 \quad +4 \quad +7 \quad +3 \quad +15$

$-4 \quad -1 \quad 1 \quad 5 \quad 12 \quad 15 \quad 30$

STEP 1 기본문제

01	02	03	04	05	06	07			
①	④	④	⑤	④	④	⑤			

01

정답 ①

앞의 항에 +3, +4, +5, +6, +7, …을 하는 문자열이다.

ㄴ	ㅁ	ㅈ	ㅎ	ㅂ	(ㅍ)
2	5	9	14	20	27

02

정답 ④

홀수 항은 −3을, 짝수 항은 +3을 하는 문자열이다.

ㅋ	ㄹ	(ㅇ)	ㅅ	ㅁ	ㅊ	ㄴ	ㅍ
11	4	8	7	5	10	2	13

03

정답 ④

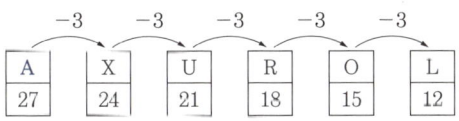

A	X	U	R	O	L
27	24	21	18	15	12

04

정답 ⑤

앞의 항에 +2를 하는 문자열이다.

J	L	N	(P)	R	T
10	12	14	16	18	20

05

정답 ④

	×2		×2		×2		
ㄱ	ㄷ	ㄴ	ㅁ	ㄹ	ㅅ	ㅇ	ㅈ
1	3	2	5	4	7	8	9

+2 +2 +2

06

정답 ④

	+2		+2		+2		
c	A	e	D	g	P	i	ㄴ
3	1	5	4	7	16	9	64

×4 ×4 ×4

07

정답 ⑤

	+2		+2		+2		
H	ㄷ	J	ㅂ	L	ㅌ	N	ㅊ
8	3	10	6	12	12	14	24

×2 ×2 ×2

01	02	03	04	05	06				
②	①	③	②	⑤	①				

01

정답 ②

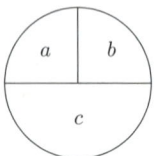

$\rightarrow a+b=d,\ b+c=e$

따라서 ( )=25+21=46이다.

02

정답 ①

위 칸의 연속된 세 수를 더한 값이 아래 칸 가운데 수가 된다.
따라서 ( )=2+8+5=15이다.

03

정답 ③

$2a\times b=c$
따라서 ( )=2×5×6=60이다.

04

정답 ②

가로 또는 세로의 네 숫자를 더하면 20이 된다.
따라서 ( )=20-(11-8+5)=12이다.

05

정답 ⑤

마주 보는 수들 사이에 규칙이 있는가?
→ NO
→ 한 수를 기준으로 일렬로 나열
화살표로 표시된 수를 기준으로 반시계방향으로 수를 나열해 규칙을 추론하면 다음과 같다.

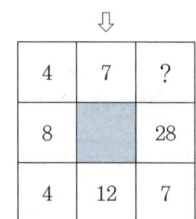

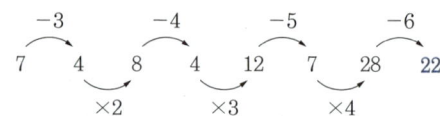

06

정답 ①

같은 위치에 있는 수들 사이에 규칙이 있는가?
→ NO
→ 군수열 형태로 나열

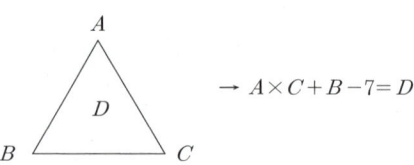

$\rightarrow A\times C+B-7=D$

A	B	C	D
4	5	6	22 [=4×6+5-7]
5	2	8	35 [=5×8+2-7]
9	6	3	26 [=9×3+6-7]

STEP 3 적중문제

01	02	03	04	05	06	07	08	09	10
④	③	③	③	⑤	②	③	②	⑤	④
11	12	13	14	15	16	17	18	19	20
②	④	④	④	⑤	⑤	②	⑤	④	④
21	22	23	24						
①	③	②	④						

01 정답 ④

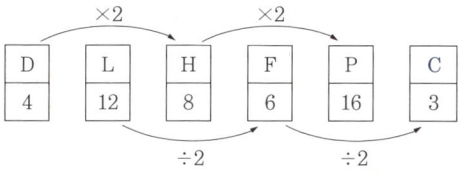

D	L	H	F	P	C
4	12	8	6	16	3

(×2, ×2 위쪽 / ÷2, ÷2 아래쪽)

02 정답 ③

+5 −6 +5 −6 +5

9	14	ㅇ	13	7	ㅌ
9	14	8	13	7	12

03 정답 ③

+1 +2 +4 +8 +16

C	D	F	J	R	H
3	4	6	10	18	34

04 정답 ③

×2−1 ×2−1 ×2−1 ×2−1 ×2−1

B	C	E	I	Q	G
2	3	5	9	17	33

05 정답 ⑤

ㄴ	ㄷ	ㄹ	ㅁ
2	3	4	5

⇩ ( )²−3

a	f	m	v
1	6	13	22

06 정답 ②

ㄴ	ㄷ	ㅁ	ㅅ
2	3	5	7

⇩ ( )×3−1

e	h	n	t
5	8	14	20

07 정답 ③

$$\begin{array}{|c|c|c|}\hline A & B & C \\\hline \multicolumn{3}{|c|}{D} \\\hline \end{array} \rightarrow A+B+C=D$$

A	B	C	D
10	1	2	13 [=10+1+2]
8	11	−6	13 [=8+11−6]
5	−1	2	6 [=5−1+2]

08 정답 ②

$4\div2+1=3$	$8\div2+1=5$
$12\div2+1=7$	$6\div2+1=4$

09 정답 ⑤

$5^2-10=15$	$7^2-10=39$
$1^2-10=-9$	$12^2-10=134$

10 정답 ④

$(-1)^2 \times 2 = 2$	$2^2 \times 2 = 8$
$3^2 \times 2 = 18$	$(-4)^2 \times 2 = 32$

11 정답 ②

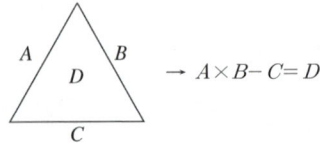
$\rightarrow AD = B + C$

AD	$B + C$
$9 \times 8 = 72$	$37 + 35 = 72$
$12 \times 7 = 84$	$46 + 38 = 84$
$13 \times 8 = 104$	$55 + 49 = 104$

12 정답 ④

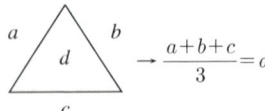
$\rightarrow A \times B - C = D$

A	B	C	D
4	7	21	$7 \, [= 4 \times 7 - 21]$
12	4	28	$20 \, [= 12 \times 4 - 28]$
5	3	13	$2 \, [= 5 + 3 - 13]$

13 정답 ③

$\rightarrow \dfrac{a+b+c}{3} = d$

따라서 $(\quad) = \dfrac{12 + 71 - 2}{3} = 27$

14 정답 ④

같은 위치에 있는 수들 사이에 규칙이 있는가?
$\rightarrow$ NO
$\rightarrow$ 군수열 형태로 나열

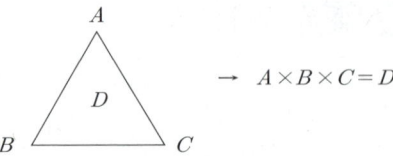
$\rightarrow A \times B \times C = D$

A	B	C	D
2	7	5	$70 \, [= 2 \times 7 \times 5]$
6	3	2	$36 \, [= 6 \times 3 \times 2]$
8	4	7	$224 \, [= 8 \times 4 \times 7]$

15 정답 ⑤

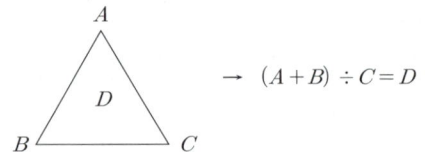
$\rightarrow (A + B) \div C = D$

A	B	C	D
3	9	2	$6 \, [= (3+9) \div 2]$
9	7	4	$4 \, [= (9+7) \div 4]$
3	4	7	$1 \, [= (3+4) \div 7]$

16 정답 ⑤

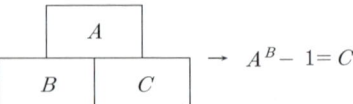
$\rightarrow (A - B) \times 2 = C$

A	B	C
17	9	$16 \, [= (17-9) \times 2]$
23	8	$30 \, [= (23-8) \times 2]$
32	13	$38 \, [= (32-13) \times 2]$

17 정답 ②

$\rightarrow A^B - 1 = C$

A	B	C
2	3	$7 \, [= 2^3 - 1]$
3	4	$80 \, [= 3^4 - 1]$
4	3	$63 \, [= 4^3 - 1]$

18

정답 ⑤

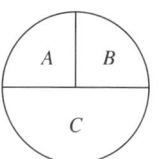

→ $2A + 3B = C$

A	B	C
5	2	$16[=2\times5+3\times2]$
9	6	$36[=2\times9+3\times6]$
8	9	$43[=2\times8+3\times9]$

19

정답 ④

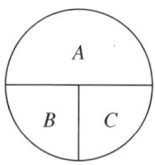

$A(A+B) = C$

∴ $4(4+5) = 36$

20

정답 ④

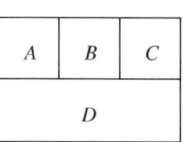

$A + 2B = C$

∴ $4 + 2 \times 6 = 16$

21

정답 ①

A	B	C
	D	

$A - B + C = D$

∴ $4 - 6 + 3 = 1$

22

정답 ③

마주 보는 수들 사이에 규칙이 있는가?

→ NO

→ 한 수를 기준으로 일렬로 나열

화살표로 표시된 수를 기준으로 반시계방향으로 수를 나열해 규칙을 추론하면 다음과 같다.

⇓

5	3	?
9		129
17	33	65

$$\underset{3}{} \overset{+2}{\longrightarrow} \underset{5}{} \overset{+2^2}{\longrightarrow} \underset{9}{} \overset{+2^3}{\longrightarrow} \underset{17}{} \overset{+2^4}{\longrightarrow} \underset{33}{} \overset{+2^5}{\longrightarrow} \underset{65}{} \overset{+2^6}{\longrightarrow} \underset{129}{} \overset{+2^7}{\longrightarrow} \underset{257}{}$$

23

정답 ②

아래로 연결된 두 작은 원을 a, b, 위에 있는 큰 원을 c라 하면, $\dfrac{a+c}{2} = b$이다.

$$\frac{5+13}{2} = 9, \quad \frac{18+22}{2} = 20, \quad \frac{13+35}{2} = 24, \quad \frac{52+c}{2} = 37$$

따라서 (   )=22이다.

24

정답 ④

같은 위치에 있는 수들 사이에 규칙이 있는가?

→ NO

→ 군수열 형태로 나열

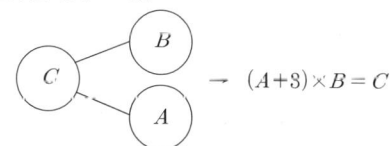

→ $(A+3) \times B = C$

A	B	C
3	4	$24[=(3+3)\times4]$
8	2	$22[=(8+3)\times2]$
24	22	$594[=(24+3)\times22]$

PART 3

도표분석 · 작성능력
정답 및 해설

STEP 1 기본문제

01	02	03	04	05	06	07	08												
③	③	②	③	⑤	②	④	②												

01
정답 ③

- 영희 : 인터넷을 이용하는 남성의 수는 113+145=258명, 여성의 수는 99+175=274명으로 여성의 수가 더 많다.
- 현호 : 인터넷을 이용하지 않는 30세 미만은 56명, 30세 이상은 112명이므로 30세 이상이 더 많다.

오답분석

- 정수 : 인터넷을 자주 이용하는 30세 미만은 135명, 30세 이상은 77명이지만, 구체적인 남녀의 수는 나와 있지 않으므로 알 수 없다.

02
정답 ③

금은 전 세계 생산의 55%를 차지하므로 세계에서 가장 많은 양을 생산한다.

오답분석

① 각 광물 수출량 및 가격이 주어져 있지 않기 때문에 판단할 수 없다.
② 다른 국가에 대한 미국의 수입의존도를 알 수 없기 때문에 판단할 수 없다.
④ 미국의 수입의존도는 미국의 크롬 수입 중 남아프리카공화국으로부터의 수입이 42%라는 것이지 남아프리카공화국이 생산하는 크롬의 반을 수입한다는 의미는 아니다.
⑤ 남아프리카공화국이 가장 많이 보유하고 있는 광물은 다이아몬드와 백금이지만 가장 많이 생산하고 있는 광물은 크롬이다.

03
정답 ②

오존전량의 증감 추이는 '감소 – 감소 – 감소 – 증가 – 증가 – 감소'이므로 옳지 않다.

오답분석

① 이산화탄소의 농도는 계속해서 증가하고 있는 것을 확인할 수 있다.
③ 2024년 오존전량은 2018년 대비 335−331=4DU 증가했다.
④ 2024년 이산화탄소의 농도는 2019년 대비 395.7−388.7=7ppm 증가했다.
⑤ 2024년의 전년 대비 오존전량 감소율은 $\frac{343-335}{343} \times 100 ≒ 2.33\%p$이므로 2.5%p 미만이다.

04

정답 ③

갑국의 인구는 '$\dfrac{(연구개발비)}{(인구\ 만\ 명당\ 연구개발비)}$'를 통해 알 수 있는데, 2023년과 2024년을 비교하면 분자는 10% 이상 증가한 것이 명확한 반면, 분모는 그보다 적게 증가하고 있다. 따라서 갑국의 인구는 2023년에 비해 2024년이 더 많다.

오답분석

① 연구개발비의 공공부담 비중은 2024년에 전년 대비 0.7%p만큼 감소하였으므로 옳지 않다.

② 2021년의 경우 인구 만 명당 연구개발비는 2020년에 비해 약 800백만 원만큼 증가한 것에 비해 나머지 연도들의 증가폭은 그에 미치지 못하고 있으므로 옳지 않다.

④ 2022년의 경우 연구개발비는 전년 대비 약 3,200십억 원만큼 증가한 것에 비해 나머지 연도들의 증가폭은 모두 그보다 크다. 2023년의 경우는 전년 대비 약 3,400십억 원만큼 증가하였다.

⑤ 먼저 연도별로 전년 대비 연구개발비의 증가액을 어림해 보면 2021년은 약 4,000십억 원, 2022년은 약 3,100십억 원, 2023년은 약 3,500십억 원, 2024년은 약 6,000십억 원 증가하였다. 그러므로 증가율이 가장 작은 해는 2022년과 2023년 둘 중의 하나임을 알 수 있다. 그런데 민간부담 비중이 가장 큰 해, 즉 공공부담 비중이 가장 작은 해는 2020년으로 두 해는 서로 다르다. 따라서 옳지 않다.

05

정답 ⑤

1980 ~ 2014년 동안 65세 연령의 성별 기대여명과 OECD 평균 기대여명과의 연도별 격차는 다음과 같다.

- 남성
  - 1980년 : 12.7−10.2=2.5년
  - 2004년 : 14.7−13.4=1.3년
  - 2014년 : 16.3−15.5=0.8년
- 여성
  - 1980년 : 15.6−14.9=0.7년
  - 2004년 : 18.4−17.5=0.9년
  - 2014년 : 19.8−19.6=0.2년

따라서 옳지 않은 설명이다.

오답분석

① 65세, 80세 여성의 기대여명은 2024년 이전까지 모두 OECD 평균보다 낮았으나, 2024년에 OECD 평균보다 모두 높아진 것을 확인할 수 있다.

② 연령별 및 연도별 남성의 기대여명보다 여성의 기대여명이 더 높은 것을 확인할 수 있다.

③ 한국의 2024년 80세 여성 기대여명의 1980년 대비 증기율은 $\dfrac{10.1-6.4}{6.4}\times100 ≒ 57.8\%$이고, OECD 평균의 증가율은 $\dfrac{10.0-6.6}{6.6}\times100 ≒ 51.5\%$이므로 옳은 설명이다.

④ 연도별 80세 남성의 기대여명과 OECD 평균과의 격차는 다음과 같다.
  - 1980년 : 5.7−4.7=1.0년
  - 2004년 : 6.6−6.1=0.5년
  - 2014년 : 7.3−6.9=0.4년
  - 2024년 : 8.3−8.0=0.3년

따라서 80세 남성의 기대여명은 1980 ~ 2024년 동안 OECD 평균과의 격차가 꾸준히 줄어들었다.

06

ㄱ. 습도가 70%일 때 연간소비전력량이 가장 적은 제습기는 A(790kWh)이다.

ㄷ. 습도가 40%일 때 제습기 E의 연간소비전력량(660kWh)은 습도가 50%일 때 제습기 B의 연간소비전력량(640kWh)보다 많다.

오답분석

ㄴ. 습도가 60%일 때 연간소비전력량이 가장 많은 제습기는 D이지만, 70%일 때는 E이므로 순서는 동일하지 않다.

ㄹ. 제습기 E의 경우 습도가 40%일 때 연간소비전력량의 1.5배는 660×1.5=990kWh이고, 습도가 80%일 때는 970kWh이므로 1.5배 미만이다.

07

정답 ④

• 남성 : 11.1×3=33.3>32.2
• 여성 : 10.9×3=32.7<34.7

따라서 남성의 경우 국가기관에 대한 선호 비율이 공기업에 대한 선호 비율의 3배 이하이다.

오답분석

① 3%, 2.6%, 2.5%, 2.1%, 1.9%, 1.7%로 가구소득이 많을수록 중소기업을 선호하는 비율이 줄어들고 있다.

② 연령을 기준으로 3번째로 선호하는 직장은 모두 전문직 기업이다.

③ 국가기관은 모든 기준에서 선호 비율이 가장 높다.

⑤ 기타를 제외하고 학력별 공기업을 선호하는 비중이 가장 높은 학력은 대학교 재학이다.

08

정답 ②

제주공항 화물은 김해공항 화물의 $\frac{23,245}{14,469} \fallingdotseq 1.6$배이므로 1.5배 이상이다.

오답분석

① 제주공항, 대구공항은 도착 여객보다 출발 여객의 수가 많다.

③ 인천공항 운항은 전체 공항 운항의 $\frac{31,721}{70,699}\times100 \fallingdotseq 44.9$%를 차지한다.

④ 도착편이 두 번째로 많은 공항은 제주공항이다. 그러나 도착 화물이 두 번째로 많은 공항은 김포공항이다.

⑤ 김해공항 운항은 9,094편, 제주공항 운항은 14,591편이다. 김해공항과 제주공항 운항을 합하면 9,094+14,591=23,685편이므로, 김포공항의 23,100톤보다 많다.

01	02	03	04	05	06													
④	②	③	②	④	③													

01

정답 ④

- 이주임 : 2022년 부채는 4,072백만 원, 2023년 부채는 3,777백만 원으로, 2023년 전년 대비 감소율은 $\frac{4,072-3,777}{4,072} \times 100 ≒$ 7.2%이다.
- 박사원 : 자산 대비 자본의 비율은 2022년에 $\frac{39,295}{44,167} \times 100 ≒ 89.0\%$이고, 2023년에 $\frac{40,549}{44,326} \times 100 ≒ 91.5\%$로 증가하였으므로 옳다.

오답분석
- 김대리 : 2021년부터 2023년까지 당기순이익의 전년 대비 증감 방향은 '증가 – 증가 – 증가'이나, 부채의 경우 '증가 – 증가 – 감소'이므로 옳지 않다.
- 최주임 : 2022년의 경우 부채비율이 전년과 동일하므로 옳지 않다.

02

정답 ②

수도권은 서울과 인천·경기를 합한 지역을 의미한다. 따라서 전체 마약류 단속 건수 중 수도권의 마약류 단속 건수의 비중은 22.1+35.8=57.9%이다.

오답분석
① • 대마 단속 전체 건수 : 167건
  • 마약 단속 전체 건수 : 65건
  65×3=195>167이므로 옳지 않다.
③ 마약 단속 건수가 없는 지역은 강원, 충북, 제주로 3곳이다.
④ • 대구·경북 지역의 향정신성의약품 단속 건수 : 138건
  • 광주·전남 지역의 향정신성의약품 단속 건수 : 38건
  38×4=152>138이므로 옳지 않다.
⑤ • 강원 지역의 향정신성의약품 단속 건수 : 35건
  • 강원 지역의 대마 단속 건수 : 13건
  13×3=39>35이므로 옳지 않다.

03

정답 ③

3인 가구의 26℃ 이상 28℃ 미만일 때 에어컨가동시간은 10.4시간으로 30℃ 이상일 때의 16시간의 $\frac{10.4}{16} \times 100 = 65\%$ 수준이다.

오답분석
① 평균 실내온도가 28℃ 미만일 때, 자녀가 있는 2인 가구의 일평균 에어컨가동시간은 자녀가 없을 때보다 2배 이상 많지만, 28℃ 이상일 경우에는 2배 미만이다.
② 평균 실내온도가 26℃ 미만일 때와 28℃ 이상 30℃ 미만일 때는 6인 가구 이상에서의 에어컨가동시간은 5인 이상 가구보다 많지만, 나머지 두 구간에서는 적다.
④ 1인 가구의 30℃ 이상일 때 일평균 에어컨가동시간은 6.3시간으로 26℃ 미만일 때의 1.4시간보다 $\frac{6.3}{1.4}=4.5$배 더 많다.
⑤ 28℃ 이상 30℃ 미만일 때의 4인 가구의 일평균 에어컨가동시간은 18.8시간으로 20시간 미만이다.

PART 1 PART 2 PART 3 PART 4

04

정답 ②

전체 고용인원의 절반은 $16,178 \div 2 = 8,089$명이다. 태양광에너지 분야에 고용된 인원은 8,698명이므로 전체 고용인원의 절반 이상을 차지한다.

오답분석

① 폐기물에너지 분야의 기업체 수가 가장 많다.

③ 전체 매출액 중 풍력에너지 분야의 매출액이 차지하는 비율은 $\dfrac{14,571}{113,076} \times 100 = 12.89\%$이므로 15% 미만이다.

④ 전체 수출액 중 바이오에너지 분야의 수출액이 차지하는 비율은 $\dfrac{506}{40,743} \times 100 = 1.24\%$로 1% 이상이다.

⑤ 전체 매출액 대비 전체 투자액의 비율은 $\dfrac{7,966}{113,076} \times 100 = 7.04\%$로 7.5% 미만이다.

05

정답 ④

ㄱ. 2023년 어린이보호구역 지정대상은 전년 대비 감소하였다.

ㄷ. 2023년 어린이보호구역으로 지정된 구역 중 학원이 차지하는 비중은 $\dfrac{36}{16,355} \times 100 = 0.22\%$이며, 2022년에는 $\dfrac{56}{16,085} \times 100 = 0.35\%$이므로 2023년에는 전년 대비 감소하였다.

ㄹ. 2018년 어린이보호구역으로 지정된 구역 중 초등학교가 차지하는 비중은 $\dfrac{5,917}{14,921} \times 100 = 39.7\%$이고, 나머지 해에도 모두 40% 이하의 비중을 차지한다.

오답분석

ㄴ. 2019년 어린이보호구역 지정대상 중 어린이보호구역으로 지정된 구역의 비율은 $\dfrac{15,136}{18,706} \times 100 = 80.9\%$이다.

06

정답 ③

ㄴ. 2024년 서울의 외국인 소유 토지면적의 전년 대비 증가율은 10%에 조금 미치지 못하고 나머지 지역은 이에 한참 미치지 못한다.

ㄹ. 2024년의 면적을 살펴보면 경기, 전남은 40,000천 m^2에 육박하는 면적을 기록 중이고 그 뒤를 29,000천 m^2대를 기록하고 있는 경북이 차지하고 있다. 경북 이하의 다른 지역들 중에는 강원이 21,000천 m^2대를 기록하고는 있으나 경북과의 차이가 매우 큰 상태이다. 또한, 전년 대비 증감면적 역시 그 크기가 크지 않은 상황이어서 증감면적을 감안하더라도 2023년 역시 경북이 세 번째를 차지하게 됨을 알 수 있다.

오답분석

ㄱ. 2024년 외국인 소유 토지면적은 경기가 가장 크지만 전년 대비 증감면적을 반영하여 계산한 2023년의 면적은 전남이 37,916천 m^2로 더 크다.

ㄷ. 2024년에 외국인 소유 토지면적이 가장 작은 지역은 대구인 반면, 2023년은 대전의 면적이 가장 작다.

01	02	03	04	05	06	07	08	09	10	11	12	13	14	15	16	17	18	19	20
④	③	④	②	②	⑤	②	②	③	①	③	①	④	①	①	③	⑤	④	①	④

21	22	23	24	25	26	27	28	29	30	31									
②	④	④	④	④	④	③	⑤	⑤	③	③									

STEP 3 적중문제

01

정답 ④

ㄷ. 전체 품목 중 화장품의 비율은 $\frac{62,733}{122,757} \times 100 ≒ 51.1\%$이며, 국산품 합계 중 국산 화장품의 비율은 $\frac{35,286}{48,717} \times 100 ≒ 72.4\%$로 국산 화장품 비율이 더 높다.

ㄹ. 전체 품목 중 가방류의 비율은 $\frac{17,356}{122,757} \times 100 ≒ 14.1\%$이며, 외국산품 합계 중 외국산 가방류의 비율은 $\frac{13,224}{74,040} \times 100 =$ 17.9%로 외국산 가방류의 비율이 더 높다.

오답분석

ㄱ. 도표에서 품목별 외국산품 비중이 높은 주요 제품은 의류, 향수, 시계, 주류 그리고 신발류이다. 품목 전체별 비중을 계산하면 다음과 같다.

구분	외국산품 비율
의류	약 89.7%
향수	약 96.0%
시계	약 98.9%
주류	약 97.4%
신발류	약 98.0%

따라서 외국산품의 비중이 가장 높은 제품은 시계이다.

ㄴ. 인·홍삼류의 대기업 비중은 $\frac{2,148}{2,899} \times 100 ≒ 74.1\%$로 가장 높다.

02

정답 ③

ㄷ. 2024년 2분기 전체 대출금 합계에서 도매 및 소매업 대출금이 차지하는 비중은 $\frac{110,526.2}{865,254} \times 100 ≒ 12.8\%$이므로 옳지 않은 설명이다.

ㄹ. 2024년 3분기에 전분기 대비 감소한 산업은 광업, 공공행정 등 기타서비스 2개 산업뿐이다. 증가한 산업 수는 이를 제외한 15개 산업이고, 15의 20%는 $15 \times 0.2 = 3$이므로 옳지 않은 설명이다.

오답분석

ㄱ. 2024년 3분기에 전체 대출금 합계는 전분기 대비 증가하였으나, 광업 대출금은 감소하였다. 따라서 2024년 3분기에 광업이 차지하는 비중이 전분기 대비 감소하였음을 알 수 있다.

ㄴ. 2024년 3분기 전문, 과학 및 기술 서비스업 대출금의 2분기 대비 증가율은 $\frac{12,385.7 - 11,725.2}{11,725.2} \times 100 ≒ 5.6\%$이므로 옳은 설명이다.

03

지자체 부서명이 '미세먼지대책과'인 곳은 경기와 충남지역이므로 두 지역의 보급대수 합은 6,000+2,820=8,820대이다.

오답분석

① 서울지역의 지자체 부서명은 '기후대기과'이며, 이와 같은 지역은 부산, 광주, 충북, 경남으로 총 네 개 지역이다.

② 지방보조금이 700만 원 이상인 곳은 대전, 충북, 충남, 전북, 전남, 경북, 경남 총 7곳이며, 전체 지역인 17곳의 $\frac{7}{17}\times100 ≒$ 41.2%를 차지한다.

③ 전기차 보급대수가 두 번째로 많은 지역은 서울(11,254대)이고, 다섯 번째로 적은 지역은 광주(1,200대)이다. 두 지역의 보급대수 차이는 11,254−1,200=10,054대이다.

⑤ 전기차 보급대수가 가장 많은 지역은 제주도이지만 지방보조금이 가장 많은 지역은 전북이다.

04

정답 ②

기원이의 체중이 11kg 증가하면 71+11=82kg이다. 이 경우 비만도는 $\frac{82}{73.8}\times100 ≒ 111$%이므로 과체중에 도달한다.

따라서 기원이가 과체중이 되기 위해서는 11kg 이상 체중이 증가해야 한다.

오답분석

① • 혜지의 표준체중 : (158−100)×0.9=52.2kg
  • 기원이의 표준체중 : (182−100)×0.9=73.8kg

③ • 혜지의 비만도 : $\frac{58}{52.2}\times100 ≒ 111$%

  • 기원이의 비만도 : $\frac{71}{73.8}\times100 ≒ 96$%

  • 용준이의 표준체중 : (175−100)×0.9=67.5kg

  • 용준이의 비만도 : $\frac{96}{67.5}\times100 ≒ 142$%

90% 이상 110% 이하면 정상체중이므로 3명의 학생 중 정상체중인 학생은 기원이뿐이다.

④ 용준이가 정상체중 범주에 속하려면 비만도 110% 이하여야 한다.

$$\frac{x}{67.5}\times100 \leq 110\% \rightarrow x \leq 74.25$$

즉, 현재 96kg에서 정상체중이 되기 위해서는 약 22kg 이상 감량을 해야 한다.

⑤ 혜지의 현재 체중과 표준 체중의 비만도 차이는 111−100=11%p이다. 용준이의 현재 체중과 표준 체중의 비만도 차이는 142−100=42%p이다. 혜지의 비만도 차이에 4배를 한 값은 44%p이므로 용준이의 비만도 차이 값인 42%p보다 더 크다.

05

정답 ②

도시별 5년간 변화량을 계산하면 다음과 같다.

구분		증감량(천 호, 천 가구)	구분		증감량(천 호, 천 가구)
서울	가구 수	111	인천	가구 수	76
	주택 수	106		주택 수	68
부산	가구 수	41	광주	가구 수	20
	주택 수	69		주택 수	41
대구	가구 수	40	대전	가구 수	26
	주택 수	58		주택 수	23

따라서 5년간 가구 수보다 주택 수가 더 많이 늘어난 도시는 부산, 대구 그리고 광주이다.

① 서울을 제외한 5개 도시 중 가구 수가 가장 많이 증가한 도시는 인천이 7만 6천 가구로 가장 많다.

③ 2022년 서울의 가구 수는 381만 3천 가구이며, 대구와 인천, 광주 그리고 대전의 가구 수의 합은 948+1,080+576+598= 3,202천 가구, 320만 2천 가구로 서울의 가구 수가 더 많다.

④ 2023년 서울과 부산 그리고 대구의 가구 수는 3,840+1,364+958=6,162천 가구이며, 전국 가구 수 대비 $\frac{6,162}{19,979} \times 100$≒ 30.8%로 30% 이상이다.

⑤ 자료의 6개 도시의 가구 수와 주택 수는 모두 증가하고 있다.

06

ㄷ. 케이블PP를 제외한 나머지 매체들의 광고매출액을 더하면 16,033억 원이다. 케이블PP의 광고매출액은 15,008억 원이므로 케이블PP의 광고매출액은 매년 감소하고 있다.

ㄹ. 모바일은 거의 2배 가까이 증가한 반면, 나머지는 이에 한참 미치지 못하고 있다.

ㄱ. 2022년의 경우 전년에 비해 약 8,000억 원 증가하였고 2023년과 2024년에는 약 9,000억 원씩 증가하였다. 이는 각각 28,659 억 원, 36,618억 원, 45,678억 원의 0.3배보다 작다.

ㄴ. 2022년 방송 매체 중 지상파TV 광고매출액이 차지하는 비중은 $\frac{14}{35}$ 이고 온라인 매체 중 인터넷(PC)가 차지하는 비중은 $\frac{20}{57}$ 이 므로 인터넷(PC) 광고매출액이 차지하는 비율이 더 작다.

07

전체 대비 일반고의 논술 사교육 금액 비율은 $\frac{1,017}{6,525} \times 100$≒15.59%로, 전체 대비 중학교의 컴퓨터 사교육 금액 비율인 $\frac{218}{1,154} \times 100$ ≒18.89%보다 낮다.

ㄱ. 초등학교의 국어 사교육 금액은 5,098억 원으로, 고등학교의 음악과 미술 사교육 금액의 합인 2,828+2,982=5,810억 원보다 적다.

ㄴ. 초등학교의 국어, 영어, 수학의 사교육 금액의 합은 5,098+25,797+16,591=47,486억 원으로, 고등학교의 국어, 영어, 수학의 시교육 금액의 합인 7,300+16,725+22,211=46,236억 원보다 많다.

ㄹ. 초등학교와 고등학교의 영어 사교육 금액의 차이는 25,797-16,725=9,072억 원으로, 수학 사교육의 금액의 차이인 22,211 -16,591=5,620억 원보다 많다.

08

정답 ②

ㄴ. 2024년 포르투갈의 이산화탄소 배출 총량의 전년 대비 증가율은 $\frac{50.8-46.4}{46.4} \times 100 \fallingdotseq 9.5\%$이고, 한국의 이산화탄소 배출 총량의 증가율은 $\frac{600-589.2}{589.2} \times 100 \fallingdotseq 1.8\%$이다. 따라서 포르투갈의 이산화탄소 배출 총량 증가율은 한국의 이산화탄소 배출 총량 증가율의 6배인 $1.8 \times 6 = 10.8\%$보다 낮다.

ㄷ. 2022년 아시아 국가의 1인당 이산화탄소 배출량의 평균은 $\frac{11.4+6.6+9.1}{3} \fallingdotseq 9$톤으로, 2023년 북아메리카 국가의 1인당 이산화탄소 배출량의 평균인 $\frac{15.2+14.9}{2} \fallingdotseq 15.1$톤보다 적다.

오답분석

ㄱ. 2022년 이산화탄소 배출 총량이 1,000백만 톤 이상인 국가는 중국, 일본, 미국이고, 이 중 2024년에 전년 대비 이산화탄소 배출 총량이 감소한 국가는 일본과 미국 두 곳이다.

ㄹ. 베네수엘라의 2023년 대비 2024년 1인당 이산화탄소 배출량은 $4-3.6=0.4$톤으로 가장 많이 감소하였다.

09

정답 ③

20대의 대중교통 이용률은 2019년이 $42+6+31=79\%$, 2024년이 $29+14+27=70\%$로 그 차이는 $79-70=9\%$p이고, 30대의 대중교통 이용률은 2019년이 $22+10+18=50\%$, 2024년이 $17+13+6=36\%$로 그 차이는 $50-36=14\%$p이다.

오답분석

① 자전거의 이용비율은 다른 출퇴근 이용비율에 비해 항상 가장 낮다.
② 20대와 60대 이상은 2019년과 2024년 모두 출퇴근 이용률이 가장 높은 방법은 버스로 동일하며, 30대부터 50대까지는 자가용으로 동일하다.
④ 2019년의 40대와 50대의 출퇴근 이용률의 상위 두 개 비율의 합은 각각 $52+28=80\%$, $64+21=85\%$이고 2024년에는 각각 $64+22=86\%$, $71+11=82\%$이므로 모두 80% 이상이다.
⑤ 20대의 2019년 대비 2024년 출퇴근 방법별 이용률은 도보는 7%에서 11%로, 자전거는 3%에서 5%로, 자가용은 11%에서 14%로, 택시는 6%에서 14%로 증가한 반면, 버스는 42%에서 29%로 지하철은 31%에서 27%로 감소하였다.

10

정답 ①

2024년 한국, 중국, 일본 모두 원자재 수출액이 수입액보다 적으므로 원자재 무역수지는 적자이다.

오답분석

ㄴ. 2024년 한국의 소비재 수출액은 138억 달러로, 2004년 수출액의 1.5배인 117억$\times 1.5 = 175.5$억 달러보다 적다.
ㄷ. 2024년 자본재 수출경쟁력은 일본이 한국보다 낮다.
- 일본 : $\frac{4,541-2,209}{4,541+2,209} \fallingdotseq 0.35$
- 한국 : $\frac{3,444-1,549}{3,444+1,549} \fallingdotseq 0.38$

11

10대 전체 수급권자 대비 10대 여성 수급권자의 비율을 계산하면

$$\frac{13,041+13,568+3,412+2,911+3,337+6,237+4,715+5,159+5,150}{116,542}\times100=\frac{57,530}{116,542}\times100\fallingdotseq49.4\%\text{이다.}$$

오답분석

① 경상남도 70대 이상 수급권자는 $4,629+9,323+1,989+9,318=25,259$명으로, 경상북도 $20\sim30$대 수급권자의 2배인 $(3,060+2,722+1,949+2,297)\times2=10,028\times2=20,056$명보다 많다.

② 40대부터 80대 이상의 모든 수급권자에서 80대 이상이 차지하는 비중은 $\dfrac{118,508}{115,118+174,594+157,038+160,050+118,508}$

$\times100=\dfrac{118,508}{725,308}\times100\fallingdotseq16.3\%$이다.

④ 충청남도 50대 남성 수급권자 대비 60대 여성 수급권자 비율은 $\dfrac{4,351}{5,582}\times100\fallingdotseq77.9\%$이고, 충청북도 50대 여성 수급권자

대비 60대 남성 수급권자 비율은 $\dfrac{4,007}{3,778}\times100\fallingdotseq106.1\%$이므로 충청남도 50대 남성 수급권자 대비 60대 여성 수급권자 비율은

충청북도 50대 여성 수급권자 대비 60대 남성 수급권자 비율보다 $106.1-77.9=28.2$p 낮다.

⑤ 서울특별시 남성 수급권자 중 인원이 네 번째로 적은 연령대는 40대이며, 강원도 40대 남성과 여성 총 수급권자는 $3,108+3,291=6,399$명이다.

12
정답 ①

2023년 화재건수 대비 사망자 수는 경기도의 경우 $\dfrac{70}{10,147}\fallingdotseq0.007$명/건으로 $\dfrac{20}{2,315}\fallingdotseq0.009$명/건인 강원도보다 적다.

오답분석

② 2024년 화재로 인한 부상자 수는 충청남도가 30명으로 107명인 충청북도의 $\dfrac{30}{107}\times100\fallingdotseq28\%$이므로 30% 미만이다.

③ 대구광역시의 2024년 화재건수는 1,612건으로, 경상북도의 50%인 $2,817\times0.5=1,408.5$건 이상이다.

④ 부산광역시의 경우, 화재로 인한 부상자 수가 2024년에 102명, 2023년에 128명으로 2024년 전년 대비 감소율은 $\left(\dfrac{102-128}{128}\right)$

$\times100\fallingdotseq-20.3\%$이므로 10% 이상 감소하였다.

⑤ 화재발생건수가 가장 많은 시·도는 2023년과 2024년 모두 경기도이다.

13
정답 ④

ㄱ. 공립대학은 $\dfrac{354}{40}=8.85$로 9명에 조금 못 미치지만, 사립대학은 $\dfrac{49,770}{8,353}\fallingdotseq5.96$으로 6명에 조금 못 미친다.

ㄴ. 전체 대학 입학생 수 355,772명의 20%는 약 71,154명이지만 국립대학 입학생 수는 78,888명이므로 20%를 넘는다.

ㄷ. 공립대학은 100%를 넘지만 국립대학은 100%에 미치지 못한다.

오답분석

ㄹ. 공립대학의 여성 직원 수가 공립대학 전체 직원 수의 절반을 넘는다.

14

정답 ①

ㄱ. 체류외국인수의 10%가 불법체류외국인수보다 작다.
ㄹ. 자료를 통해 확인할 수 있다.

오답분석

ㄴ. 불법체류외국인 범죄건수의 전년 대비 증가율이 가장 높은 해는 2024년이고, 합법체류외국인 범죄건수의 전년 대비 증가율이 가장 높은 해는 2022년으로 서로 다르다.
ㄷ. 체류외국인 범죄건수가 전년에 비해 감소한 해는 2021년과 2023년이며, 2021년의 경우는 합법체류외국인 범죄건수와 불법체류외국인 범죄건수도 전년에 비해 감소하였다. 하지만 2023년의 경우 불법체류외국인 범죄건수는 전년에 비해 증가하였다.

15

정답 ①

ㄱ. 1937년 도별 산업용재 생산량은 충남을 제외해도, 전북, 경기도에서 1934년보다 작다. 따라서 옳지 않은 내용이다.
ㄷ. 전체 산업용재 생산량 대비 남부지방 생산량 비중은 1934년 14.6%에서 1937년 12.9%로 감소하였으나 남부지방의 생산량은 1934년 444,631톤에서 1937년 538,467톤으로 증가하였으므로 옳지 않은 내용이다.

오답분석

ㄴ. 전체 산업용재 생산량 대비 북부지방 생산량 비중은 1934년 74.6%에서 1937년 76.3%로 증가하였으므로 옳은 내용이다.
ㄹ. 연도별로 산업용재 생산량 비중이 높은 지방부터 순서대로 나열하면 1934년은 북부(74.6%) – 남부(14.6%) – 중부(10.8%)이고 1935년은 북부(73.4%) – 남부(16.0%) – 중부(10.7%), 1936년은 북부(79.1%) – 남부(12.0%) – 중부(8.9%), 1937년은 북부(76.3%) – 남부(12.9%) – 중부(10.8%)로 매년 북부, 남부, 중부 순서다. 따라서 옳은 내용이다.
ㅁ. 산업용재의 도별 생산량에서 1934년에 비해 1937년 생산량이 가장 크게 증가한 도는 함북(+601,834톤)이므로 옳은 내용이다.

16

정답 ③

2023년 매출액 총합계는 3,597,460억 원이고, 2023년 11월의 매출액은 309,550억 원이므로, $\frac{30,955}{359,746} \times 100 ≒ 8.6\%$이다.

오답분석

① 백화점의 11월 판매액 구성비는 8.9% → 8.8%로 2023년에 비해 2024년에 0.1%p 감소했다.
② 2024년 10월 대형마트 판매액은 41,430억 원이고 2023년도 11월 편의점의 판매액은 10,610억 원으로, 약 30,820억 원 차이가 난다.
④ 무점포 소매는 2024년 11월과 전년 동월을 비교했을 때 매출이 4,500억 증가해 매출이 가장 크게 증가했다.
⑤ 승용차 및 연료 소매점은 전년 동월비가 0.9로 가장 낮다.

17

정답 ⑤

먼저 각각의 스마트폰의 종합품질점수를 계산하면 다음과 같다.

(단위 : 점)

구분	A	B	C	D	E	F	G	H	I
점수	13	10	11	12	11	9	13	11	12

ㄷ. 통신사별로 스마트폰의 개수는 3개로 동일하므로, 총점을 구해 비교해도 된다. 따라서 '통화성능' 총점은 갑이 4점, 을은 3점, 병은 5점이므로 병이 가장 높다.
ㄹ. '멀티미디어' 항목은 스마트폰 I에서 2점을 얻은 것을 제외하고는 모두 3점이므로 총합이 가장 높다.

오답분석

ㄱ. 소매가격이 200달러인 스마트폰은 B, C, G이며 이 중 '종합품질점수'가 가장 높은 스마트폰은 G(13점)이다.
ㄴ. 소매가격이 가장 낮은 스마트폰은 H(50달러)이며 '종합품질점수'가 가장 낮은 스마트폰은 F(9점)이다.

18

정답 ④

6건 가입한 사례 수를 비교할 때, 서비스 종사자는 $259 \times 0.041 ≒ 10.6$건, 기능원 및 관련 종사자는 $124 \times 0.062 ≒ 7.7$건으로 기능원 및 관련 종사자 사례 수가 더 적다.

오답분석

① 3건 가입한 사례 수를 구하면 판매 종사자는 $443 \times 0.145 ≒ 64.2$건, 서비스 종사자는 $259 \times 0.205 ≒ 53$건이다.
② 직업별로 5건 가입한 사례 수를 비교할 때, 사무 종사자가 $410 \times 0.189 ≒ 77.5$건으로 가장 많다.
③ 2건 가입한 비율을 볼 때, 전문가 및 관련 종사자는 20.1%, 단순 노무 종사자는 33.8%로 다른 가입 건수보다 비율이 높음을 알 수 있다.
⑤ 기계조작 및 조립 종사자의 평균 가입 건수는 3.7건이고, 단순 노무 종사자의 평균 가입 건수는 2.8건임을 알 수 있다.

19

정답 ①

ㄱ. A지역 인구 중 도망노비를 제외한 사노비(솔거노비, 외거노비)가 차지하는 비율은 1720년 28.5%인데 나머지 연도는 모두 20% 부근에 위치하고 있다.
ㄴ. 1720년 A지역의 사노비 수는 $2,228 \times 0.4$이며, 1774년은 $3,189 \times 0.348$이므로 곱셈비교를 이용하면 1774년의 사노비 수가 더 많다는 것을 알 수 있다.

20

정답 ④

2023년 하반기 대출 · 금융 이메일 스팸 비율은 전년 동기 대비 $7.9 \div 1.9 ≒ 4.16$배 증가하였다.

오답분석

① 2022년 상반기 대비 2024년 상반기 성인 이메일 스팸 비율의 증가율은 $\frac{19.2 - 14.8}{14.8} \times 100 ≒ 29.7$%이다.

② 2022년 상반기와 2024년 하반기의 전체 이메일 스팸 수신량이 제시되지 않았으므로 비율을 통해 비교할 수 없다.
③ · ⑤ 자료를 통해 확인할 수 있다.

21

정답 ②

A통신회사의 기본요금을 x원이라 하면 8월과 9월의 요금 계산식은 각각 다음과 같다.
$x + 60a + 30 \times 2a = 21,600 \rightarrow x + 120a = 21,600 \cdots ㉠$
$x + 20a = 13,600 \cdots ㉡$
㉠ − ㉡을 하면
$100a = 8,000$
$\therefore a = 80$

22

부산광역시는 2023년과 2024년에 아동 십만 명당 안전사고 사망자 수가 광주광역시보다 낮다.

오답분석

① 울산광역시의 2022년 대비 2024년 아동 십만 명당 안전사고 사망자 수는 $\frac{2.3-7.2}{7.2}\times100 \fallingdotseq -68\%$ 감소했으므로 60% 이상 감소하였다.

② 경상남도와 같이 2023년에 전년 대비 감소하고 2024년에 전년 대비 증가하는 시·도는 대전광역시, 세종특별자치시, 강원도 3곳이다.

③ 제주특별자치도는 2023년 아동 십만 명당 안전사고 사망자 수가 7.1명으로, 6.0명을 넘는다.

⑤ 2022년 전라남도의 아동 십만 명당 안전사고 사망자 수는 3.9명으로, 2024년 인천광역시의 아동 십만 명당 안전사고 사망자 수 3.4명보다 $\frac{3.9-3.4}{3.4}\times100 \fallingdotseq 15\%$ 많다.

23

삶의 만족도가 한국보다 낮은 국가들의 장시간근로자비율은 에스토니아(3.6%), 포르투갈(9.3%), 헝가리(2.7%)이므로 이들의 산술평균은 5.2%이므로 이탈리아의 장시간근로자비율(5.4%)보다 낮다.

오답분석

① 삶의 만족도가 가장 높은 국가는 덴마크(7.6점)이며 장시간근로자비율이 가장 낮은 국가도 덴마크(2.1%)이다.

② 한국의 장시간근로자비율은 28.1%로 삶의 만족도가 가장 낮은 국가인 헝가리의 장시간근로자비율 2.7%의 10배 이상이다.

③ 여가·개인돌봄시간이 가장 긴 국가는 덴마크(16.1시간)이고 가장 짧은 국가는 멕시코(13.9시간)이며 이들 국가의 삶의 만족도는 덴마크(7.6점), 멕시코(7.4점)이어서 둘의 차이는 0.2점으로 0.3점 이하이다.

⑤ 장시간근로자비율이 미국(11.4%)보다 낮은 국가는 덴마크, 프랑스, 이탈리아, 에스토니아, 포르투갈, 헝가리이며 이들 국가의 여가·개인돌봄시간은 모두 미국(14.3시간)보다 길다.

24

ⓒ HCHO가 가장 높게 측정된 역은 청량리역이고 가장 낮게 측정된 역은 신설동역이다. 따라서 두 역의 평균은 $\frac{11.4+4.8}{2}=8.1$ $\mu g/m^3$로 1호선 평균인 $8.4\mu g/m^3$보다 낮다.

ⓔ 청량리역은 HCHO, CO, NO_2, Rn 총 4가지 항목에서 1호선 평균보다 높게 측정되었다.

오답분석

ⓐ CO의 1호선 평균은 0.5ppm이며, 종로5가역과 신설동역은 0.4ppm이다. 따라서 옳은 내용이다.

ⓑ 시청역은 PM-10이 $102.0\mu g/m^3$으로 가장 높게 측정됐지만, TVOC는 $44.4\mu g/m^3$로 가장 낮게 측정되었다. 따라서 옳은 내용이다.

25

ⓐ 셔츠 상품군의 판매수수료율은 백화점(33.9%), TV홈쇼핑(42.0%) 모두에서 가장 높다.

ⓒ 디지털기기 상품군의 판매수수료율은 TV홈쇼핑(21.9%)이 백화점(11.0%)보다 높다.

ⓔ 백화점에서의 여행패키지 판매율은 직접 제시되지 않았지만 상위 5위와 하위 5위의 판매수수료율을 통해 20.8%보다 크고 31.1%보다 낮음을 알 수 있으므로 여행패키지 상품군의 판매수수료율은 백화점이 TV홈쇼핑(8.4%)의 2배 이상이다.

오답분석

ⓑ 백화점에서의 여성정장과 모피의 판매수수료율은 각각 31.7%, 31.1%이다. 하지만 TV홈쇼핑 판매수수료율 상위 5위와 하위 5위에는 제시되지 않았지만 28.7%보다 높고 36.8%보다 낮음을 추측할 수 있을 뿐, TV홈쇼핑의 여성정장과 모피의 판매수수료율이 백화점보다 높은지 낮은지 판단할 수는 없다.

26

ㄱ. 2024년에 공개경쟁채용을 통해 채용이 이루어진 공무원구분은 5급, 7급, 9급, 연구직의 4개이다.

ㄴ. 2024년 우정직 채용 인원은 599명으로 이의 2배는 1,200명에 2명 부족한 1,198명이다. 그런데 7급 채용 인원은 1,148명이므로 우정직 채용 인원은 7급 채용 인원의 절반보다 많다.

ㄹ. 2025년부터 9급 공개경쟁채용 인원을 해마다 전년 대비 10%씩 늘린다면 2026년의 9급 공개경쟁채용 인원은 3,000명×1.21 =3,630명이 되며, 2026년 전체 공무원 채용 인원은 2024년 9,042명에서 630명이 늘어난 9,672명이 된다. 그런데 9,672명의 40%는 대략 3,870명이므로 9급 공개경쟁채용 인원보다 많다.

오답분석

ㄷ. 5급과 7급, 9급에서는 공개경쟁채용 인원이 경력경쟁채용 인원보다 많지만 연구직의 경우는 그 반대로 경력경쟁채용 인원이 더 많다.

27

정답 ③

부산(1.9%) 및 인천(2.5%) 지역에서는 증가율이 상대적으로 낮게 나와 있으나, 서울(1.1%) 또한 마찬가지이다.

오답분석

㉠ㆍ㉡ 자료를 통해 확인할 수 있다.

㉣ 2024년 에너지 소비량은 경기(9,034천 TOE), 충남(4,067천 TOE), 서울(3,903천 TOE)의 순서이다.

㉤ 전국 에너지 소비량은 2014년이 28,588천 TOE, 2024년이 41,594천 TOE로서 13,006천 TOE의 증가를 보이고 있다.

28

정답 ⑤

㉡ B국의 대미무역수지와 GDP 대비 경상수지 비중은 각각 742억 달러, 8.5%로 X요건과 Y요건을 충족한다.

㉢ 세 가지 요건 중 두 가지 요건만 충족하면 관찰대상국으로 지정된다.
  • X요건과 Y요건을 충족하는 국가 : A, B, C, E
  • X요건과 Z요건을 충족하는 국가 : C
  • Y요건과 Z요건을 충족하는 국가 : C, J
  C국가는 X, Y, Z요건을 모두 충족한다.
  따라서 관찰대상국으로 지정되는 국가는 A, B, E, J로 4곳이다.

㉣ X요건의 판단기준을 '대미무역수지 150억 달러 초과'로 변경할 때, 새로 X요건을 충족하는 국가는 H국이다. 그러나 H국은 Y요건과 Z요건을 모두 충족하지 않으므로 환율조작국이나 관찰대상국으로 지정될 수 없다. 따라서 옳은 설명이다.

오답분석

㉠ X, Y, Z요건을 모두 충족하면 환율조작국으로 지정된다. 각 요건을 충족하는 국가를 나열하면 다음과 같다.
  • X요건을 충족하는 국가 : A, B, C, D, E, F, G
  • Y요건을 충족하는 국가 : A, B, C, E, J
  • Z요건을 충족하는 국가 : C, J
  따라서 환율조작국으로 지정되는 국가는 C국가이다.

29

정답 ⑤

ㄴ. 경남(72.0%)보다 PC 보유율이 낮은 지역은 충남(69.9%), 전북(71.8%), 전남(66.7%), 경북(68.8%)이며 이 네 곳의 인터넷 이용률은 충남(69.7%), 전북(72.2%), 전남(67.8%), 경북(68.4%)으로 모두 경남(72.5%)보다 낮다.

ㄹ. PC 보유율보다 인터넷 이용률이 높은 지역은 전북, 전남, 경남의 세 곳이다.

오답분석

ㄱ. PC 보유율이 네 번째로 높은 지역은 경기(86.3%)이지만, 인터넷 이용률이 네 번째로 높은 지역은 광주(81.0%)이다.

ㄷ. 인터넷 이용률이 가장 낮은 지역은 전남(67.8%)으로 이의 1.3배는 약 88%인데 반해, 울산의 인터넷 이용률은 85%이므로 전자가 후자보다 크다.

CHAPTER 01 표 자료의 분석과 작성 · **67**

30

정답 ③

동남아 국제선의 도착 운항 1편당 도착 화물량은 $\dfrac{36,265.7}{16,713} \fallingdotseq 2.17$톤이므로 옳은 설명이다.

오답분석

① 중국 국제선의 출발 여객 1명당 출발 화물량은 $\dfrac{31,315.8}{1,834,699} \fallingdotseq 0.017$톤이며, 도착 여객 1명당 도착 화물량은 $\dfrac{25,217.6}{1,884,697} \fallingdotseq$ 0.013톤이므로 옳지 않다.

② 미주 국제선의 전체 화물 중 도착 화물이 차지하는 비중은 $\dfrac{106.7}{125.1} \times 100 \fallingdotseq 85.3\%$로 90%보다 작다.

④ 중국 국제선의 도착 운항편수(12,427편)는 일본 국제선의 도착 운항편수의 70%인 $21,425 \times 0.7 \fallingdotseq 14,997.5$편 미만이다.

⑤ 각 국제선의 전체 화물 중 도착 화물이 차지하는 비중은 일본 국제선이 $\dfrac{49,302.6}{99,114.9} \times 100 \fallingdotseq 49.7\%$이고, 동남아 국제선은

$\dfrac{36,265.7}{76,769.2} \times 100 \fallingdotseq 47.2\%$이다. 따라서 동남아 국제선이 일본 국제선보다 비중이 낮다.

31

정답 ③

2024년 11세 여학생의 제자리 멀리뛰기 기록은 143.3cm로, 16세 남학생의 제자리 멀리뛰기 기록의 60%인 $225.0 \times 0.6 = 135$cm 이상이다.

오답분석

① 남학생의 경우, 2023년에는 17세 고등학생이 16세 고등학생보다 50m 달리기 기록이 0.1초 느려졌고, 15세와 16세 고등학생의 50m 달리기 기록이 동일하였다.

② 2024년 14세 여학생의 경우에 2023년의 14세 여학생에 비해 50m 달리기와 제자리 멀리뛰기 기록은 좋아졌지만, 윗몸 일으키기 기록은 낮아졌다.

④ 2023년 중학교 남학생의 경우, 직전연령 대비 윗몸일으키기 증가율은 12세의 경우 $\dfrac{38.0-35.0}{35.0} \times 100 \fallingdotseq 8.6\%$, 13세의 경우

$\dfrac{41.0-38.0}{38.0} \times 100 \fallingdotseq 7.9\%$로 12세에 비해 13세에 직전연령 대비 증가율이 작아진다.

⑤ 남학생의 경우, 2023년과 2024년 모두 제자리 멀리뛰기 기록이 가장 좋은 연령은 17세이다. 그러나 윗몸일으키기 기록이 가장 좋은 연령은 2023년에는 16세와 17세지만, 2024년에는 15세이다.

PART 1
PART 2
PART 3
PART 4

STEP 1 **기본문제**

01	02	03	04	05	06																
④	⑤	③	③	③	⑤																

01

정답 ④

ㄹ 농가 소득 중 농업 이외 소득이 차지하는 비율을 구하면 다음과 같다.

- 2019년 : $\frac{22,023}{32,121} \times 100 ≒ 68.56\%$

- 2020년 : $\frac{21,395}{30,148} \times 100 ≒ 70.97\%$

- 2021년 : $\frac{21,904}{31,031} \times 100 ≒ 70.59\%$

- 2022년 : $\frac{24,489}{34,524} \times 100 ≒ 70.93\%$

- 2023년 : $\frac{24,647}{34,950} \times 100 ≒ 70.52\%$

- 2024년 : $\frac{25,959}{37,216} \times 100 ≒ 69.75\%$

따라서 매년 증가하지 않는다.

ㅁ 2024년 농가의 농업 소득 전년 대비 증가율은 $\frac{11,257-10,303}{10,303} \times 100 ≒ 9.26\%$로 10%를 넘지 않는다.

오답분석

ㄱ 그래프를 통해 쉽게 확인할 수 있다.

ㄴ 농가 수 그래프에서 감소폭이 큰 것은 2023년과 2024년인데, 2023년에는 21천 호가 줄고, 2024년에는 41천 호가 줄었으므로 전년 대비 농가 수가 가장 많이 감소한 해는 2024년이다.

ㄷ 2019년 대비 2024년 농가 인구의 감소율은 $\frac{3,063-2,769}{3,063} \times 100 ≒ 9.6\%$이다.

02

정답 ⑤

실제수요가 3,000개 이하인 제품은 A, B, C, D이다. 수요예측치가 실제수요보다 크다는 것은 그래프상에서 45° 대각선 아래에 위치하고 있다는 것이므로 옳은 내용임을 알 수 있다.

오답분석

① 주어진 산식과 그래프의 관계를 살펴보면 수요예측 오차가 작을수록 45° 대각선에 근접하며, 오차가 클수록 멀어짐을 알 수 있다. 따라서 G는 수요예측 오차가 가장 큰 제품이다.

② 실제수요가 크다고 하더라도 수요예측 오차는 일정하지 않다. 예를 들어 A ~ D의 경우 D로 갈수록 실제 수요는 커지고 있으나 45° 대각선과의 거리인 수요예측 오차는 거의 비슷한 상황이며, E와 J를 비교해 보더라도 실제수요는 J가 훨씬 더 크지만 수요예측 오차는 비슷한 상황이다.

③ J를 살펴보면, 제시된 10가지 제품 중 수요예측치가 가장 크지만 실제수요는 G, H, I보다 작다. 따라서 옳지 않은 내용이다.

④ 실제수요가 3,000개를 초과한 제품유형은 E, F, G, H, I, J의 6개이므로 전체 제품유형 수의 60%를 차지한다. 따라서 옳지 않은 내용이다.

03

정답 ③

현재 유지관리하는 도로의 총거리는 4,113km이고, 1990년대는 367.5+1,322.6+194.5+175.7=2,060.3km이다.
따라서 1990년대보다 현재 도로는 4,113-2,060.3=2,052.7km 더 길어졌다.

오답분석

① 2000년대 4차로 거리는 3,426-(155+450+342)=2,479km이므로 1960년대부터 유지관리되는 4차로 도로 거리는 현재까지 계속 증가했다.

② 현재 유지관리하는 도로 한 노선의 평균거리는 $\frac{4,113}{29}$ ≒141.8km로 120km 이상이다.

④ 차선이 만들어진 순서는 4차로(1960년대) - 2차로(1970년대) - 6차로(1980년대) - 8차로(1990년대) - 10차로(현재)이다.

⑤ 1970년대 전체 도로 거리에서 2차로의 비중은 $\frac{761}{1,232.8}$×100≒61.7%이고, 1980년대 전체 도로 거리의 6차로 비중은

$\frac{21.7}{1,558.9}$×100≒1.4%이다. 따라서 $\frac{61.7}{1.4}$≒44배이다.

04

정답 ③

소나무재선충병에 대한 방제는 2020년과 2021년 사이에 15건 증가하였고, 2023년과 2024년 사이에 21건이 증가하는 등 조사기간 내 두 차례의 큰 변동이 있었다.

오답분석

① 기타병해충에 대한 방제 현황은 2024년을 제외하고 매해 첫 번째로 큰 비율을 차지한다.

② 2020년 $\frac{16}{117}$×100≒13.7%, 2021년 9.6%, 2022년 9.3%, 2023년 7.8%, 2024년 4.6%로 2020년에 방제 비율을 10% 초과하였다.

④ 2022년과 2024년에 소나무재선충병은 각각 전년도에 비해 증가하였으나 기타병해충은 감소하였으므로 동일한 증감추세를 보이지 않는다.

⑤ 솔잎혹파리의 경우 2021년(13건), 2022년(12건), 2023년(9건), 2024년(6건)으로 매년 감소하고 있다.

05

- 시행기업 수 증가율 : $\dfrac{7,686-2,802}{2,802}\times100 = 174.3\%$

- 참여직원 수 증가율 : $\dfrac{21,530-5,517}{5,517}\times100 = 290.2\%$

따라서 2022년 대비 2024년 시행기업 수의 증가율이 참여직원 수의 증가율보다 낮다.

오답분석

① 2024년 남성육아휴직제 참여직원 수는 2022년의 $\dfrac{21,530}{5,517} = 3.9$배이다.

② • 2021년 : $\dfrac{3,197}{2,079} = 1.5$명

  • 2022년 : $\dfrac{5,517}{2,802} = 2.0$명

  • 2023년 : $\dfrac{10,869}{5,764} = 1.9$명

  • 2024년 : $\dfrac{21,530}{7,686} = 2.8$명

  따라서 시행기업당 참여직원 수가 가장 많은 해는 2024년이다.

④ 2021년부터 2024년까지 연간 참여직원 수 증가 인원의 평균은 $\dfrac{21,530-3,197}{3} = 6,111$명이다.

⑤ 참여직원 수 그래프의 기울기와 시행기업 수 그래프의 길이를 보면 알 수 있다. 참여직원 수는 2024년에 전년 대비 가장 많이 증가했고, 시행기업 수는 2023년에 전년 대비 가장 많이 증가했다.

06

정답 ⑤

2023년 총연봉은 2024년 총연봉의 전년 대비 증가율 그래프의 수치로 구할 수 있다.

- A팀 : $\dfrac{15}{1+0.5}=10$억 원

- E팀 : $\dfrac{24}{1+0.5}=16$억 원

따라서 A팀보다 E팀의 2023년 총연봉이 더 많다.

오답분석

(단위 : 명, 어 원)

구분	선수 인원수		총연봉		2024년 선수 한 명당 평균 연봉
	2023년	2024년	2023년	2024년	
A	$\dfrac{5}{1+0.25}=4$	5	$\dfrac{15}{1+0.5}=10$	15	$\dfrac{15}{5}=3$
B	$\dfrac{10}{1+1}=5$	10	$\dfrac{25}{1+1.5}=10$	25	$\dfrac{25}{10}=2.5$
C	$\dfrac{10}{1+0.25}=8$	10	$\dfrac{24}{1+0.2}=20$	24	$\dfrac{24}{10}=2.4$
D	$\dfrac{6}{1+0.5}=4$	6	$\dfrac{30}{1+0.2}=25$	30	$\dfrac{30}{6}=5$
E	$\dfrac{6}{1+0.2}=5$	6	$\dfrac{24}{1+0.5}=16$	24	$\dfrac{24}{6}=4$

① 2024년 테니스 팀 선수 1명당 평균 연봉은 D팀이 5억 원으로 가장 많다.

② 2024년 전년 대비 증가한 선수 인원수는 2명으로 C팀과 D팀이 동일하다.

③ 2024년 A팀의 선수 1명당 평균 연봉은 2023년 2.5억 원에서 3억 원으로 증가하였다.

④ 2024년 선수 인원수가 전년 대비 가장 많이 증가한 B팀은 총연봉도 가장 많이 증가하였다.

01	02	03	04	05	06	07												
④	②	④	④	①	②	①												

01

총무부서 직원은 총 $250 \times 0.16 = 40$명이다. 2022년과 2023년의 독감 예방접종 여부가 총무부서에 대한 자료라면, 총무부서 직원 중 2022년과 2023년의 예방접종자 수의 비율 차는 $56 - 38 = 18\%p$이다. 따라서 $40 \times 0.18 ≒ 7.2$이므로 2022년 대비 2023년에 약 7명 증가했다.

오답분석

① 2022년 독감 예방접종자 수는 $250 \times 0.38 = 95$명, 2023년 독감 예방접종자 수는 $250 \times 0.56 = 140$명이므로, 2022년에는 예방 접종을 하지 않았지만, 2023년에는 예방접종을 한 직원은 총 $140 - 95 = 45$명이다.

② 2022년의 예방접종자 수는 95명이고, 2023년의 예방접종자 수는 140명이다. 따라서 $\dfrac{140 - 95}{95} \times 100 ≒ 47\%$ 증가했다.

③ 2022년의 예방접종을 하지 않은 직원들을 대상으로 2023년의 독감 예방접종 여부를 조사한 자료라고 한다면, 2022년과 2023 년 모두 예방접종을 하지 않은 직원은 총 $250 \times 0.62 \times 0.44 ≒ 68$명이다.

⑤ 제조부서를 제외한 직원은 $250 \times (1 - 0.44) = 140$명이고, 2023년에 예방접종을 한 직원은 $250 \times 0.56 = 140$명이다. 따라서 제조 부서 직원 중 예방접종을 한 직원은 없다.

02

$$\dfrac{(대학졸업자 \ 중 \ 취업률)}{(전체 \ 대학졸업자)} \times 100 = (대학졸업자 \ 취업률) \times (대학졸업자의 \ 경제활동인구 \ 비중) \times \dfrac{1}{100}$$

따라서 OECD 평균은 $40 \times 50 \times \dfrac{1}{100} = 20\%$이고, 이보다 높은 국가는 B, C, E, F, G, H이다.

03

전년 대비 하락한 항목은 2021년 종합청렴도, 2021년 외부청렴도, 2021년 정책고객평가, 2022년 내부청렴도, 2023년 내부청렴 도, 2023년 정책고객평가이다. 항목별 하락률을 구하면 다음과 같다.

• 2021년

－ 종합청렴도 : $\dfrac{8.21 - 8.24}{8.24} \times 100 ≒ -0.4\%$

－ 외부청렴도 : $\dfrac{8.35 - 8.56}{8.56} \times 100 ≒ -2.5\%$

－ 정책고객평가 : $\dfrac{6.90 - 7.00}{7.00} \times 100 ≒ -1.4\%$

• 2022년

－ 내부청렴도 : $\dfrac{8.46 - 8.67}{8.67} \times 100 ≒ -2.4\%$

• 2023년

－ 내부청렴도 : $\dfrac{8.12 - 8.46}{8.46} \times 100 ≒ -4.0\%$

－ 정책고객평가 : $\dfrac{7.78 - 7.92}{7.92} \times 100 ≒ -1.8\%$

따라서 전년 대비 가장 크게 하락한 항목은 2023년 내부청렴도이다.

① • 최근 4년간 내부청렴도 평균 : $\dfrac{8.29+8.67+8.46+8.12}{4} ≒ 8.4$

   • 최근 4년간 외부청렴도 평균 : $\dfrac{8.56+8.35+8.46+8.64}{4} ≒ 8.5$

   따라서 최근 4년간 내부청렴도의 평균이 외부청렴도의 평균보다 낮다.

② 2021 ~ 2023년 외부청렴도와 종합청렴도의 전년 대비 증감 추이는 '감소 – 증가 – 증가'로 같다.

③ · ⑤ 그래프를 통해 알 수 있다.

04
정답 ④

소비자물가지수는 상품의 가격 변동을 수치화한 것으로 각 상품의 가격은 알 수 없다.

① 그래프를 보면 세 품목이 모두 2019년에 물가지수 100을 나타낸다. 따라서 제시한 모든 품목의 소비자 물가지수는 2019년 물가를 100으로 하여 등락률을 산정했다.

② 2023년의 자장면 물가지수의 2019년 대비 증가지수는 115 – 100 = 15로 가장 많이 오른 음식이다.

③ 설렁탕은 2014년에 물가지수가 가장 낮은 품목이며, 2019년의 세 품목의 물가지수는 100으로 동일하다. 따라서 설렁탕이 2014년부터 2019년까지 가장 많이 오른 음식이다.

⑤ 세 품목의 2019년 물가지수 100이 기준이기 때문에 2023년에 물가지수가 높은 순서대로 가격 증가액이 높다. 따라서 2019년 대비 2023년은 '자장면, 설렁탕, 커피' 순으로 가격이 올랐다.

05
정답 ①

그래프의 수치가 명확하지 않은 경우에는 수치로 접근하기보다는 간격이 몇 칸인지로 판단하는 것이 더 효율적이다.

ㄱ. 20g일 때와 60g일 때를 비교하면 약품 A는 2칸, B는 2칸 이상, C는 3칸의 차이를 보이고 있다. 따라서 A의 오염물질 제거량 차이(약 10g)가 가장 작다.

ㄴ. 각 약품의 투입량이 20g일 때, 약품별 오염물질 제거량은 A가 7칸이며, C가 3칸이다. 따라서 A가 C의 2배 이상이다.

ㄷ. 오염물질 30g를 제거하기 위해 필요한 약품 A ~ C의 투입량은 각각 10g, 30g, 60g으로 A의 약품 투입량이 가장 적다.

ㄹ. 약품 투입량 20 ~ 40g 구간에서 오염물질 제거량 차이는 약 2칸 차이로 7g 이상이다.

06
정답 ②

ㄱ. 자료에서 성과 점수가 가장 높은 과제는 '비용부담완화(5.12점)'이고 가장 낮은 과제는 '보육인력 전문성 제고(3.84점)'이므로 둘의 차이는 1점보다 크다.

ㄴ. '보육인력 전문성 제고'의 성과 점수는 3.84점이고 추진 필요성 점수는 3.70점으로 차이는 0.14점이고 나머지 항목들은 이보다 더 크다.

ㄷ. 6대 과제의 추진 필요성 점수의 총합은 21.76점이므로 이들의 평균은 약 3.62이다.

07

ㄱ. 집단 A의 유권자와 집단 B의 유권자를 1:1로 짝을 지어 판단해 보면 5쌍 모두 집단 B의 유권자의 소득이 더 많다는 것을 알 수 있으므로 집단의 평균소득 역시 집단 B가 집단 A보다 더 많다. 따라서 옳은 내용이다.

ㄴ. ㄱ과 같은 논리로 판단해 보면 집단 B의 '가' 정당 지지도의 평균이 집단 C보다 높으므로 옳은 내용이다.

오답분석

ㄷ. 동일한 집단 내에 있는 임의의 두 유권자를 선택해 비교해 보면 소득이 많을수록 '가' 정당 지지도도 높으므로 옳지 않은 내용이다.

ㄹ. 평균소득이 많은 순서대로 각 집단을 나열하면 C, B, A임을 알 수 있는데, '가' 정당 지지도의 평균이 높은 순서대로 나열하면 A, B, C이다. 따라서 옳지 않은 내용이다.

74 · 수리능력 합격노트

01	02	03	04	05	06	07	08	09	10	11	12	13	14	15	16	17	18	19	20
②	①	③	③	②	④	③	①	③	③	①	②	①	③	⑤	⑤	③	④	⑤	③

01 　　　　　　　　　　　　　　　　　　　　　　　　　　　　　　　　　　　　　 정답 ②

A국의 GDP는 18,562십억 달러로 나머지 다섯 국가의 GDP의 합인 4,730＋3,495＋2,650＋2,488＋1,404＝14,767십억 달러보다 크다.

오답분석

ㄱ. B국은 C국보다 GDP와 GDP 대비 국가자산총액 모두 높다.

ㄷ. (국가자산총액)＝(GDP 대비 국가자산총액)×(GDP)÷100으로 F국과 D국의 국가자산총액을 구하면 D국의 총액이 더 크다.

- F국 : $\dfrac{828}{100} \times 1,404 ≒ 11,625$십억 달러

- D국 : $\dfrac{522}{100} \times 2,650 ≒ 13,833$십억 달러

02 　　　　　　　　　　　　　　　　　　　　　　　　　　　　　　　　　　　　　 정답 ①

ㄱ. 자녀가 1인인 가구의 경우 가구별 총급여액이 800만 원부터 1,300만 원까지의 구간에서 근로장려금은 140만 원이다.

ㄷ. 총급여액이 2,200만 원이고 자녀가 3인 이상인 가구의 근로장려금은 약 70만 원인데 비해, 총급여액이 600만 원이고 자녀가 1인인 가구의 근로장려금은 70만 원보다 많다.

오답분석

ㄴ. 무자녀 가구의 경우는 가구별 총급여액이 600만 원부터 900만 원까지의 구간에서 근로장려금이 70만 원으로 동일하다.

ㄹ. 총급여액이 2,000만 원인 가구라고 할 지라도, 무자녀인 경우와 자녀가 1인인 경우는 근로장려금이 지급되지 않는다.

03 　　　　　　　　　　　　　　　　　　　　　　　　　　　　　　　　　　　　　 정답 ③

그림에서 제시된 수치들이 모두 비율로 나타나 있으므로 굳이 해당되는 수치를 직접 계산할 필요 없이 비율을 이용하여 대소비교를 해도 무방하다.

ㄴ. 비율수치를 이용해 계산하면 D사업 예산은 (19%×51%)이고, C사업 예산은 (19%×42%)이므로 C사업 예산이 더 적다.

ㄷ. B사업과 C사업 예산의 합은 42%×(34%＋19%) 즉, (42%×53%)로 나타낼 수 있는데 이는 어림해서 판단하면 20%대 초반임을 알 수 있다. 그런데 경제복지 예산의 비중은 30%이어서 이보다 크다.

오답분석

ㄱ. 총예산이 135억 원이고 교육 예산은 이의 9%이므로 교육 예산은 12.15억 원이다.

ㄹ. A-2사업 예산은 (42%×47%×48%)로 나타낼 수 있는데 뒤의 47%와 48%가 모두 50%라고 하더라도 약 10%이다. 따라서 실제 수치는 이보다 적은 9%정도라고 어림할 수 있어서 이의 3배는 약 27% 정도로 추산할 수 있다. 그런데 도시안전 분야의 예산은 19%에 불과하여 이보다 적다.

04 　　　　　　　　　　　　　　　　　　　　　　　　　　　　　　　　　　　　　 정답 ③

범례가 거꾸로 작성되었다. 즉, 막대 그래프의 상단 색으로 처리된 부분이 토목공사를 나타내는 것이고 하단의 백색 부분이 건축공사를 나타내고 있다.

오답분석

①・②・④・⑤ 모두 주어진 표를 바르게 나타낸 것을 확인할 수 있다.

05

연도별 누적 막대 그래프로, 각 지역의 적설량이 올바르게 나타나 있다.

오답분석

① 적설량의 단위는 'm'가 아니라 'cm'이다.
③ 수원과 강릉의 2020년, 2021년 적설량 수치가 서로 바뀌었다.
④ 그래프의 가로축을 지역으로 수정해야 한다.
⑤ 서울과 수원·강릉의 그래프 수치가 서로 바뀌었다.

06

정답 ④

그래프의 제목은 'TV+스마트폰 이용자의 도시규모별 구성비'인 것에 반해 그래프에 있는 수치들을 살펴보면, TV에 대한 도시규모별 구성비와 같은 것을 알 수 있다. 따라서 제목과 그래프의 내용이 서로 일치하지 않음을 알 수 있다.
TV+스마트폰 이용자의 도시규모별 구성비는 다음과 같이 구할 수 있다.

- 대도시 : $45.3\% \times \dfrac{7,000}{13,000} + 47.5\% \times \dfrac{6,000}{13,000} = 46.32\%$

- 중소도시 : $37.5\% \times \dfrac{7,000}{13,000} + 39.6\% \times \dfrac{6,000}{13,000} = 38.47\%$

- 군지역 : $17.2\% \times \dfrac{7,000}{13,000} + 12.9\% \times \dfrac{6,000}{13,000} = 15.22\%$

오답분석

① 연령대별 스마트폰 이용자 비율에 사례 수(조사인원)를 곱하면 이용자 수를 구할 수 있다.

연령	10대	20대	30대	40대	50대	60대 이상
스마트폰 이용자 수(명)	6,000×11.2% =672	6,000×18.7% =1,122	6,000×21.1% =1,266	6,000×22.2% =1,332	6,000×18.6% =1,116	6,000×8.2% =492

② 매체별 성별 이용자 비율에 사례 수(조사인원)를 곱하면 구할 수 있다.

(단위 : 명)

미디어 매체		TV	스마트폰	PC/노트북
성별	남	7,000×49.4%=3,458	6,000×51.7%=3,102	4,000×51.9%=2,076
	여	7,000×50.6%=3,542	6,000×48.3%=2,898	4,000×48.1%=1,924

③ 주어진 표에서 쉽게 확인할 수 있다.
⑤ 각 사례 수(조사인원)에서 사무직에 종사하는 대상의 수를 도출한 뒤, 매체별 비율을 산출하여야 한다.

구분	TV	스마트폰	PC/노트북
사례 수(a)	7,000명	6,000명	4,000명
사무직 비율(b)	20.1%	25.6%	28.2%
사무직 대상수 ($a \times b = c$)	1,407명	1,536명	1,128명
합계(d)	4,071명		
비율($c \div d$)	34.56%	37.73%	27.71%

07

정답 ③

커피전문점은 치킨집보다는 5%p 낮고, 그 비율은 30% 이상(32%)을 차지하고 기타 업종이 5% 미만(3%)을 차지한다.

오답분석

① 기타의 비중이 5% 이상이다.
② 커피전문점이 치킨집보다 3%p 작다.
④ 커피전문점의 비중이 30% 미만이다.
⑤ 커피전문점의 비중이 1위이다.

76 • 수리능력 합격노트

08
정답 ①

가로축의 수치와 세로축의 수치가 일치하는 대각선을 그린 후 그 대각선의 상단에 위치하고 있는 것을 찾으면 된다. 이에 따르면 환경적 리스크 중 '생태계붕괴' 항목만이 발생가능성 지수 대비 영향도의 비가 1을 넘고 있으며 나머지는 모두 1에 미치지 못하고 있다.

오답분석

② 영향도와 발생가능성 지수의 차이가 가장 크다는 것은 대각선에서 가장 멀리 떨어졌다는 것과 같은 의미이다. 그림에서 대각선과 가장 멀리 떨어져 있는 항목은 '대량 살상 무기'이다.

③ '에너지가격 충격'의 영향도는 3.2이며, 발생가능성 지수는 3.0이므로 영향도 대비 발생가능성 지수의 비는 $\frac{3.0}{3.2}$ 이다.

④ 영향도와 발생가능성 지수 각각의 평균선을 X, Y축으로 볼 때 모든 환경적 리스크는 1사분면상에 위치하고 있으므로 옳은 내용이다.

⑤ 영향도와 발생가능성 지수가 각각의 '전체 평균' 이하인 경제적 리스크의 수는 인플레이션, 디플레이션, 재정 메커니즘 실패, 에너지가격 충격, 중요 기반시설 실패 등의 6개이며, 각각의 '전체 평균' 이상인 경제적 리스크는 존재하지 않는다.

09
정답 ③

선택지의 그래프는 각 국가의 여성과 남성의 흡연율을 단순평균한 값을 이용해 그려진 것이다. 그러나 이는 여성과 남성의 인구가 동일한 경우에만 성립하는 것이며 둘의 인구가 다르다면 각각의 가중치에 따른 가중평균값을 구해야 한다. 그런데 제시된 표만으로는 이 가중치를 알 수 없으므로 옳지 않은 그래프라는 것을 알 수 있다.

오답분석

①·②·④·⑤ 모두 주어진 자료를 이용하여 바르게 작성된 그래프이다.

10
정답 ③

보고서에서는 50대 이상 연령대가 40대에 비해 2년 미만 생활 기간이 상대적으로 높게 나타났다고 설명하고 있으나, 그래프에서는 반대로 40대가 50대 이상보다 더 높게 나타나 있다.

11
정답 ①

2021년에 투자액이 전년 대비 3배 이상 증가로 증가율이 가장 높다.

오답분석

② 투자 건수의 전년 대비 증가율이 가장 낮은 연도는 비교연도의 수치(60건)의 증가폭(3건)이 가장 작은 2023년이다.

③ 2018년의 투자 건수 8건과 2019년의 투자 건수 25건의 합은 33건으로 2023년의 투자 건수인 63건보다 작다.

④ 투자액이 가장 큰 연도는 390억 원을 기록한 2022년이다.

⑤ 그림에서 꺾은선 그래프가 계속 증가하는 방향으로 나타나고 있다.

PART 1

PART 2

PART 3

PART 4

12

②

- 전라도 지역에서 광주가 차지하는 비중 : $13,379$(광주)$+13,091$(전남)$+13,208$(전북)$=39,678$명

  $\rightarrow \dfrac{13,379}{39,678} \times 100 \fallingdotseq 33.72\%$

- 충청도 지역에서 대전이 차지하는 비중 : $11,863$(대전)$+10,785$(충남)$+8,437$(충북)$+575$(세종)$=31,660$명

  $\rightarrow \dfrac{11,863}{31,660} \times 100 \fallingdotseq 37.47\%$

따라서 전라도 지역에서 광주가 차지하는 비중이 충청도 지역에서 대전이 차지하는 비중보다 작다.

오답분석

① 의료인력이 수도권 특히 서울, 경기에 편중되어 있으므로 불균형상태를 보이고 있다.
③ 의료인력수는 세종이 가장 적으며 두 번째로 적은 곳은 제주(도서지역)이다.
④ 제시된 자료에 의료인력별 수치가 나와 있지 않으므로 의료인력수가 많을수록 의료인력 비중이 고르다고 말할 수는 없다.
⑤ 서울과 경기를 제외한 나머지 지역 중 의료인력수가 가장 많은 지역은 부산($28,871$명)이고 가장 적은 지역은 세종(575명)이다.
  따라서 부산과 세종의 의료인력의 차는 $28,296$명으로 이는 경남($21,212$명)보다 크다.

13

①

전산업생산지수 원지수와 전년동월비 추이에서 2023년 3월에는 전산업생산지수의 값이 100 이상이다.

오답분석

② 전산업생산지수 원지수와 전년비 추이에서 전년비가 가장 큰 값은 2016년이다.
③ 전산업생산지수 원지수와 전년동월비 추이에서 2023년 9월에는 2022년 9월보다 약 5% 산업생산능력이 감소하였다.
④ 전산업생산지수 원지수와 전년동월비 추이에서 2023년 2월 전산업생산지수의 값이 100 이하이므로 옳은 내용이다.
⑤ 전산업생산지수 원지수와 전년비 추이에서 전산업생산지수는 지속적으로 증가하고 있다.

14

③

2023년 전체 실적은 $45+50+48+42=185$억 원이며, $1 \sim 2$분기와 $3 \sim 4$분기가 차지하는 비율을 각각 구하면 다음과 같다.

- $1 \sim 2$분기 : $\dfrac{45+50}{185} \times 100 \fallingdotseq 51.4\%$

- $3 \sim 4$분기 : $\dfrac{48+42}{185} \times 100 \fallingdotseq 48.6\%$

두 비율의 합은 100%이므로 하나만 계산하고, 나머지는 100%에서 빼면 빠르게 풀 수 있다.

15

⑤

ㄴ. 2022년도에 문화예술행사를 관람한 70대 이상의 사람의 수는 $1,279 \times 0.531 \fallingdotseq 679$명이며, 2023년도에 문화예술행사를 관람한 70대 이상의 사람의 수는 $1,058 \times 0.499 \fallingdotseq 528$명이다.
ㄷ. 2022년에 소득이 $100 \sim 300$만 원인 사람은 총 $3,007$명이다. 문화예술행사를 관람한 사람의 수는 $1,204 \times 0.416 + 1,803 \times 0.241 = 500.864 + 434.523 \fallingdotseq 935$명으로 관람 비율은 $\dfrac{935}{3,007} \times 100 \fallingdotseq 31\%$이다. 2023년도 가구소득이 $100 \sim 200$만 원인 사람들 중 문화예술행사를 관람하지 않은 사람의 비율은 39.6%이다.
ㄹ. 2023년도 문화예술행사를 관람한 사람의 수는 40대가 $1,894 \times 0.891 \fallingdotseq 1,688$명, 50대가 $1,925 \times 0.808 \fallingdotseq 1,555$명이다.

오답분석

ㄱ. 2022년도에 가구소득이 100만원 미만이면서 문화예술행사를 관람한 사람의 수는 $869 \times 0.575 \fallingdotseq 500$명이며, 가구소득이 $100 \sim 200$만 원이면서 문화예술행사를 관람한 사람의 수는 $1,204 \times 0.416 \fallingdotseq 501$명이다.

16

정답 ⑤

2023년 가구소득별 문화예술행사 관람 비율이 아닌 관람자 수가 제시된 그래프이므로 옳지 않다.

17

정답 ③

모든 국가의 65세 이상 경제활동 참가율 합은 $29.4+17.4+4+5.9+15.2+32+21.8+8.6=134.3\%$이며, 우리나라 업종별 고령근로자 비율의 총합은 $20+7+10+4+7+12.5+11+20+35=126.5\%$이다. 두 비율의 차이는 $134.3-126.5=7.8\%\text{p}$이다.

오답분석

① 외국기업의 고령근로자 비율이 25%로 가장 높다.

② 농업과 제조업을 제외한 모든 업종의 전체 근로자 수에서 공공기관과 외국기업에 종사하는 전체 근로자 비율은

$$\frac{92+12}{97+180+125+160+48+92+12}\times100=\frac{104}{714}\times100\fallingdotseq14.6\%\text{로 }15\% \text{ 미만이다.}$$

④ 운수업 및 교육 서비스업에 종사하는 고령근로자 수는 $180\times0.04+48\times0.11=12.48$천 명이며, 제조업에 종사하는 고령근로자 수는 $1,080\times0.07=75.6$천 명이다. 따라서 운수업 및 교육 서비스업에 종사하는 고령근로자는 제조업에 종사하는 고령근로자 수의 $\frac{12.48}{75.6}\times100\fallingdotseq16.5\%$로 15% 이상이다.

⑤ 아이슬란드의 조사 인구를 10,000명이라 하면, 네덜란드의 조사 인구는 20,000명이 된다. 65세 이상 경제활동 참가율에 따라 아이슬란드의 고령근로자 수는 $10,000\times0.152=1,520$명, 네덜란드는 $20,000\times0.059=1,180$명이다. 따라서 네덜란드의 조사 인구가 아이슬란드보다 2배 많아도 네덜란드의 고령근로자 수는 아이슬란드보다 적다.

18

정답 ④

주어진 자료를 참고하여 독일의 조사 인구와 영국의 고령근로자 수를 구하면 다음과 같다.

- (A) : $a\times0.04=132 \rightarrow a=\frac{132}{0.04}=3,300$
- (B) : $3,540\times0.086=b \rightarrow b=304.44$

19

정답 ⑤

ㄴ. 2023년, 2022년 정부지원금 모두 G기업이 1위이므로 2021년 또한 1위라면, 3개년 연속 1위이다.

ㄷ. F기업과 H기업은 2022년에 비해 2023년 정부지원금이 감소하였다.

ㄹ. 2023년 상위 7개 기업의 총 정부지원금은 454,943만 원으로, 2022년 총 정부지원금 420,850만 원에 비해 $454,943-420,850=34,093$만 원 증가하였다.

오답분석

ㄱ. 정부지원금이 동일한 기업은 없다.

20

정답 ③

2022년을 기준으로 1위와 2위가 바뀌었다고 했으므로 2021년에는 1위가 D기업, 2위가 G기업이다. E기업은 매년 한 순위씩 상승했고, 2022년에 4위였으므로 2021년에는 5위이다. 2021년부터 3년간인 2023년까지 5위 안에 드는 기업이 동일하다 했으므로, 5위 안에 드는 기업은 C, D, E, G, H기업이고, H기업은 2022년까지 매년 3위를 유지했으므로 2021년에도 3위이다.

따라서 2021년 1위는 D기업, 2위는 G기업, 3위는 H기업, 4위는 C기업, 5위는 E기업이다.

MEMO

PART 4

최종점검 모의고사
정답 및 해설

01	02	03	04	05	06	07	08	09	10
③	③	②	②	①	④	②	③	②	⑤
11	12	13	14	15	16	17	18	19	20
③	④	⑤	④	①	⑤	③	②	②	①

01

정답 ③

혜주의 속력을 $2x\,\text{m/min}$이라 하자(단, $x>0$). 이때 승혜와 민지의 속도는 각각 $3x\,\text{m/min}$, $4x\,\text{m/min}$이다.

학교에서 도서관까지의 거리를 $y\,\text{m}$라 하면 다음과 같다.

$$\frac{y}{3x}=\frac{y}{4x}+3 \cdots \text{㉠}$$

혜주의 이동시간과 승혜의 이동시간은 같으므로 다음과 같다.

$$\frac{y}{3x}=\frac{y-300}{2x} \rightarrow 2y=3y-900 \rightarrow y=900 \cdots \text{㉡}$$

㉡을 ㉠에 대입하면 다음과 같다.

$$\frac{300}{x}=\frac{225}{x}+3$$

$$\rightarrow 300=225+3x$$

$$\therefore x=25$$

따라서 모두 일정한 속도로 움직일 때 승혜의 속도는 $3\times25=75\,\text{m/min}$이다.

02

정답 ③

갑의 1시간 동안 작업량을 x개라고 하자. 을과 병의 1시간 동안 작업량은 각각 $1.2x$, $0.7x$이므로 다음과 같다.

$$6\times(x+1.2x+0.7x)=435$$

$$\rightarrow 17.4x=435$$

$$\therefore x=25$$

따라서 갑이 1시간 동안 조립하는 볼펜은 총 25개이다.

03

정답 ②

장치 A에서 1시간당 물이 공급되는 양을 $a\text{L}$, 장치 B를 통해 물이 배출되는 양을 1시간당 $b\text{L}$라고 가정하자. 장치를 이용하여 수영장 물을 가득 채우는 것에 대한 방정식을 세우면 다음과 같다.

$$4\times a=6\times(a-b)$$

$$\rightarrow 2a=6b$$

$$\therefore a=3b$$

장치 A에서 물이 1시간당 공급되는 양은 장치 B를 통해 물이 배출되는 양의 3배이다.

따라서 $4a\text{L}$가 수영장 전체 물의 양이므로 장치 B를 작동시켜 전체 물이 배출되는 데 걸리는 시간은 $4\times3=12$시간이다.

04

정답 ②

진희의 집부터 어린이집까지의 거리를 $x\text{km}$라고 하면, 어린이집부터 회사까지의 거리는 $(12-x)\text{km}$이다.

어린이집부터 회사까지 진희의 속력은 10km/h의 1.4배이므로 14km/h이다.

집부터 회사까지 1시간이 걸렸으므로 다음 식이 성립한다.

$$\frac{x}{10}+\frac{12-x}{14}=1$$

$$\rightarrow 7x+5(12-x)=70$$

$$\rightarrow 2x=10$$

$$\therefore x=5$$

즉, 어린이집을 가는 데 걸린 시간은 $\frac{5}{10}$ 시간$=30$분이다.

따라서 어린이집에서 출발한 시각은 8시 30분이다.

05

정답 ①

- 홀수가 적힌 공이 나오고, 주사위를 2번 던졌을 때 합이 5인 경우
  - 홀수 공을 뽑았을 확률 : $\dfrac{3}{5}$
  - 주사위 숫자 합이 5일 경우의 수 : (1, 4), (2, 3), (3, 2), (4, 1) → 4가지
    홀수가 적힌 공이 나오고, 주사위를 2번 던졌을 때 합이 5일 확률은 $\dfrac{4}{6^2} \times \dfrac{3}{5} = \dfrac{1}{15}$ 이다.

- 짝수 공이 나오고, 주사위 3번 던졌을 때 합이 5인 경우
  - 짝수 공이 나올 확률 : $\dfrac{2}{5}$
  - 주사위 숫자 합이 5일 경우의 수 : (3, 1, 1), (1, 3, 1), (1, 1, 3), (2, 2, 1), (2, 1, 2), (1, 2, 2) → 6가지
    짝수 공이 나오고, 주사위를 3번 던졌을 때 합이 5일 확률은 $\dfrac{6}{6^3} \times \dfrac{2}{5} = \dfrac{1}{90}$ 이다.

따라서 하나의 공을 꺼내고, 주사위를 던져 나온 숫자 총합이 5일 확률은 $\dfrac{1}{15} + \dfrac{1}{90} = \dfrac{7}{90}$ 이므로 $p+q = 90+7 = 97$ 이다.

06

정답 ④

갑과 을이 동시에 출발하여 같은 속력으로 이동할 때 만날 수 있는 점은 다음 4개의 지점이다.

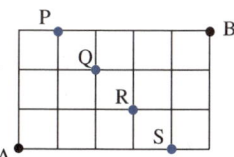

- P지점에서 만날 때 : $\left(\dfrac{4!}{3!} \times 1 \right) \times \left(1 \times \dfrac{4!}{3!} \right) = 16$가지

- Q지점에서 만날 때 : $\left(\dfrac{4!}{2!2!} \times \dfrac{4!}{3!} \right) \times \left(\dfrac{4!}{3!} \times \dfrac{4!}{2!2!} \right)$ $= 576$가지

- R지점에서 만날 때 : $\left(\dfrac{4!}{3!} \times \dfrac{4!}{2!2!} \right) \times \left(\dfrac{4!}{2!2!} \times \dfrac{4!}{3!} \right)$ $= 576$가지

- S지점에서 만날 때 : $\left(1 \times \dfrac{4!}{3!} \right) \times \left(\dfrac{4!}{3!} \times 1 \right) = 16$가지

따라서 경우의 수는 $16+576+576+16 = 1,184$가지이다.

07

정답 ②

농도를 알 수 없는 소금물 A의 농도를 $x\%$라고 하자.

$$\dfrac{13}{100} \times 400 + \dfrac{7}{100} \times 200 + \dfrac{x}{100} \times 100 = \dfrac{10}{100} \times 700$$

$$\rightarrow 52 + 14 + x = 70$$

$$\therefore x = 4$$

따라서 소금물 A의 농도는 4%이다.

08

정답 ③

제시된 수열은 홀수 항은 ÷1, ÷2, ÷3 …이고, 짝수 항은 +11인 수열이다.
따라서 (A)$=11+11=22$이고, (B)$=840 \div 4 = 210$이므로 (A)+(B)$=22+210=232$이다.

09

정답 ②

2024년 김치 수출액이 3번째로 많은 국가는 홍콩이다. 홍콩의 2023년 대비 2024년 수출액의 증감률은 $\dfrac{4,285-4,543}{4,543} \times 100 = -5.68\%$이다.

10

정답 ⑤

2024년에 대리의 수가 2014년에 비해 늘어난 출신 지역은 서울·경기도, 강원도, 충청남도의 3곳이고, 줄어든 출신 지역은 충청북도, 경상남도, 전라북도, 전라남도의 4곳이므로 옳지 않다.

오답분석

① 2014년의 과장의 수는 44명이고, 2024년은 75명으로 증가하였으므로 옳다.

② 2014년의 경우 충청북도 출신의 임직원이 67명으로 가장 많고, 2024년의 경우도 충정북도 출신의 임직원이 71명으로 가장 많으므로 옳다.

③ 이사 직급의 경우 2014년 4명에서 2024년 8명으로 2배(100%) 증가하였으나 나머지 직급의 증가율은 이에 미치지 못하므로 옳다.

④ 전라북도의 경우 전체 임직원 수(25명)에서 과장 직급(18명)이 차지하는 비중이 절반을 넘고 있으나 나머지 지역은 이에 미치지 못하므로 옳다.

11

정답 ③

㉠ 초등학생에서 중학생, 고등학생으로 올라갈수록 스마트폰($7.2\% \rightarrow 5.5\% \rightarrow 3.1\%$)과 PC($42.5\% \rightarrow 37.8\% \rightarrow 30.2\%$)의 이용률은 감소하고, 태블릿PC($15.9\% \rightarrow 19.9\% \rightarrow 28.5\%$)와 노트북($34.4\% \rightarrow 36.8\% \rightarrow 38.2\%$)의 이용률은 증가하고 있다.

㉢ 태블릿PC와 노트북의 남학생·여학생 이용률의 차이는 다음과 같다.
- 태블릿PC : $28.1 - 11.7 = 16.4$p
- 노트북 : $39.1 - 30.9 = 8.2$p

따라서 태블릿PC의 남학생·여학생 이용률은 노트북의 $16.4 \div 8.2 = 2$배이다.

오답분석

㉡ 초·중·고등학생의 노트북과 PC의 이용률의 차이는 다음과 같다.
- 초등학생 : $42.5 - 34.4 = 8.1$p
- 중학생 : $37.8 - 36.8 = 1\%$p
- 고등학생 : $38.2 - 30.2 = 8\%$p

따라서 중학생의 노트북과 PC의 이용률 차이가 가장 작다.

12

정답 ④

자료 3에서 한국은 고점 대비 10년간 하락 폭이 3.8%p인 것을 확인할 수 있다. 반면, 주요국의 평균은 $\frac{29.9}{14} = 2.14\%$p로 한국이 주요국 평균에 비해 $\frac{3.8}{2.14} = 1.8$배 크다는 것을 알 수 있다.

오답분석

① 자료 1에서 우리나라가 미국에 비해 실물자산 비중이 높은 것과 고령층으로 갈수록 실물자산의 편중도가 심화된다는 것을 알 수 있다.

② 자료 1에서 '~64세'와 '~74세' 구간을 통해 실물자산 비중이 약 80%임을 알 수 있으며, 이는 미국을 크게 상회하는 수준이다. 또한 자료 2에서 '55~64세'와 '65~74세' 구간을 통해 금융자산 대비 금융부채 비율(전체가구 기준)이 미국에 비해 약 2~3배 높은 수준임을 알 수 있다.

③ 자료 2에서 '55~64세'와 '65~74세' 구간을 통해 금융부채 보유가구의 금융자산 대비 금융부채 비율 자료를 확인할 수 있으며, 그래프 상에서 대략적으로 85~115% 정도임을 유추할 수 있다.

⑤ 자료 3에서 '고령사회 → 초고령사회' 구간을 통해 우리나라(8년)가 주요국의 평균(약 30.57년)보다 약 3.8배 빠르다는 것을 알 수 있다.

13

정답 ⑤

기타 행정구역을 제외하고 명승이 없는 행정구역 수는 4곳이며, 국가무형문화재가 없는 행정구역 수도 4곳으로 동일하다.

오답분석

① 전남의 국가무형문화재가 전체 국가무형문화재에서 차지하는 비율은 $\frac{15}{138} \times 100 = 10.9\%$이다.

② 문화재가 없는 경우를 제외하고 등록문화재가 가장 적은 행정구역은 6건인 울산이다.

③ 지정문화재 중에서 명승이 가장 많은 행정구역은 25건인 강원이다.

④ 서울의 국보가 전체 국보에서 차지하는 비율은 $\frac{164}{331} \times 100 = 49.6\%$이며, 서울의 보물이 전체 보물에서 차지하는 비율은 $\frac{682}{2,106} \times 100 = 32.4\%$이다.

14

정답 ④

오답분석

ㄴ. 방송에서 착공 후 가장 많이 보도된 분야는 공정이다.

15

정답 ①

ㄱ. 연도별 층간소음 분쟁은 2020년 430건, 2021년 520건, 2022년 860건, 2023년 1,280건이다.

ㄴ. 2021년 전체 분쟁 신고에서 각 항목이 차지하는 비중을 구하면 다음과 같다.
- 2021년 전체 분쟁 신고 건수
  : $280 + 60 + 20 + 10 + 110 + 520 = 1,000$건
- 관리비 회계 분쟁 : $\frac{280}{1,000} \times 100 = 28\%$
- 입주자대표회의 운영 분쟁 : $\frac{60}{1,000} \times 100 = 6\%$
- 정보공개 관련 분쟁 : $\frac{20}{1,000} \times 100 = 2\%$
- 하자처리 분쟁 : $\frac{10}{1,000} \times 100 = 1\%$
- 여름철 누수 분쟁 : $\frac{110}{1,000} \times 100 = 11\%$
- 층간소음 분쟁 : $\frac{520}{1,000} \times 100 = 52\%$

ㄷ. 연도별 분쟁 건수를 구하면 다음과 같다.
- 2020년 : $220+40+10+20+80+430=800$건
- 2021년 : $280+60+20+10+110+520=1,000$건
- 2022년 : $340+100+10+10+180+860=1,500$건
- 2023년 : $350+120+30+20+200+1,280=2,000$건
전년 대비 아파트 분쟁 신고 증가율을 구하면 다음과 같다.
- 2021년 : $\dfrac{1,000-800}{800}\times100=25\%$
- 2022년 : $\dfrac{1,500-1,000}{1,000}\times100=50\%$
- 2023년 : $\dfrac{2,000-1,500}{1,500}\times100≒33\%$

ㄹ. 2021년 값이 2020년 값으로 잘못 입력되어 있다.

16 정답 ⑤

① 2015년 섬유·의복의 종사자 수는 약 230만 명이고, 2000년 석유·화학의 종사자 수는 약 150만 명이다.
② 1990년 섬유·의복의 종사자 수는 약 290만 명이고, 2005년 석유·화학의 종사자 수는 약 120만 명, 2020년은 약 115만 명이다.
③ 1995년 전기·전자의 종사자 수는 석유·화학의 종사자 수보다 많다.
④ 2020년 섬유·의복의 종사자 수는 2015년보다 적다.

17 정답 ③

① 2012 ~ 2013년 개업점 수가 자료보다 높고, 2014 ~ 2015년 개업점 수는 자료보다 낮다.
② 2019년 폐업점 수는 자료보다 낮고, 2020년의 폐업점 수는 높다.
④ 2021 ~ 2022년 개업점 수와 폐업점 수가 자료보다 낮다.
⑤ 2012 ~ 2023년까지 개업점 수와 폐업점 수가 바뀌었다.

18 정답 ②

전년 대비 성별 난민 인정자 증감률을 구하면 다음과 같다.
- 2021년
  - 남자 : $\dfrac{35-39}{39}\times100≒-10.3\%$
  - 여자 : $\dfrac{22-21}{21}\times100≒4.8\%$

- 2022년
  - 남자 : $\dfrac{62-35}{35}\times100≒77.1\%$
  - 여자 : $\dfrac{32-22}{22}\times100≒45.5\%$
- 2023년
  - 남자 : $\dfrac{54-62}{62}\times100≒-12.9\%$
  - 여자 : $\dfrac{51-32}{32}\times100≒59.4\%$

따라서 ②의 2022년과 2023년의 수치가 옳지 않다.

19 정답 ②

㉠ 2024년까지 산업재산권 총계는 100건으로 SW권 총계의 140%인 $71\times1.4=99.4$건보다 크므로 옳다.
㉢ 2024년까지 등록된 저작권 수는 214건으로, SW권의 3배인 $71\times3=213$건보다 크므로 옳다.

㉡ 2024년까지 출원된 특허권 수는 16건으로, 산업재산권의 80%인 $21\times0.8=16.8$건보다 적으므로 옳지 않다.
㉣ 2024년까지 출원된 특허권 수는 등록 및 출원된 특허권의 $\dfrac{16}{66}\times100≒24.2\%$로 50%에 못 미친다. 또한 등록 및 출원된 특허권은 등록된 특허권과 출원된 특허권을 더하여 산출하는데, 출원된 특허권 수보다 등록된 특허권 수가 더 많으므로 옳지 않음을 쉽게 알 수 있다.

20 정답 ①

등록된 지식재산권 중 2022 ~ 2024년 동안 건수에 변동이 없는 것은 상표권, 저작권, 실용신안권으로 3가지이다.

② 디자인권 수는 2024년에 24건으로, 2022년 디자인권 수보다 $\dfrac{24-28}{28}\times100≒-14.3\%$로 5% 이상 감소하였다.
③ 자료를 보면 2022 ~ 2024년 동안 모든 산업재산권에서 등록된 건수가 출원된 건수 이상인 것을 알 수 있다.
④ 등록된 SW권 수는 2022년에 57건, 2024년에 71건으로 $\dfrac{71-57}{57}\times100≒24.6\%$ 증가하였으므로 옳다.
⑤ 등록된 특허권 수는 2022년에 33건, 2023년에 43건, 2024년에 50건으로 매년 증가하였다.

PART 1
PART 2
PART 3
PART 4

01	02	03	04	05	06	07	08	09	10
③	①	③	④	③	②	①	④	②	②
11	12	13	14	15	16	17	18	19	20
②	③	④	①	①	②	③	⑤	①	③

01
정답 ③

2주 동안 듣는 강연은 총 5회이다.
금요일 강연이 없는 주의 월요일에 첫 강연을 들었다면 5주 차 월요일 강연을 듣기 전까지 10회의 강연을 듣게 된다.
5주 차 월요일, 수요일 강연을 듣고 6주 차 월요일의 강연이 13번째 강연이 된다.
그러므로 6주 차 월요일이 13번째 강연을 듣는 날이므로 8월 1일 월요일을 기준으로 35일 후가 된다.
따라서 8월은 31일까지 있으므로 1+35−31=5일, 즉 9월 5일이 된다.

02
정답 ①

• A상품 6개와 B상품 5개 구매 가격
  : 7,500×6+8,000×5=85,000원
• A상품과 B상품 반품 배송비
  : 5,000원
• C상품 배송비 : 3,000원
• C상품을 구매할 수 있는 금액
  : 85,000−(5,000+3,000)=77,000원
따라서 C상품은 77,000÷5,500=14개 구매할 수 있다.

03
정답 ③

A는 0, 2, 3을 뽑았으므로 만들 수 있는 가장 큰 세 자리 숫자는 3200이다. 5장 중 3장의 카드를 뽑을 때 카드의 순서를 고려하지 않고 뽑는 전체 경우의 수는 $_5C_3=10$가지이다.
이때 B가 이기려면 4가 적힌 카드를 뽑거나 1, 2, 3이 적힌 카드를 뽑아야 한다.
4가 적힌 카드를 뽑는 경우의 수는 4를 제외하고 나머지 2장의 카드를 뽑아야 하므로 $_4C_2=6$가지이고, 1, 2, 3이 적힌 카드를 뽑는 경우는 1가지이다.
따라서 B가 이길 확률은 $\dfrac{6+1}{10}\times100=70\%$이다.

04
정답 ④

1부터 9까지의 자연수 중 합이 9가 되는 두 수의 쌍은 (1, 8), (2, 7), (3, 6), (4, 5)이다.
이 4개의 쌍 중 하나를 택하고 9개의 숫자 중 이미 택한 2개의 숫자를 제외한 7개의 숫자 중 하나를 택하여 3개의 숫자를 얻는다. 이렇게 얻은 3개의 숫자를 일렬로 나열하는 경우의 수는 $4\times7\times(3\times2\times1)=168$가지이다. 한편, 1부터 9까지 자연수 중 3개의 숫자를 택하여 일렬로 나열하는 경우의 수는 $9\times8\times7=504$가지이다.
따라서 구하는 세 자리 자연수의 개수는 504−168=336개이다.

05
정답 ③

희경이가 본사에서 나온 시각은 오후 3시에서 본사에서 A지점까지 가는 데 걸린 시간만큼을 빼면 된다. 본사에서 A지점까지 가는 데 걸린 시간은 $\dfrac{20}{60}+\dfrac{30}{90}=\dfrac{2}{3}$ 시간, 즉 40분이 걸렸으므로 오후 2시 20분에 본사에서 나왔다는 것을 알 수 있다.

06
정답 ②

9%의 설탕물의 양을 xg이라 하자.
섞은 후 설탕물의 양은 $(300+x)$g이고,
섞은 후 설탕의 양은 $\left(\dfrac{5}{100}\times300+\dfrac{9}{100}x\right)$g이다.
섞은 후 농도는 7% 이상 8% 이하여야 하므로
$$\dfrac{7}{100}(300+x)\leq\dfrac{5}{100}\times300+\dfrac{9}{100}x\leq\dfrac{8}{100}(300+x)$$
부등식을 두 부분으로 나누어 계산하면 다음과 같다.
• $\dfrac{7}{100}(300+x)\leq\dfrac{5}{100}\times300+\dfrac{9}{100}x$
  → $7(300+x)\leq1,500+9x$
  → $2x\geq600$
  → $x\geq300$ … ㉠
• $\dfrac{5}{100}\times300+\dfrac{9}{100}x\leq\dfrac{8}{100}(300+x)$
  → $1,500+9x\leq2,400+8x$
  → $x\leq900$ … ㉡

③과 ⓒ 두 부등식의 공통범위를 구하면 다음과 같다.
$300 \leq x \leq 900$
따라서 넣을 수 있는 농도 9% 설탕물의 최소량과 최대량의 합은 $300+900=1,200$g이다.

07 정답 ①

구형기계가 1시간에 만드는 부품의 개수를 x개, 신형기계가 1시간에 만드는 부품의 개수를 y개라 하면 다음과 같다.
$$\begin{cases} 3x+5y=4,200 & \cdots ③ \\ 5x+3y=3,000 & \cdots ⓒ \end{cases}$$
③×5−ⓒ×3을 하면 다음과 같다.
$16y=12,000$
$\therefore\ y=750$
구한 y값을 ⓒ식에 대입하면 다음 식이 성립한다.
$5x+(3\times750)=3,000$
$\rightarrow 5x=750$
$\therefore\ x=150$
따라서 구형기계와 신형기계로 1시간에 만들 수 있는 부품의 개수는 $150+750=900$개이다.

08 정답 ④

홀수 항은 ×3을, 짝수 항은 $+\dfrac{1}{2}$을 하는 수열이다.
따라서 ( )=9×3=27이다.

09 정답 ②

실용성 전체 평균점수 $\dfrac{103}{6} \fallingdotseq 17$점보다 높은 방식은 ID/PW 방식, 이메일 및 SNS 방식, 생체인증 방식 총 3가지이다.

오답분석

① 생체인증 방식의 선호도 점수는 $20+19+18=57$점이고, OTP 방식의 선호도 점수는 $15+18+14=47$점, I-pin 방식의 선호도 점수는 $16+17+15=48$점이다.
따라서 생체인증 방식의 선호도는 나머지 두 방식의 선호도 합보다 $47+48-57=38$점 낮다.
③ 유효기간이 '없음'인 방식들은 ID/PW 방식, 이메일 및 SNS 방식, 생체인증 방식이며, 세 인증수단 방식의 간편성 평균점수는 $\dfrac{16+10+18}{3} \fallingdotseq 15$점이다.
④ 공인인증서 방식의 선호도가 51점일 때, 보안성 점수는 $51-(16+14+3)=18$점이다.
⑤ 유효기간이 '없음'인 방식들은 ID/PW 방식, 이메일 및 SNS 방식, 생체인증 방식이며, 실용성 점수는 모두 18점 이상이다.

10 정답 ②

전체 1인 가구 중 서울·인천·경기의 1인 가구가 차지하는 비율은 $\dfrac{1,012+254+1,045}{5,279}\times100 \fallingdotseq 43.78\%$로 옳다.

오답분석

① 강원도의 1인 가구 비율은 $\dfrac{202}{616}\times100 \fallingdotseq 32.79\%$이고, 충청북도의 1인 가구 비율은 $\dfrac{201}{632}\times100 \fallingdotseq 31.80\%$이므로 강원도가 더 높다.
③ 도 지역 가구 수의 총합은 $4,396+616+632+866+709+722+1,090+1,262+203=10,496$가구이고, 서울특별시 및 광역시 가구 수는 $19,017-10,496=8,521$가구이므로 도 지역 가구 수의 총합이 더 크다.
④ 경기도를 제외한 도 지역 중 1인 가구 수가 가장 많은 지역은 경상북도이지만, 전체 가구 수가 가장 많은 지역은 경상남도이다.
⑤ 전라북도와 전라남도의 1인 가구 수 합의 2배는 $(222+242)\times2=928$가구이므로 경기도의 1인 가구 수보다 적다.

11 정답 ②

갑이 향후 1년간 자동차를 유지하는 데 필요한 총비용을 세분화하면 다음과 같다.
· 감가상각비 : $(1,000$만 원-100만 원$)\div10$년$=90$만 원
· 자동차보험료 : 120만 원$\times0.9=108$만 원(블랙박스 설치로 인한 10% 할인 반영)
· 주유비용 : 매달 500km를 운행하므로 매월 50리터의 기름이 소모된다. 따라서 주유비용은 50리터$\times1,500$원$\times12$개월$=90$만 원으로 계산된다.
따라서 1년간 총유지비용은 $90+108+90=288$만 원이다.

PART 1
PART 2
PART 3
PART 4

12
정답 ③

A국가와 F국가를 비교해 보면 참가선수는 A국가가 더 많지만, 동메달 수는 F국가가 더 많다.

오답분석

① 금메달은 F>A>E>B>D>C 국가 순서로 많고, 은메달은 C>D>B>E>A>F 국가 순서로 많다.
② C국가는 금메달을 획득하지 못했지만, 획득한 전체 메달수는 149개로 가장 많다.
④ 참가선수와 메달 합계의 순위는 동일하다.
⑤ 참가선수가 가장 적은 국가는 F국가로, 메달 합계는 6위이다.

13
정답 ④

2023년 K시 전체 회계 예산액에서 특별회계 예산액의 비중을 구하면 $\frac{325,007}{1,410,393} \times 100 ≒ 23\%$로 25% 미만이다.

오답분석

① 두 도시의 전체 회계 예산액은 매년 증가하고 있으므로 A시의 전체 회계 예산액이 증가한 시기에는 K시의 전체 회계 예산액도 증가했다고 볼 수 있다.
② 2019 ~ 2023년 K시 일반회계 예산액의 1.5배는 다음과 같다.
  • 2019년 : $984,446 \times 1.5 = 1,476,669$
  • 2020년 : $1,094,510 \times 1.5 = 1,641,765$
  • 2021년 : $1,134,229 \times 1.5 = 1,701,343.5$
  • 2022년 : $1,085,386 \times 1.5 = 1,628,079$
  • 2023년 : $1,222,957 \times 1.5 = 1,834,435.5$
  따라서 A시의 일반회계 예산액은 항상 K시의 일반회계 예산액보다 1.5배 이상 더 많다.
③ 2022년 K시 특별회계 예산액의 A시 특별회계 예산액 대비 비중은 $\frac{264,336}{486,577} \times 100 ≒ 54.3\%$로 옳다.
⑤ A시 일반회계의 연도별 증감 추이는 계속 증가하고 있고, K시 일반회계의 연도별 증감 추이는 '증가 – 증가 – 감소 – 증가'이므로 A시와 K시의 일반회계의 연도별 증감 추이는 동일하지 않다.

14
정답 ①

ⅰ) 첫 번째 조건에서 전체 석유수요 증가 규모가 동일한 국가는 B와 C이므로 이들이 인도 혹은 중동임을 알 수 있다. 따라서 선택지 ③ ~ ⑤가 제외되며, 나머지 조건을 통해서는 인도 혹은 중동을 확정지을 수 있는 것만 찾아보면 된다.
ⅱ) 마지막 조건에서 교통부문의 증가규모가 전체 증가규모의 50%인 지역이 중동이라고 하였으며 이를 통해 C는 중동이며 B는 인도임을 알 수 있다.

ⅲ) 그래프상에서 양의 방향으로 가장 긴 길이를 가지고 있는 것이 A이므로 두 번째 조건을 통해 A가 중국임을 알 수 있다.
ⅳ) 세 번째 조건을 통해 전력생산부문의 석유수요 규모가 감소하는 지역은 D뿐이므로 D가 남미임을 확인할 수 있다.

15
정답 ①

• 마지막 조건을 이용하기 위해 6개 수종의 인장강도와 압축강도의 차를 구하면 다음과 같다.
  - A : $52-48=4N/mm^2$
  - B : $125-64=61N/mm^2$
  - C : $69-63=6N/mm^2$
  - 삼나무 : $45-41=4N/mm^2$
  - D : $24-21=3N/mm^2$
  - E : $59-51=8N/mm^2$
  즉, 인장강도와 압축강도의 차가 두 번째로 큰 수종은 E이므로 E는 전나무이다.
• 첫 번째 조건을 이용하기 위해 6개 수종의 전단강도 대비 압축강도 비를 구하면 다음과 같다.
  - A : $\frac{48}{10}=4.8$
  - B : $\frac{64}{12}≒5.3$
  - C : $\frac{63}{9}=7$
  - 삼나무 : $\frac{41}{7}≒5.9$
  - D : $\frac{24}{6}=4$
  - E : $\frac{51}{7}≒7.3$
  즉, 전단강도 대비 압축강도 비가 큰 상위 2개 수종은 C와 E이다. E가 전나무이므로 C는 낙엽송이다.
• 두 번째 조건을 이용하기 위해 6개 수종의 휨강도와 압축강도의 차를 구하면 다음과 같다.
  - A : $88-48=40N/mm^2$
  - B : $118-64=54N/mm^2$
  - C : $82-63=19N/mm^2$
  - 삼나무 : $72-41=31N/mm^2$
  - D : $39-24=15N/mm^2$
  - E : $80-51=29N/mm^2$
  즉, 휨강도와 압축강도의 차가 큰 상위 2개 수종은 A와 B이므로 소나무와 참나무는 각각 A와 B 중 하나이다. 따라서 남은 D는 오동나무이다.
• 오동나무 기건비중의 2.5배는 $0.31 \times 2.5 = 0.775$이다. 세 번째 조건에 의하여 참나무의 기건비중은 오동나무 기건비중의 2.5배 이상이므로, B는 참나무이고 A가 소나무이다. 따라서 A는 소나무, C는 낙엽송이다.

16

정답 ②

사망원인이 높은 순서대로 나열하면 '암, 심장질환, 뇌질환, 자살, 당뇨, 치매, 고혈압'이며, 암은 10만 명당 185명이고, 심장질환과 뇌질환은 각각 암으로 인한 사망자와 20명 미만의 차이이다. 또한 자살은 10만 명당 50명이다.

오답분석

① 사망원인 중 암인 사람은 185명이다.
③ 자살로 인한 사망자는 50명이다.
④·⑤ 뇌질환 사망자가 암 사망자와 20명 이상 차이난다.

17

정답 ③

오답분석

① 조형 전공의 2019년, 2020년 취업률은 자료보다 높고, 2021년 취업률은 자료보다 낮다.
② 2019년 모든 전공의 취업률이 자료보다 낮다.
④ 2019년 연극영화 전공, 2020년 작곡 전공, 2021년 성악 전공 취업률이 자료보다 높다.
⑤ 성악 전공의 2021 ~ 2024년 취업률 총합은 자료보다 높고, 국악 전공은 자료보다 낮다.

18

정답 ⑤

교통사고·화재·산업재해 피해액의 비중이 아닌 사망자 수의 비중을 나타낸 그래프이며, 교통사고·화재·산업재해 피해액의 비중은 다음과 같다.

- 교통사고 : $\frac{1,290}{1,290+6,490+1,890}\times 100=\frac{1,290}{9,670}\times 100 \fallingdotseq 13.3\%$
- 화재 : $\frac{6,490}{9,670}\times 100 \fallingdotseq 67.1\%$
- 산업재해 : $\frac{1,890}{9,670}\times 100 \fallingdotseq 19.5\%$

19

정답 ①

하루 평균 총 200잔이 팔린다면, 카페라테는 전체에서 25%, 에스프레소는 6%이므로 각각 50잔, 12잔이 판매된다. 따라서 카페라테는 에스프레소보다 50−12=38잔이 더 팔린다.

20

정답 ③

오늘 판매된 커피 180잔 중 아메리카노는 50%로 90잔이 판매되었고, 매출은 90×2,000=180,000원이다.

MEMO

수리능력 합격노트 답안카드

성명		

지원 분야		

문제지 형별기재란	( )형	Ⓐ Ⓑ

수험번호

| 0 1 2 3 4 5 6 7 8 9 |
| 0 1 2 3 4 5 6 7 8 9 |
| 0 1 2 3 4 5 6 7 8 9 |
| 0 1 2 3 4 5 6 7 8 9 |
| 0 1 2 3 4 5 6 7 8 9 |
| 0 1 2 3 4 5 6 7 8 9 |
| 0 1 2 3 4 5 6 7 8 9 |

감독위원 확인

(인)

문항	①	②	③	④	⑤
1	①	②	③	④	⑤
2	①	②	③	④	⑤
3	①	②	③	④	⑤
4	①	②	③	④	⑤
5	①	②	③	④	⑤
6	①	②	③	④	⑤
7	①	②	③	④	⑤
8	①	②	③	④	⑤
9	①	②	③	④	⑤
10	①	②	③	④	⑤
11	①	②	③	④	⑤
12	①	②	③	④	⑤
13	①	②	③	④	⑤
14	①	②	③	④	⑤
15	①	②	③	④	⑤
16	①	②	③	④	⑤
17	①	②	③	④	⑤
18	①	②	③	④	⑤
19	①	②	③	④	⑤
20	①	②	③	④	⑤

수리능력 합격노트 답안카드

문번	①	②	③	④	⑤
1	①	②	③	④	⑤
2	①	②	③	④	⑤
3	①	②	③	④	⑤
4	①	②	③	④	⑤
5	①	②	③	④	⑤
6	①	②	③	④	⑤
7	①	②	③	④	⑤
8	①	②	③	④	⑤
9	①	②	③	④	⑤
10	①	②	③	④	⑤
11	①	②	③	④	⑤
12	①	②	③	④	⑤
13	①	②	③	④	⑤
14	①	②	③	④	⑤
15	①	②	③	④	⑤
16	①	②	③	④	⑤
17	①	②	③	④	⑤
18	①	②	③	④	⑤
19	①	②	③	④	⑤
20	①	②	③	④	⑤

성 명

지원 분야

문제지 형별기재란

( )형 Ⓐ Ⓑ

수험번호

⓪	①	②	③	④	⑤	⑥	⑦	⑧	⑨
⓪	①	②	③	④	⑤	⑥	⑦	⑧	⑨
⓪	①	②	③	④	⑤	⑥	⑦	⑧	⑨
⓪	①	②	③	④	⑤	⑥	⑦	⑧	⑨
⓪	①	②	③	④	⑤	⑥	⑦	⑧	⑨
⓪	①	②	③	④	⑤	⑥	⑦	⑧	⑨
⓪	①	②	③	④	⑤	⑥	⑦	⑧	⑨

감독위원 확인

(인)

수리능력 합격노트 답안카드

성 명	

지원 분야	

문제지 형별기재란	(⒜ ⒝)형

수 험 번 호

⓪	⓪	⓪	⓪	⓪	⓪	⓪
①	①	①	①	①	①	①
②	②	②	②	②	②	②
③	③	③	③	③	③	③
④	④	④	④	④	④	④
⑤	⑤	⑤	⑤	⑤	⑤	⑤
⑥	⑥	⑥	⑥	⑥	⑥	⑥
⑦	⑦	⑦	⑦	⑦	⑦	⑦
⑧	⑧	⑧	⑧	⑧	⑧	⑧
⑨	⑨	⑨	⑨	⑨	⑨	⑨

감독위원 확인	(인)

번호	답 란
1	① ② ③ ④ ⑤
2	① ② ③ ④ ⑤
3	① ② ③ ④ ⑤
4	① ② ③ ④ ⑤
5	① ② ③ ④ ⑤
6	① ② ③ ④ ⑤
7	① ② ③ ④ ⑤
8	① ② ③ ④ ⑤
9	① ② ③ ④ ⑤
10	① ② ③ ④ ⑤
11	① ② ③ ④ ⑤
12	① ② ③ ④ ⑤
13	① ② ③ ④ ⑤
14	① ② ③ ④ ⑤
15	① ② ③ ④ ⑤
16	① ② ③ ④ ⑤
17	① ② ③ ④ ⑤
18	① ② ③ ④ ⑤
19	① ② ③ ④ ⑤
20	① ② ③ ④ ⑤

※ 본 답안카드는 마킹연습용 모의 답안카드입니다.

수리능력 합격노트 답안카드

※ 본 답안카드는 마킹연습용 모의 답안카드입니다.

문번	①	②	③	④	⑤
1	①	②	③	④	⑤
2	①	②	③	④	⑤
3	①	②	③	④	⑤
4	①	②	③	④	⑤
5	①	②	③	④	⑤
6	①	②	③	④	⑤
7	①	②	③	④	⑤
8	①	②	③	④	⑤
9	①	②	③	④	⑤
10	①	②	③	④	⑤
11	①	②	③	④	⑤
12	①	②	③	④	⑤
13	①	②	③	④	⑤
14	①	②	③	④	⑤
15	①	②	③	④	⑤
16	①	②	③	④	⑤
17	①	②	③	④	⑤
18	①	②	③	④	⑤
19	①	②	③	④	⑤
20	①	②	③	④	⑤

성 명

지원분야

문제지 형별기재란
Ⓐ
Ⓑ
( )형

수 험 번 호

⓪	①	②	③	④	⑤	⑥	⑦	⑧	⑨
⓪	①	②	③	④	⑤	⑥	⑦	⑧	⑨
⓪	①	②	③	④	⑤	⑥	⑦	⑧	⑨
⓪	①	②	③	④	⑤	⑥	⑦	⑧	⑨
⓪	①	②	③	④	⑤	⑥	⑦	⑧	⑨
⓪	①	②	③	④	⑤	⑥	⑦	⑧	⑨
⓪	①	②	③	④	⑤	⑥	⑦	⑧	⑨

감독위원 확인
(인)

2026 최신판 시대에듀 NCS 수리능력 합격노트

개정9판1쇄 발행	2026년 01월 20일 (인쇄 2025년 11월 06일)
초 판 발 행	2015년 07월 20일 (인쇄 2015년 06월 16일)
발 행 인	박영일
책 임 편 집	이해욱
편 저	SDC(Sidae Data Center)
편 집 진 행	여연주 · 윤지원
표지디자인	김지수
편집디자인	유기영 · 이다희
발 행 처	(주)시대고시기획
출 판 등 록	제10-1521호
주 소	서울시 마포구 큰우물로 75 [도화동 538 성지 B/D] 9F
전 화	1600-3600
팩 스	02-701-8823
홈 페 이 지	www.sdedu.co.kr
I S B N	979-11-434-0441-1 (13320)
정 가	22,000원

NCS
합격
노트
수리능력
정답 및 해설

기업별 맞춤 학습 "기본서" 시리즈

공기업 취업의 기초부터 심화까지! 합격의 문을 여는 Hidden Key!

기업별 시험 직전 마무리 "모의고사" 시리즈

실제 시험과 동일하게 마무리! 합격을 향한 Last Spurt!

※**기업별 시리즈** : HUG 주택도시보증공사 / LH 한국토지주택공사 / 강원랜드 / 건강보험심사평가원 / 국가철도공단 / 국민건강보험공단 / 국민연금공단 / 근로복지공단 / 발전회사 / 부산교통공사 / 서울교통공사 / 인천국제공항공사 / 코레일 한국철도공사 / 한국농어촌공사 / 한국도로공사 / 한국산업인력공단 / 한국수력원자력 / 한국수자원공사 / 한국전력공사 / 한전KPS / 항만공사 등

※도서의 이미지 및 구성은 변동될 수 있습니다.

NEXT STEP
시대에듀가 합격을 준비하는
당신에게 제안합니다.
성공의 기회
시대에듀를 잡으십시오.
시대에듀
기회란 포착되어 활용되기 전에는 기회인지조차 알 수 없는 것이다.
– 마크 트웨인 –